U0330343

郑永廷文集

郑永廷◎著

（第五卷）

中山大学出版社
SUN YAT-SEN UNIVERSITY PRESS
·广州·

图书在版编目（CIP）数据

郑永廷文集：共八卷／郑永廷著. —广州：中山大学出版社，2023.8
ISBN 978-7-306-07872-8

Ⅰ.①郑…　Ⅱ.①郑…　Ⅲ.①政治—中国—文集　Ⅳ.①D6-53

中国国家版本馆 CIP 数据核字（2023）第 143907 号

ZHENG YONGTING WENJI（DI-WU JUAN）

出 版 人：王天琪
策划编辑：嵇春霞　李昭莹
责任编辑：李昭莹
封面设计：曾　斌
责任校对：郑雪漫
责任技编：靳晓虹
出版发行：中山大学出版社
电　　话：编辑部 020-84110283，84113349，84111997，84110779，84110776
　　　　　发行部 020-84111998，84111981，84111160
地　　址：广州市新港西路 135 号
邮　　编：510275　　　　　传　真：020-84036565
网　　址：http://www.zsup.com.cn　　E-mail：zdcbs@mail.sysu.edu.cn
印 刷 者：恒美印务（广州）有限公司
规　　格：787mm×1092mm　　1/16
总 印 张：122 印张
总 字 数：2190 千字
版次印次：2023 年 8 月第 1 版　　2023 年 8 月第 1 次印刷
总 定 价：680.00 元（全八卷）

目录

高校德育研究的形势与展望[*]

中共中央印发的《关于进一步加强和改进学校德育工作的若干意见》分析了学校高校思想政治教育德育面临的新形势和新问题，提出了新形势下德育的新要求。党的十四届六中全会强调，"加强青少年思想道德教育是关系国家命运的大事"，要求各级各类学校加强德育工作。使德育适应形势的发展和要求，使德育更好地担当起培养社会主义建设者和接班人的重任，我们必须面对新形势，重视德育研究，加强德育研究。因为只有从德育研究中，才能找到适应新形势的科学依据，才能寻获加强德育工作的对策。

一、正确认识高校德育的形势和任务

我国高校的德育研究是随着我国改革开放的发展而兴起和深化的，是伴随我国高校的改革发展而不断发展的。经过十几年的艰苦探索，成千上万德育工作者共同研究，我国高校德育积累了可贵的经验，创造了丰硕的成果。这些成果既丰富了学科的理论体系，又开辟了德育的新领域和新途径。

我国高校的德育研究之所以发展得这么快并取得了显著成绩，是因为它具有以下特点和优势：一是理论基础的一致性。即德育研究有科学的、统一的理论——马克思主义、毛泽东思想，特别是有建设有中国特色社会主义理论的指导，这保证了德育研究始终沿着正确的方向发展。二是实践基础的广泛性。即高校的德育工作直接为德育研究提供研究素材和应用场所，使德育研究具有坚实的基础。三是研究方式的多样性。即理论研究与实证研究、专职研究与兼职研究、个体研究与群体研究等方式相结合，使研究活动丰富多彩。同时，我们也要看到德育研究存在的问题。一是由于一些德育工作者对全局研究和历史研究情况缺乏了解，重复研究、滞后研究的现象比较突出，致使不少研究成果水平低、重复多，总体质量不高。二是对德育和思想政治教育学科前沿的问题把握和突破不够，致使德育还不能适应形势发展的要求。三是德育研究在许多方面仍然存在理论与实际相脱节的现象，研究脱离

---

* 原载于《思想教育研究》1997 年第 1 期，收录时有修改。

实践和研究成果难以向实践转化的情况同时存在。另外，我们还要看到高校德育研究虽然取得了显著的成绩，但随着形势的发展变化，新问题、新困难也不断增多，任务依然十分艰巨。

首先，从国内来看，经过经济体制改革，我国以公有制为主体、多种所有制经济共同发展和以按劳分配为主体、多种分配方式并存的格局已经初步形成。从国际局势来看，一方面和平与发展的国际环境有利于我国的改革发展，但另一方面，国际共运形势发生的重大变化和社会主义处于低潮的现实，也给我们带来新的困难。在这样的社会历史条件下，必定会有各种不同的价值取向和思想意识产生、存在，并不断影响学生。德育工作者要在各种不同价值取向和多种思想意识影响的情况下开展工作。既要坚持德育方向的正确性，又要看到德育对象在价值取向上的多样性；既要坚持社会主义意识形态的主导性，又要承认思想观念的层次性。这样，德育的内容、方式才能比过去更丰富、更活跃，但风险和难度也比过去更大了。在价值取向多元和思想政治观念多样的情况下，德育工作和德育研究容易出现偏离社会主义思想体系、产生各种"思想杂陈与拼盘"的现象，也容易出现低层次的价值取向而忽视高层次的思想追求。因此，在新形势下，德育研究仍然要先探讨如何坚持德育的正确方向，如何坚持社会主义意识形态的主导性，以及如何坚持高层次思想政治观念的引导问题。

其次，在对外开放格局已经形成的情况下，我国将在更广泛的领域和更深的层次上同国外交流，包括高校德育也会与西方国家的高校德育进行更深入的比较研究，这无疑有利于我国高校德育的不断改进和完善。但是，由于我国还是一个发展中国家，在经济、科技以及物质文化生活条件方面，同西方发达国家相比，我们确实显得落后。在反差比较明显的情况下，在学习、借鉴西方发达国家好的东西的同时，有些青年学生往往由于缺乏历史经验而产生崇洋媚外心理和民族虚无主义倾向，忽视民族优秀文化传统和党的光荣传统，这将是德育面临的一个难题。因此，德育研究要深入探讨德育的民族性问题，即如何坚持以马克思主义为指导，用民族优秀文化传统和党的光荣传统教育学生，并建立具有中国特色的德育体系。

再次，在社会主义市场经济体制下，出现了许多新的道德要求，如自主意识、竞争观念、法制观念、效益观念等，这些是反映时代要求的新道德观念，是推动学生成长的积极因素。培养这些道德观念，当然是德育的任务。但是，市场经济也存在负面影响，商品经济中的物质利益驱动机制尽管可以产生一定的动力和活力，但同时也会导致学生注重功效和实惠，追求和肯定各自的物质利益。特别是学生活动空间的扩大和传播媒介的发展，使学生受到国内外各种生活方式的影响，这势必导致一些学生道德选择的多样化，导致其对集体、国家责任感的淡化。因此，研究社会主义市场经济体制下的道德规范与道德行为，增强学生对集体、国家的责任感，是高校德育的艰巨任务。

最后，随着社会主义精神文明建设的发展，学生的思想道德水准也相应地提高了。由于物质文化生活存在地区、行业和人与人之间的差距，学生的物质文化生活也会存在差距，这就难免使一些学生产生攀比心理和增长期望。当期望的增长与现实可能之间、需求的形式与需求的满足之间产生差距的时候，就会引起不满足感。若没有引导好这种不满足感，不仅会挫伤学生艰苦奋斗的精神和坚毅顽强的意志，还会导致学生意志消沉和私欲膨胀。因此，要研究物质文化生活不断提高并存在差距的情况下的教育内容和教育方式，培养学生的顽强意志和奋斗精神。

除了上面所说的研究任务，还有德育如何由应试教育转向素质教育的问题，如何由维持性教育转向开发性教育的问题，如何由单一性教育转向综合性教育的问题，如何由滞后性教育转向先导性教育的问题，等等，这些都是德育研究的前沿性问题。因此，德育研究面临的形势和任务总的说来是机遇与挑战共存、危机与希望同在。只要我们坚持以建设有中国特色社会主义理论为指导，强化研究、深化研究，就一定能抓住机遇，改进和发展高校德育，高校德育也一定会有更加美好的前途。

二、努力把握高校德育研究的发展趋势

高校德育依托于科学文化和科学技术都比较发达的高等学校，在内容、方法及理论与实践上，都直接面临着现代科学技术的冲击与挑战。现代科学技术正在迅速推进各个学科领域的信息化、社会化，从根本上改变劳动和各项实际工作的内容与条件，这大大提高了劳动和各项工作的效率。现代科学技术也会毫不例外地推动高校德育的发展，促进德育科学化和德育学科化。

所谓德育科学化，就是遵循德育规律开展德育工作，最大限度地提高德育的质量。所谓德育学科化，就是把德育的领域、功能、模式等纳入德育学科范围，建构德育的理论体系。德育科学化和德育学科化，表现在德育理论和德育工作两个方面，这两个方面都需要通过德育研究来实现。在今后的发展过程中，德育研究如何更好地实现德育科学化和德育学科化呢？这要根据

现代科学技术发展的趋势和德育研究的特点来进行分析和探索。德育研究是现代科学研究的一个组成部分，因此，它要符合现代科学发展的大趋势。同时，它又有综合性强、涉及面广、影响深远的特点。因而，德育研究的发展趋势应主要从以下两方面来把握。

1. 分化与综合相统一的发展趋势

德育研究的分化，就是德育研究向各个不同领域的深入、拓展，揭示德育在各个领域的具体规律，形成德育新的工作方式与分支学科。过去，德育只限于日常范围和德育系统自身领域，注重人们思想与行为的现实表现，常常就德育研究德育，就思想论思想。这种情况制约了德育发展，也制约了德育作用的发挥。在新形势下，德育要切实做到面向现代化建设、面向世界、面向未来，充分发挥作用，必须进一步向未来领域、微观领域、宏观领域拓展。

德育向未来领域拓展，既是德育的特点决定的，也是现代社会条件决定的。德育要在社会因素越来越复杂、变化频率越来越快的条件下，培养能适应未来社会需要的人才，就必须有超前意识，并尽可能降低对未来社会的无知程度，减少风险，争取主动，进行科学的预测并实行科学决策，组织超前教育与预防教育。要实现科学的德育预测与决策，就要从两个方面开展德育研究：一是要研究德育预测、决策的理论和方法，形成符合德育需要的德育预测和决策分支学科，为德育工作提供理论指导。二是要动员广大德育工作者自觉进行德育预测与决策的探索，为德育预测与决策的理论研究提供素材。德育预测与决策研究，如同德育发展的"导航器""探测仪"，是改变德育被动、低效状况的有效途径。

德育向微观领域的拓展，也是德育性质与现代社会的要求。德育的微观领域具有更大的潜隐性与复杂性，反映出来的问题更深刻、更具体。它研究的是学生的内心世界，学生情感、思想的内化过程，因而难度更大。在现代社会条件下，客观环境的复杂性、易变性、竞争性，又大大增加了学生的心理负荷。因此，借鉴心理学的方法、探索思想内化的理论、形成具有我国特色的德育心理学，是德育研究的重要任务。同时，开展心理测试与心理分析、进行心理诊断与心理咨询、普及心理保健知识、提高学生心理素质，是新形势下德育的一个重要内容，也是德育要开发的一个领域。

德育向宏观领域的拓展，是改革开放形势和德育要面向社会、面向世界的要求。德育面向社会，就是面向社会主义现代化建设，就是把社会主义现代化建设作为正确的政治方向和德育的主题。因此，要坚持研究德育与社会经济建设、精神文明建设、社会文化、社会思潮、社会环境等的关系，建立德育社会学的分支学科，并不断选择、吸取社会主义现代化建设的成就和力量，丰富德育内容，改进德育方法，培养具有较高思想道德素质的人才，以推动社会的发展。德育向宏观领域拓展的更高层次是德育要面向世界。面对世界上各种政治势力对学生的影响与争夺，高校德育要走向更广阔的舞台，研究国外的政治理论、道德观念、生活方式，研究其他国家，特别是西方发达国家的德育，进行比较、分析，从而更深刻地认识德育的本质和目的，更自觉地吸取对我国德育有用的东西，更有效地改进和完善我国的高校德育。因此，进行德育比较研究、建立比较德育学的分支学科将拓宽德育的广阔空间，发挥德育的更大作用。

德育研究的综合化趋势，就是德育研究向相关领域渗透，与相关学科结合，揭示德育发挥作用的规律，形成德育同其他相关领域和学科整合发展的趋势。德育与智育的整合、德育与环境的整合，以及德育与人文社会科学的整合，是德育整合发展的主要方面。德育与智育的整合，就是要克服过去传统教育分工的局限，克服德育与智育分离的"两张皮"现象，形成德育与智育、育人与教书相互渗透的教育模式。德育向环境的渗透整合，是德育工作者通过环境选择、环境建设、环境优化来对学生进行感化和教育，使环境条件成为德育的一个途径。在开放条件下，社会环境相对复杂，对学生的影响具有多重性。在社会主义市场经济体制下，经济因素对文化教育环境冲击大，难免会产生某些负面影响，加上各种社会思潮、生活方式的变更传递，环境对学生的影响将加大。因而德育在面向社会选择环境的同时，还要营建、优化校内环境，主要包括德育场所和思想文化，即校园文化建设。校园文化建设的目的，就是使学生活动场所逐步阵地化，各种活动逐步规范化，德育功能逐步系统化。德育与人文社会科学相结合，也是德育研究的综合化趋势。我国的德育学科已经形成了自己的理论与方法体系，成为人文社会科学中的一个分支。由于它是一门综合性学科，所以它必定与相关学科有交叉结合之处。相关学科的发展，一方面可以为德育学科提供新知识和新方法的借鉴，另一方面也不可避免地会触及、渗透到德育的某些领域，使德育学科面临挑战。因此，德育研究要及时吸收相关学科的最新研究成果，在学科竞争之中求发展、求完善。

2. 德育方法和手段现代化的发展趋势

现代科学技术既向德育提出了现代化、科学化的迫切要求，又为德育现代化和科学化提供了条件和手段。现代科技已经渗透到学生学习、生活的各个方面，从而拓宽了学生学习、生活的视野，丰富了学习、生活的内容，提高了学习、生活的质量。在德育过程中，学生不会满足于传统的老方式和老办法，他们在有限的时间内，更追求德育的高质量和高效率，更向往具有现代气息的德育。因此，用现代科学技术变革德育方法和手段，是德育研究的重要任务。德育方法和手段现代化，主要包括德育信息收集和处理手段现代化、德育信息传播方式现代化、德育环境和德育场所建设手段现代化。只要德育有效地、综合地运用了现代科学技术，就会创造出新的教育感化力量，也会创造出富有时代气息的育人环境。

德育环境理论比较研究[*]

一、 17世纪英国资产阶级革命时期的德育环境论

17世纪时英国发生了资产阶级革命。新兴的资产阶级集中反对以禁欲主义为核心的宗教神学道德观，坚持人道主义的以自我为中心的人性论，提倡人性至上、个人至上和理性至上，以人性和理性反对神性和蒙昧主义，以人道主义反对神道主义，以人性解放反对封建等级制度。资产阶级把道德从上帝那里解脱出来，并置于现实社会之中，这无疑是一个巨大的进步。

英国资产阶级革命成功以后，在当时社会中，影响比较大、享有较高地位的是唯物主义哲学家约翰·洛克。洛克在他的重要哲学著作《人类理解论》中试图证明，在人的意识中没有先天的思想和观念，也没有先天的道德观念。他认为，人在出生时，其心灵像一块白板或一张白纸，上面没有任何标记，人的思想观念是从后天的经验中获得的。他说："假定心灵像我们所说的那样，是一张白纸，上面没有任何记号，没有任何观念。心灵是怎样得到那些观念的呢？……是从经验得来，我们的全部知识是建立在经验上面的。"由此可见，洛克坚持的是感觉论，即客观环境对人的感官产生刺激，引起反应，从而使人获得经验，在经验的基础上产生思想道德观念，立足唯物主义观点，是承认环境客观作用的观点。但洛克除了承认通过感觉所得的外部经验，还认为有内部的经验，并把这种内部的经验看作可以脱离客观环境的理性本身的活动。这样，洛克又陷入了唯心主义。洛克依据外部经验论，比较强调教育环境的作用。他认为，对学生的教育不能主要靠口头的教训，而应当为学生树立榜样，进行示范，注意周围的环境影响。他说："务必接受一个不容置疑的真理：无论给儿童什么样的教训，无论每日给他什么样的聪明而文雅的训练，对他的行为能发生最大影响的依然是他周围的同伴，是他的监护人的行为榜样。"他还特别强调要培养学生的良好习惯。而良好习惯的养成不是靠讲述规则，而是要在实际活动中培养。正如他所说

---

* 原载于《比较德育学》（第2版），武汉大学出版社2003年版，作者王玄武等，收录时有修改。

的：“决不能用一些固定不变的规则来教育学生，因为这会被忘掉的。如果认为必须给儿童养成某种习惯，那就要通过实践使这种习惯在儿童身上巩固起来。”① 洛克关于德育环境的这些意见，无疑是正确的。但洛克并没有始终坚持唯物主义立场。他在德育方面，也和他在哲学上一样，给唯心主义留下了一块地盘。他承认宗教教育的意义，要引导学生对上帝、对最高存在的热爱和尊敬。而且他极力主张“绅士教育”，要让未来的绅士避开“粗野群众”的影响，表现出对人民群众的反感与轻视。因此，尽管洛克在德育环境论方面的一些见解是正确的，但总的来看，他的理论是自相矛盾的，是机械唯物论与唯心论倾向的混杂。

二、 18世纪法国唯物主义者的德育环境论

在18世纪法国资产阶级革命前后，涌现了一大批启蒙学者、唯物主义家，如达兰贝尔、伏尔泰、爱尔维修、狄德罗、霍尔巴赫、卢梭等。他们尖锐地批评了作为中世纪精神支柱的宗教和封建思想，根据17世纪英国唯物主义哲学家的某些思想，重视现实社会中的人，证明人在他的“自然状态”中原来是具有自由、平等和博爱的“自然权利”的。他们打着资产阶级人权和自由、平等、博爱的旗帜，一方面猛烈冲击封建社会的传统观念，另一方面通过教育途径广泛向人民群众进行宣传。他们坚信借助教育就可以消灭虚伪、偏见和以往的愚昧，消除封建制度所特有的一切不良的东西，坚信培养新人就能重新建设整个世界。他们把永恒的理性王国到来的期望完全寄托在教育上，成为教育万能论者。

主张教育万能和环境决定论的突出代表是克劳德·阿德里安·爱尔维修和德尼·狄德罗。爱尔维修是一个感觉论者，他反对天赋的观念，认为人的一切观念和概念是在感觉的基础上产生的。他特别强调环境和一个国家的社会政治制度对人的思想和行为的重大作用。他认为，青年的新的和主要的教师，是他所生活于其中的国家的统治形式和由这个统治形式所产生的人民的习俗。爱尔维修甚至完全否定了人与人之间的天赋差异，断定人是环境和教育的产物，恶习和美德完全是社会影响的结果。他把社会上产生恶德的根源归结于人们的无知和教育、法律的不完善。因此，他认为，要改善社会道德状况、提高人们的道德品质，关键在于进行良好的公共教育，改良社会环境

---

① 曹孚：《外国教育史》，人民教育出版社1979年版。

和政治法律环境。

爱尔维修所说的"教育"的意思是相当广泛的。马克思曾经指出，爱尔维修所认为的教育，"不仅是通常所谓的教育，而且是个人的一切生活条件的总和"[①]。即爱尔维修所说的教育，实际上包括人们所处的环境。他把环境与教育结合为统一体，认为"教育是万能的，它甚至还能够创造天才"，"教育把我们变成现在的这种样子"。他甚至还认为，人是他的周围的一切事物，是"机会"使他所处的境况的学生，甚至是他所遇到的一切偶然事件的学生。这样，爱尔维修在当时的历史条件下，否定宗教作用，强调客观环境的影响，坚持了比较彻底的唯物主义立场。但他完全否定人的天赋，否定人的主观能动性，把人看作环境的被动产物乃至奴隶，又过分夸大了环境或教育的作用，陷入了机械唯物论。

狄德罗也是一个彻底的唯物主义者，他承认感觉的重大作用，但并没有把认识归结为感觉。他指出，要用理性对感觉进行加工，从而正确地指出了客观环境与人的主观认识的相互关系。因此，狄德罗虽然也高度评价了教育的作用，充分肯定了客观环境对人的思想的决定作用，但他不承认教育是万能的，也不认为环境是决定一切的。他认为教育虽然可以产生很多效果，但是自然所不许可的东西，教育是不能给予学生的。人的天赋素质是有差别的，教育只有从学生的生理组织和自然特性出发，才能发展优良的自然素质，抑制不良的自然素质。因此，在狄德罗看来，教育作为客观外界的一种作用，目的在于使人的"自然之光"和"理性之光"得以发扬光大，是善的就予以弘扬和完善，是恶的就予以抑制或抛弃。他相信，通过良好的立法和教育，社会能够按其需要控制人的本能，并使人的恶习转化为德性。从这里可以看出，狄德罗对环境和教育的看法虽然比爱尔维修进了一步，但他仍然不能摆脱历史的局限，不能揭示环境和教育与人的思想道德的关系。他错误地认为人的本性是不变的、抽象的，人的"自然之光""理性之光"是固定的，教育与环境只不过是弘扬或抑制它们的手段。在这一点上，对比爱尔维修，狄德罗又是退步的。

三、德国资产阶级革命的德育环境论

18 世纪末到 19 世纪上半叶是德国资产阶级革命时期，也是德国古典哲

---

① 《马克思恩格斯全集》第 2 卷，人民出版社 1957 年版，第 169 页。

学影响不断加强的时期。这一时期从康德开始，经过费希特、谢林到黑格尔，他们从抽象的人性论出发，运用理性思辨方式，建构了各自的唯心主义思想体系；他们用道德形式来反映资产阶级的利益，表达资产阶级的政治要求，并把它神秘化、固定化；他们把辩证法引入伦理学和道德教育，提出了某些合理的见解。从总体上看，他们忽视和否定德育环境作用，更强调自身主观思辨的作用。

康德提出的善良意志论，是一个纯粹理性的概念，他把这一概念规定为普通的道德规范。他说："按照你愿意让它成为普遍命令的那个准则去行动。"也就是说，只有我们愿意将其与一切人、一切环境的那些规则相适应，才是道德的规则。他还认为，只要我们的行为是由意志以外的力量决定的，即由客观环境决定，这些行为就不是自由的，也不可能是道德的。只有免除了外在环境的摆布，将普遍的道德规范置于个人心中，这些行为才是自由的、道德的。

费希特主张自我完善论。他认为，人必须进行自我完善，把存在于自我之中的一切肉体的、精神的欲望、恶习清除掉，而最终通过人的意志和良心使"自我"进入道德的精神王国。他把道德教育看作一种纯粹的内心活动，完全否定了外界环境的影响与作用。他甚至说，"既然我不能改变自我以外的东西，所以我决定改变自我以内的东西"。所谓道德，就是按照良心摆脱外界和人自身的束缚而获得的自由。所以，费希特的教育论从康德的绝对命令开始，以上帝的普遍的道德命令告终。

谢林师承了费希特的思想，形成了自我"启示"道德论。他否定了康德的"自在之物"的存在，提出了"绝对精神"的概念。他认为"绝对精神"是万物的本原，道德、至善等都是"绝对精神"通过每一个理智行动得以自我启示的结果，根本与现实生活和客观环境无关。他甚至宣扬信仰高于理智、宗教高于科学的神秘主义。

黑格尔的唯心主义思想体系更加系统，他把整个世界看作一种"绝对精神"，而把世界上的一切事物，当然也包括人们的道德行为、道德教育，统统都看作"绝对精神"的外化。也就是说，"绝对精神"是起决定作用的，而客观环境是被决定的。

这些德国古典哲学家们的道德理论，对社会、对教育曾经产生过广泛而深刻的影响。瑞士教育学家约翰·亨利赫·裴斯泰洛齐就是在莱布尼茨和康德等人的哲学影响下形成唯心主义世界观的。他把教育同宗教紧密联系在一起，认为自然宗教是人的高尚道德原理的一种发展。他说过，他在靠近人们互相表示爱意的地方寻找上帝。因此从总体上看，裴斯泰洛齐的德育论是唯心主义的。但他也肯定了教育与环境的作用，提出了具有进步意义的观点。例如，他认为外在教育的目的在于和谐地发展人的一切天赋力量和能力，提出了包括体育、劳动教育、德育和智育等方面的要素教育理论。

另一个受德国古典哲学影响很深的教育家是德国的约翰·菲力特力赫·赫尔巴特。他用唯心主义观点来解释教育的本质，形成了一个极端形而上学的德育理论。他断言，教育的本质就是要用自由、完善、善意、法权和正义的观念来丰富学生的心灵，形成学生善良行为的思想和动机，并以此为基础来培养学生的道德品质。所以，赫尔巴特是从观念出发，而不是从实际出发来进行德育活动的。他不让学生接触社会，主张树立教师的绝对权威，限制学生的独立自主行为，这些极其保守的做法正是他的唯心论和形而上学的表现。

四、现代西方德育环境论

西方进入帝国主义阶段之后，资本主义的基本矛盾进一步激化。而随着政治、经济方面的危机加剧，整个资本主义社会经历了一次又一次的精神道德危机。资产阶级的思想家、教育家为了寻找出路，提出了许许多多德育理论。尽管这些理论流派繁多，观点形形色色，但仍有一些共同点。

第一，唯心史观是它们的共同哲学基础。它们用唯心主义解释自己特有的德育范畴，把社会意识作为道德和德育的出发点，把现实的社会问题简单地归结为道义问题，鼓吹社会改良，反对社会革命。

第二，非理性主义倾向严重。存在主义、感觉主义、直觉主义、人格主义、新弗洛伊德主义等流派，贬抑思维与理性的作用，夸大人的直觉与本能，在德育和伦理方面具有浓厚的非理性主义色彩。它们宣扬人们走向虚无，切断历史，只顾眼前，听命于一时处境和偶然遭遇的摆布，对现实社会和客观环境表现得无可奈何。

第三，信仰主义和蒙昧主义复合，德育活动与宗教活动合流。新托马斯学派、新正统学派、现象学派等，都带有浓厚的宗教神秘主义色彩。它们认为，神的本质就是人的本质，人的一切活动、社会的一切组织都沾染了"原罪"，摆脱罪恶的唯一出路，就是按照神的意志行事。

（一）实用主义的道德境遇论

实用主义教育是现代资产阶级教育思想的一个主要流派，产生于 19 世纪末的美国，倡导者是美国的著名实用主义哲学家杜威。杜威以实用主义的世界观和方法论为理论基础，形成了实用主义的德育理论。杜威实用主义哲学的中心概念是"经验"。他认为经验就是人和自己所创造的环境的"交涉"，主观和客观的区别只是经验内部的区别。他还认为一切存在的事物、事实以及它们之间的关系都是经验，经验就是整个世界，客观世界的基础就是人的经验，而不是相反。因此，杜威以人的经验来概括、包含、代替客观环境乃至客观世界，这很显然是主观主义的。杜威把主观唯心主义的哲学思想引入教育，认为教育的实质就是不断地改造经验，重新把现实生活与教育结合起来，把学校置于客观社会的环境中，但实际上是把现实社会生活中的东西，组织到教育过程中去。而通过教育来重新组织经验、改造经验，当然就要让经验的主体，即学生自己去"组织"和"改造"，教师的教育就显得不大重要。为此，杜威提出了"学生中心"的观点，要求一切教育措施都围绕学生转，让学生从自身的活动中获得道德观念、培养道德行为。可见，杜威过分强调了学生的主观行为，忽视了外在教育的作用，当然也同时忽视了客观环境在德育中的作用。实用主义德育理论在西方曾经产生了广泛的影响，但自 20 世纪 30 年代以来，实用主义德育理论受到来自各方面的批评，到了 20 世纪 50 年代，这一理论在美国衰败了。不过，它的一些基本主张，在现代西方的各种教育理论中，仍然不断以新的面目出现。

（二）行为主义的德育环境论

行为主义是 20 世纪初产生于美国的一个流派，其创始人是华生。行为主义的基本理论带有明显的机械唯物论倾向。行为主义者反对意识，主张抛弃所有历史遗留下来的诸如感觉、知觉、情绪等概念，吸收了巴甫洛夫的条件反射学说，以"刺激—反应"公式来说明人与环境的关系，并解释人的行为。行为主义者把人的道德或不道德的行为都看作环境影响的结果，是由物理或化学性刺激引起的，甚至认为心理学的研究对象不应是意识或心理，而应是由肌肉收缩和腺体分泌而引起的外部行为。因而，行为主义者华生是极端的环境主义者。华生不仅否定人的本能，而且拒绝承认人有任何种类的遗传能力、气质和才干。他说过这样一段很典型的话："给我一打健全的儿童，我可以用特殊的方法任意地加以改变，或者使他们成为医生、律师……

或者使他们成为乞丐、盗贼……"[1] 华生强调环境的作用压倒一切，强调外界的刺激决定一切，否定人对环境的改造作用，否定人的主观能动性，是绝对的环境决定论者。行为主义者强调环境的作用，强调现实社会的影响，这对反对当时流行的遗传决定论、血统论和本能决定论是有积极意义的。但它陷入了另一个极端：否定意识和主观体验，经不起客观与主观、个体与环境所产生的交互作用的考验，抹杀了人与动物的差别。所以后来受到许多人的批评。

(三) 存在主义的德育环境论

存在主义伦理学是现代西方资产阶级伦理学中影响最大的流派之一。存在主义者从苏格拉底、柏拉图以及奥古斯丁等人的著作中，吸取了思想成分，也对德国古典哲学家康德的先验论、谢林的神秘主义等产生了兴趣，西方的反理性主义思潮和尼采的权力意志论，更被存在主义引为思想的来源。存在主义者所说的"存在"，只有人才具有，物不具有，"存在"是人的典型存在形式，只有人才是真正的存在，周围的环境是不存在的。而人的存在又不是指一般人的存在，而是指单个人的自我存在。正如存在主义者说的，"存在"是纯粹的"主观性"，是"可能性"，是人的设计蓝图等。所以，所谓人的存在，不是指现实的人、具体社会的人。所谓个人的自我存在，就是人内心的自我主观体验和感觉，是他的追求、愿望和意向等心理活动。在德国的《哲学辞典》中是这样解释存在主义的"存在"概念的："存在表示一种内在的核心，甚至当人失去了这个世界上他所能掌握的一切，或是当这一切都成为幻想的时候，这种核心也始终是完整无恙的。"存在主义者把"存在"完全主观化、神秘化了，把每个人生活的现实环境、人所处的"境遇"，看作多变的、没有必然性的、没有规律可循的主观心境。这种主观唯心主义的存在论和马克思主义哲学所说的客观存在有本质的区别。

由于存在主义者否定了客观环境的存在与作用，他们便认为"自我存在"没有任何约束，可以处在"无"的境界之中，人可以不顾自己周围的环境，自由地设计自己，创造自由。萨特就说过，人自己设计自己，自己创造自己，人在选择自己的行为时是绝对自由的，"人是注定自由的"。也就是说，个人自由就是人在一定"境遇"下，选择自己的行为不受周围环境

---

① ［美］杜·舒尔茨：《现代心理学史》，杨立能、沈德灿等译，人民教育出版社1981年版，第283-234页。

的制约和他人的影响，完全出于自己的主观意向，取决于自己的自由意志。他还说："除了自己以外，无所谓其他立法者。由于他处于孤寂之中，他必须凭自己决定。"① 因此，存在主义者极力主张人要摆脱现实社会的一切外在条件的束缚，冲破周围客观环境的限制，实现自我意志的绝对自由。无疑，这只能是一种企图逃避现实的主观唯心主义的幻想。

存在主义者从自我意志的绝对自由出发，提出了"选择自主"的要求。这种选择不仅指人对自己一般行为的选择，也包括个人对道德价值、道德行为的选择。存在主义者认为，道德选择只能是人在当时、当地的具体环境下的一种内心的主观抉择，绝对不应当考虑任何外在条件，即既不受社会历史条件的制约，也不依据自己的情感和信念，而且与过去自己的一切选择无关。人在任何时候都可以否定以前的选择而做出新的选择，都不需要寻找道德的外在根据和援引权威的道德选择，否则，就是企图逃避自己的责任，逃避自由，也就是离开自己的"真实存在"，背离存在主义的"道德"。所以，存在主义对道德选择的绝对自由，必然导致道德标准的随意性与主观性，导致道德内容的不确定性，必然把内心世界的自由作为道德的最高目标。这样一来，不仅作为客观环境的外在条件发挥不了作用，而且道德教育也完全化为乌有。因此，存在主义伦理学不仅是唯心主义的，也是非道德主义的。

（四）弗洛伊德主义的德育环境论

弗洛伊德主义又称精神分析学派，产生于19世纪末，其创始人是奥地利的西格蒙德·弗洛伊德。弗洛伊德主义产生于资本主义进入帝国主义的历史阶段，这一阶段的阶级压迫、民族歧视以及其他社会矛盾日益尖锐。特别是在犹太人的社会生活中，家长制统治和浓厚的宗教气氛，性道德的伪善与性压抑并存，导致精神病发病率增高。精神分析正反映了这一社会情况，是适应社会的需要而产生的。同时，弗洛伊德主义吸收了德国唯心主义哲学家莱布尼茨和权力意志论者尼采的思想，承袭了赫尔巴特和费希特的无意识学说，建构了晦涩难懂、明显荒谬的思想体系。

弗洛伊德主义的核心是弗洛伊德提出的"无意识"理论。以无意识为基础的人格学说，即关于个性心理结构的学说，是弗洛伊德主义解释道德问题的根据。弗洛伊德所说的"无意识"是指人的原始性欲、各种本能和出

---

① ［法］萨特：《存在主义是一种人道主义》，见《存在主义哲学》，商务印书馆1963年版，第359页。

生后被压抑的欲望。这些原始的、无视道德和法纪的动物本能的冲动，对人的心理产生强大的负荷，并且使人按照"快乐原则"去追求本能需要的最大满足。正是这种"无意识"决定了人的所有精神活动，甚至决定了个人和民族的命运。尽管弗洛伊德进行了"意识""前意识"和"无意识"相互之间关系的烦琐论证，讲述了"本我""自我"和"超自我"这几个概念的难解之意，但最后还是把一切都归结到了无意识的本能冲动，即人的无意识本能冲动支配着人的整个命运，决定着人的行为动机。人无法知道自己内心究竟在想什么，他只能盲目地服从无意识活动。因此，弗洛伊德的这种无意识理论，既是没有客观基础的唯心主义理论，又是否定了人的思维的非理性主义理论。

弗洛伊德以无意识为基础的人格学说，即关于个性心理结构的学说，同样把一定社会的道德意识和人们的道德行为，都看作与客观现实生活无关的个人的一种心理过程和心理机能，看作可以脱离或超越周围环境的心理活动。而这种个人的心理过程、心理机能或心理活动不是根植于客观存在，而是归于生物的遗传因素或生物的本能需要。同时，弗洛伊德还把道德看作人的一种悔罪感，他把这种悔罪感称为"良心"。人的本能就是追求欲望的满足，追求快乐，而良心对个人的欲望起"压制作用"。另外，弗洛伊德还把人的好感、友谊、信任等情感和关系，都与人的性本能联系起来，认为性本能或性冲动不仅是良心出现的唯一根源，而且也是所有道德关系和道德感情的基础。这样，弗洛伊德不仅把作为社会现象的道德心理化和动物化了，而且把道德看作约束人的动物本能的机制，看作压抑人的本性的一种心理机能。虽然弗洛伊德在他的著作中并不完全排斥社会条件在道德形成中的作用，但是，在道德意识与道德环境的相互关系中，他认为道德作为一种精神现象，不是决定于一定社会的经济关系，而是决定于个人内在的心理结构；不是客观环境的反映，而是纯粹个人的心理活动。因此，弗洛伊德主义的环境论，是否定客观环境作用、强调主观心境的唯心主义理论。

（五）基督教的境遇道德论

面对西方世界的社会和道德危机，宗教神学家、伦理学家也认为传统的资产阶级道德、宗教道德，已经"完全不适合我们目前的社会，它也不适用于大多数人所不得不做出的真正决定"。自 20 世纪 60 年代以来，在西方一些国家的神学家和伦理学家中，出现了"革新正统道德"、建立"新道德"的思想，并由此而发生了激烈争论，产生了不同的观点和派别，其中以美国的基督教伦理学家弗来切尔为代表的境遇伦理学最有影响。

境遇伦理学认为，伦理学应该在现实社会的发展变化过程中形成，应当正视伦理学面对的具体境遇，解决实际问题。只有这样，伦理学才能把人们的道德释放出来，才能教育人"成为成熟的人，高尚地、自由地生活着，回答生活的要求，并成为对生活负责的人"。弗来切尔还看到了自然科学的新技术、新成果给伦理学带来的新问题，解决这些新问题要有新的道德理论，而不能依赖传统的道德规范。弗来切尔反对宗教道德的教条主义和资产阶级道德的机械主义倾向，能够把人的道德行为同其所处的客观环境联系起来，肯定了具体境遇对道德教育和个人道德修养的作用，这是应当予以肯定的。但是，弗来切尔在肯定境遇因素作用的同时，又犯了否定道德规范和道德理论作用的错误。他认为，伦理学只能追随境遇的要求，跟着具体情况走，临时应付眼前的事变，不需要按照一定的道德规范选择道德行为，也不需要用一定的道德理论指导道德活动。如果是这样，其结果必定使人们在活动中无所适从，不明方向，只能受具体境遇的支配而做出不符合道德原则要求的事情来。无怪乎有的西方伦理学家指责弗来切尔的境遇伦理学消灭了伦理学，是没有道德的伦理学。

事实上，现实生活和道德环境与道德理论和道德规范之间的关系，是辩证统一的关系。伦理学应当从现实生活和道德环境出发，抽象和概括出道德思想和道德规范，应当依照发展着的现实生活和道德环境来丰富、修改道德理论的指导。并不是说理论只能追踪事实，服从境遇，且不需要概括事实，找出事实的规律性。恰恰相反，为了指导人们的道德行为，伦理学应当从事实中抽象出理论来。而弗来切尔却完全否定道德理论的指导作用，反对从事实中引出规律，竭力使伦理学摆脱一定世界观，企图创立一个没有基督教、没有体系、没有伦理理论、没有世界观的，或者说不是意识形态的伦理学。这当然只能是一种自欺欺人之举。在阶级社会里，任何一种伦理学，都是一定社会经济基础的上层建筑，都是某一阶级的意识形态，都要受一定阶级世界观的影响和支配，并为一定阶级服务。弗来切尔承认有所谓适用任何社会、任何境况、任何人的伦理学，这只能是一种神秘虚无的宗教伦理学和为我所用的资产阶级实用主义伦理学。因此，弗来切尔的境遇伦理学实质上是基督教伦理学和杜威实用主义伦理学的混合物。

弗来切尔一方面极力肯定境遇因素的作用，另一方面又极力否定境遇因素的存在。他把基督教的爱引入他的伦理学，并把它看作道德的最高标准，看作绝对规范，是永远不变的，是不依赖任何外界条件和境遇因素的。他说：“价值、尊严、道德品质、善或者恶、正当或者不正当，所有这些仅仅是谓词，而不是属性。它们不‘给’，它们不是客观‘真实的’，或‘独立自主’的。只有一个东西永远是正确的、善的，不依赖于情况的真正的善。爱就是这个东西。”因此，弗来切尔的爱，实质上就是爱上帝。正如他所说的：“只有在上帝那里，爱才是实在的，对人来说，它只是形式的原则，是谓语，只是上帝的属性。”爱是脱离人所处的具体社会生活条件，脱离人的具体社会地位和阶级地位的抽象的爱、神秘的爱。他企图用这种抽象的爱来缓和资本主义社会里的矛盾和冲突，调和穷人和富人、压迫者和被压迫者之间的关系，这当然也只能是一种自欺欺人的幻想。

总之，境遇伦理学关于环境的理论，是一个不能自圆其说的自相矛盾的理论，它并没有摆脱基督教神学思想的束缚，也没有摆脱资产阶级的道德规范。

五、空想社会主义的德育环境论

18世纪法国资产阶级革命以后，资本主义工业得到了迅速发展，但这种发展是以工人群众的贫穷、苦难、失业、破产为条件的。资本家的高额利润和劳苦工人的微薄收入、资本主义工业创造的大量物质财富与广大工人群众的普遍贫困形成了鲜明的对比和尖锐的矛盾。面对这些矛盾，空想社会主义者傅立叶、圣西门和欧文等人，对资本主义制度进行了严厉的批评，提出了关于新的未来社会主义制度的设想。

空想社会主义者认为，未来社会主义制度是建立在理智和公平原则上的，是没有人压迫人、人剥削人现象的。他们还认为只要用和平的方法，即主要用教育的方法就可以使现实社会得到改造而成为社会主义社会。所以，空想社会主义者继承了法国唯物主义者的思想，过分强调周围环境和教育对人的思想道德形成与发展的作用，把人看作环境和教育的消极产物。

空想社会主义者欧文，不仅提出了每个人都是他周围环境的产物这一原理，而且还按照这一原理，进行了一些实验。从1800年起，欧文在苏格兰的新拉纳克市创办了一个大纺纱厂，他为了改变当时工人群众工作时间长、工作条件恶劣的处境，决定改变工作、生活和劳动的条件，缩短工作时间，增加工资，修建宿舍，安排休息，开办了幼儿学校、小学、职工夜校，为工人及其家属在晚间组织演讲会、座谈会和文化娱乐活动。这些教育和教养机关，除传授业务知识外，还培养学生为社会服务的精神，废除当时社会中流传的宗教教育，把教育同生产劳动结合起来，培养学生的劳动技能和劳动观念。欧文的这些做法，曾经得到马克思主义经典作家的高度赞扬。恩格斯曾指出，新拉纳克的整个生活彻底改善了。马克思也说："……未来教育的幼芽，未来教育对所有已满一定年龄的儿童来说，就是生产劳动同智育和体育相结合，它不仅是提高社会生产的一种方法，而且是造就全面发展的人的惟一方法。"① 在理论上，欧文把客观环境的作用绝对化了，他在著作《新社会观》中强调指出，人的性格、人的思想，决定于不依赖人的意志为转移的人的周围环境中的多种条件。人们的美德是由他们所处环境决定的，人们的恶习和过错，也是由他们所生活的环境决定的。欧文甚至宣称，人从来也没有创造过自己的性格，而且也不可能创造它。性格的创造只与环境条件有关，如果我们改变了环境条件，那就能够培养任何性格和德性。所以，欧文也是一个极端的环境决定论者，他把人完全看成环境的奴隶，把人的思想道德完全看成环境的机械反映，否定了人对环境的能动适应和积极改造，否定了思想道德观念对客观环境的反作用。欧文从法国哲学家爱尔维修那里接受了关于人是环境和教育产物的学说，这是唯物主义的学说。他由此而提出的教育要与生产劳动相结合、促进人的全面发展的观点，德育要强调集体主义精神培养的观点，德育要同其他活动相结合的观点，等等，都具有积极的历史的意义，马克思主义经典作家曾经对此给予高度评价。同时，马克思针对欧文关于道德是环境和教育消极产物的观点，进行过分析和批判，并指出此观点的局限性和片面性。

六、马克思主义的德育环境论

上面介绍的多种多样的德育环境论，虽然有的提出了许多有价值的见解，可供借鉴，但由于受历史和阶级的局限，这些德育环境论都不可能科学地揭示环境、德育和人们思想道德之间的正确关系，不可避免地表现出两种极端倾向。一种是德育环境无用论倾向。这种倾向的环境论，否定客观环境对德育的影响和制约作用，无视社会生活和人们所处境况对人的思想道德的决定作用，把思想道德的形成和发展，或者看作某种"绝对观念"、上帝意志、天命思想的再现与演化，或者看作人的本能、本性的固有特性和纯粹内心世界的产物。这是一种唯心主义的德育环境论。

————————————

① 《马克思恩格斯全集》第 23 卷，人民出版社 1972 版，第 530 页。

另一种倾向是德育环境绝对论。这种类型的环境论，过分强调环境条件对德育的影响与制约作用，夸大社会客观存在和人们所处外界条件对人的思想道德的决定作用，把思想道德的形成与发展，或者看作客观环境的刺激反射，或者看作人的行为的消极适应，否定人的主观能动作用。它否定德育对环境的改造作用，这是一种机械唯物主义的德育环境论。还有些教育家、思想家的德育环境论，虽然既看到了客观环境的作用，也看到了人和人之间的思想道德观念的作用，但并没有揭示环境与德育、环境与人们思想道德的辩证关系，要么陷入否定环境作用的唯心论，要么陷入夸大环境作用的机械论，表现出自相矛盾的状况，只不过是前面两种倾向的混杂而已。

　　针对唯心主义的德育环境论和机械唯物主义德育环境论，马克思主义的经典作家进行了深入的分析和批判。马克思主义认为，道德作为意识形态，它是由社会经济基础决定的，是人们借以进行生产和交换的经济关系的产物，是社会经济关系的反映。人们在认识和处理经济利益矛盾的时候，由于不同的社会地位和阶级立场，往往从个人利益与集体、社会经济利益之间，以及个人利益之间的不同关系出发，形成不同的观念、态度和行为，由此而产生了不同的道德观念、道德情感和道德信念。道德教育就是用一定的道德理论和道德规范，帮助受教育者正确认识和处理个人与集体、个人与社会的矛盾，这种矛盾说到底就是经济利益的矛盾。因此，道德教育和人们的道德观念，都植根于一定的社会关系，归根结底植根于一定的经济关系。恩格斯曾经针对杜林的唯心主义道德观和宗教道德观进行了系统的分析批判，他指出：“人们自觉或不自觉地，归根到底总是从他们阶级地位所依据的实际关系中——从他们进行生产和交换的经济关系中，获得自己的伦理观念。”[1]恩格斯的这一论述，说明道德产生于社会关系之中，产生于人与人的关系之中，从而把道德教育和人们的道德观念同人们所处社会环境联系起来。同时，恩格斯还从道德发展的角度，论述了人们的道德观念和道德规范是随着社会关系、社会经济制度的变化而变化的，他指出：“善恶观念从一个民族到另一个民族、从一个时代到另一个时代变更得这样厉害，以致它们常常是互相直接矛盾的。”[2]恩格斯以道德的社会历史性，反对唯心主义的道德永恒论，揭示了在历史长河中，每一个历史时代都有与之相应的特有的道德观念、道德标准和道德教育的发展规律。

---

[1]　《马克思恩格斯选集》第 3 卷，人民出版社 1995 年版，第 443 页。
[2]　《马克思恩格斯选集》第 3 卷，人民出版社 1995 年版，第 434 页。

列宁对唯心主义的德育环境论也进行了尖锐的批判。列宁指出，资产阶级的道德根源于宗教，"导源于神意"，或是出于唯心主义和半唯心主义的哲学，这种哲学最后还是推演到"神意"。但是"我们不信上帝，并且我们十分清楚，僧侣、地主和资产阶级都是假借上帝的名义说话，为的是谋求他们这些剥削者自身的利益"①。资产阶级总是企图超越社会的客观环境，回避资产阶级与无产阶级之间阶级斗争的客观现实，极力把资产阶级道德说成是天赋的、全人类的、超阶级的道德。对此，列宁严肃指出："我们否定从超人类和超阶级的概念中引出的这一切道德……我们说，我们的道德完全服从无产阶级阶级斗争的利益。我们的道德是从无产阶级阶级斗争的利益中引申出来的。"② 列宁既有力揭露了资产阶级道德脱离实际的虚伪性，又充分说明了无产阶级道德的真实性和科学性。

马克思主义经典作家在对唯心主义德育环境论进行批判的同时，对机械唯物主义的环境论也进行了实事求是的评析。马克思说："关于环境和教育起改变作用的唯物主义学说忘记了：环境正是由人来改变的，而教育者本人一定是受教育的。""环境的改变和人的活动或自我改变的一致，只能被看作是并合理地理解为革命的实践。"③ 马克思这里所说的环境，是从历史唯物主义角度讲的，指的是社会制度和社会环境，包括社会生活条件、生产方式、政治制度和人们所处的境况。其所说的教育是广义的教育，包括社会教育和学校的德育、智育等。马克思肯定了机械唯物主义者承认客观环境作用的一面，批判了他们否定人的主观能动性，否定人对环境可以进行改造的一面，并提出，只有革命的实践活动，才能把环境的改造同人的活动有机联系起来，把人的客观条件和主观认识统一起来。因此，马克思主义的德育环境论既是唯物的又是辩证的。其基本观点是，环境决定人的发展，决定人的思想道德面貌，人也可以通过实践活动改变环境，改变政治思想状况和道德风尚。社会环境，特别是社会生产关系对人的发展方向、发展程度，起着决定作用，社会的政治制度、文化传统也影响、制约甚至决定着人们的思想道德倾向。但是，人们在社会环境面前，绝不是消极被动的，绝不是只有被决定的一面，人能够通过社会实践活动，改造变革环境，人能够充分发挥主观能动性，创造适合自身发展的政治、经济和文化环境。

---

① 《列宁选集》第 4 卷，人民出版社 1995 年版，第 289 页。

② 《列宁选集》第 4 卷，人民出版社 1995 年版，第 352 页。

③ 《马克思恩格斯选集》第 1 卷，人民出版社 1995 年版，第 55 页。

社会环境决定了德育的性质、内容和目标，德育对社会环境也产生了巨大的影响和促进作用。社会环境对于德育的作用，主要是指社会政治、经济制度和物质条件对德育性质和方向的界定，对德育内容和方式的要求，对德育权利和目标的规定，从而保证德育能够符合一定政治、经济制度的要求。德育虽然不是推动社会环境发展的根本动力，但它对社会环境中落后的、起阻碍作用的思想道德因素和行为习惯，能够进行抑制、克服与革除，对社会环境中积极正确的思想道德观念和行为，能够起激励、强化的作用。因此，当合理的社会环境与德育相适应时，德育方能对社会的发展起到重要的保障和促进作用。

论德育环境优化*

马克思主义关于环境的理论，阐述了人和环境的辩证关系，是我们正确认识环境、选择环境和利用环境进行德育的指导思想。随着开放的扩大和社会主义市场经济体制的建立，德育面临的环境发生了很大变化，环境对德育的影响也在加强，如何适应新的环境、优化环境，这是当前和今后德育工作需要解决的重大课题。

一、德育环境选择理论

所谓德育环境，是指影响德育对象和德育过程的客观因素的总和。影响德育对象和德育过程的因素是广泛的，包括社会因素与自然因素、物质因素与精神因素、经济因素与政治因素等。德育环境主要包括政治经济因素和思想文化因素。德育环境按性质划分，有良好环境与恶劣环境、消极环境与积极环境、顺境与逆境之分。不同性质的环境，将对德育对象和德育过程产生不同的作用。

第一是对德育对象的感染作用，即学生在环境中所受的影响、陶冶与感化。感染作用也有两种不同情况：一种是积极感染，就是良好环境对学生产生的一种无形的、潜移默化的教育和影响，促进学生健康成长；另一种是消极感染，其作用与积极感染正好相反。第二是规范作用，即对学生的道德、政治行为的约束作用。环境的好坏，总是通过一定的政治、道德、纪律的规范反映出来的。好的环境，一般有政治、道德的明确规范，有严格的纪律，人们能自觉按照规范的要求控制自己的行为，具有良好的习惯。这种环境的规范是无声的命令和强大的制约力量，可以抑制不良行为的发生。相反，不良环境可能对人的良好行为产生某种制约，出现"正不压邪"的状况。第三是推动作用，即对德育过程产生促进或促退的作用。好的环境促使好人好事不断涌现，推动和激发学生奋发上进；而不好的环境常常会把学生推向不良的方向。

---

* 原载于《思想教育研究》1995 年第 3 期，收录时有修改。

青年学生虽然向往自立，但还不能完全自立；虽然有较多的知识，但还缺乏社会生活经验；虽然已经比较成熟，但还离不开老师的指导。因而，环境因素对他们的影响是比较大的。环境的影响是一种自发的影响，是多途径、多方式和多变化的影响。特别是现代化社会条件下，信息多，变化快。因此，根据德育环境的作用和青年学生的特点，我们要帮助学生正确认识和把握德育环境。同时，我们当前和今后的德育环境，将有很大的变化，新情况、新问题越来越多，人与环境的关系比过去更加复杂。其一，环境的开放程度越来越高，也越来越复杂，大量的社会因素、社会信息将通过多种途径和方式影响校园，学生不可能全部接受这些信息，也不可能全面受到影响。他们只会接受他们自认为有用的信息，而对其他的信息漠不关心，或不予理睬。他们是自觉接受还是盲目接受，是正确接受还是错误接受，这就取决于他们的主观选择。因此，面对开放的德育环境，学生主观选择的作用更大。这同过去在封闭条件下的环境影响有较大差别。其二，社会主义市场经济体制正在逐步建立，学校要适应市场经济的要求，学生也要面向社会竞争，增强自主自强的精神。学生如何自主地分析环境、把握环境，如何自主地选择环境中的有利因素以促进自身全面发展，这是社会主义市场经济条件下学生需要解决的一个突出问题。我们要以马克思主义环境理论为指导，结合环境的新形势和新问题，探索一种新的认识、新的理论。这种新认识被称为德育环境选择理论，其基本要点如下。

　　自主选择——德育工作者和德育对象都要树立对环境的自主意识：对环境变化的自主把握、对环境因素的自主分辨、对环境需要的自主取舍。自主把握是指德育主体与德育客体对环境发展变化的认识，以确立积极适应环境、支配环境的前提条件。自主分辨是指德育主体与德育客体对复杂环境因素的分析与鉴别，是自主把握的要求。自主取舍是德育主体和德育客体根据教育需要和自身发展需要，对环境因素的接受与排除，是自主把握、自主分辨的结果。自主把握、自主分辨、自主取舍是互相联系的，它们充分体现了德育主体和德育客体对环境的主观能动性。

　　趋利选择——德育主体和德育客体在自主取舍环境因素的过程中，要努力选择有利的环境因素，排除或避开不利因素。趋利选择是学校教育和学生角色的共同要求。学校教育的目的是促进学生健康、全面地发展，学校要选择有利于学生成长的内容教育学生，对不利于学生成长的因素必须坚决予以排除。因此，选择环境中的有利成分，排除环境的不良影响，是学校教育的责任。对学生来讲，自觉确立角色意识，在新形势下更为重要。要确立自觉学好求善的角色意识，不能因为社会上或某些人有问题就放弃学习，甚至寻找借口去接受不良影响。所以，角色意识是环境选择的思想基础。进行角色意识教育是环境选择的保证。

二、德育环境选择的主要方法

第一，环境选择实验法。环境选择实验法是根据培养某一方面思想品德和行为方式的需要而特意创造相应客观条件的方法。这种方法的特点是，环境设计逼真，形象具体，使学生有身临其境的感觉，有真实的体验，它比抽象的文字更富有感染力和教育性。环境选择实验的方式是多种多样的，已经试验并获得一定效果的方式有以下三种。"生存训练"：让青年学生在一个相对艰苦、生活条件很有限的地方生活一段时间，一切自己动手，如砍柴、打水、种菜、种粮、做饭、洗衣等，自己学会过日子，自己谋求生存的训练。这种生存训练，就是让学生接受艰苦环境的磨炼和体验艰难的生活。它对从来没有下过乡，不知道粮食、棉花怎么长出来的城市学生来说，的确有必要。"模拟环境实验"：一种运用人工方法模拟某种环境，让学生感受、适应并进行生活、心理训练的实验。如狂风暴雨中的海岛环境、风雷交加的高山环境、缺水少粮的沙漠环境等。采用声、光、电、气、温等综合手段，使环境逼真，是对学生日后生活或工作环境的模拟。模拟环境实验对毕业后要到艰苦地方去工作的学生很有必要。"军事训练"：把学生带到部队环境中，通过军政训练和军事知识学习，提高学生的思想政治觉悟，增强其组织纪律观念的训练。这是一种综合训练方式，包括环境选择、环境教育的作用。在部队进行训练效果更好，因为部队环境更有利于训练。

第二，环境选择隔离法。这是一种用相对封闭的手段选择环境的方法。它主要用于对不良环境因素的处理。我们坚持学校要联系社会、面向社会，不能脱离社会主义现代化建设的实际去培养人才。但是学校也不能完全等同于社会，不可能同社会没有任何区别。在学校环境的优化过程中，也不排斥对不良环境因素采取相对封闭、隔离的办法。常见的环境选择隔离法有两种。"围墙隔离法"：一种对直接影响学生思想和道德的不良环境采取的隔离方式。如隔离学校周围的经营性单位，减少外界干扰；隔离治安不良地段，维护校内安定；隔离社会某些文化单位，防止学生受不健康文化因素的影响。这些隔离办法可以在一定范围、一定时间内缓和环境冲突，抑制消极环境因素的蔓延与影响。"信息隔离法"：在现代社会条件下，社会信息是复杂多变的，有好的、积极的信息，也有不好的、消极的信息。社会有责任传播好的信息，抑制、反对不好的信息。我们应采取措施，把某些消极的信息、错误的观点尽可能限制在很小的范围内，不让它危害学生，这对学校来说是完全有必要的。当然，我们不可能完全禁止学生接触消极落后的信息。虽然不能完全消除错误思潮对学生的影响，却能引导学生对那些消极落后的信息和错误观点进行分析、批判，也可以起到教育作用，并能增强学生对此的免疫能力。但是，对那些煽动性强的反动政治观点、腐蚀性大的黄色书刊、迷惑性大的封建迷信活动等，就要采取必要的措施，切断影响通道，隔离信息来源，使学生免受影响。

三、德育社会环境的优化措施

对于学校的教育环境，我们可以采取选择、建设的办法，进行创造、优化，使学生在良好的环境中接受教育和熏陶。对社会环境的选择，不仅要依靠学校的理论，还要依靠社会的力量，方能建设教育学生的良好环境。学校、社会都要关注社会对青少年学生的影响，当某些影响严重危害青年学生的健康成长时，社会便要采取措施对社会环境进行必要的选择。这些选择主要包括以下三个方面。

第一，对大众传播媒介进行职能分工，分离商业大众传播媒介与教育大众传播媒介。现在的大众传播媒介，如电视、广播、报纸、刊物等，集新闻性、商业性、娱乐性、教育性于一体，没有差别地面向全社会，面向社会的各类人员。各种传播工具缺乏必要的配合与分工，办不出特色和水平，也影响宣传效果。随着大众传媒工具的不断增多和多种传媒工具之间的竞争加强，大众传媒工具将逐步根据社会的需求，在功能上、内容上、特色上有所侧重，产生一些专门的传媒工具。不以营利为目的、专门从事教育，而且不仅仅进行知识教育，同时进行思想品德教育的电视台、广播电台以及报刊也会问世。现在，许多学校都有电化教室、演播室、学生活动中心等场所，应用现代传媒手段对学生进行教育，效果都比较好。

第二，利用教育场地。例如，革命活动纪念地、纪念馆，烈士陵园及烈士纪念馆，人民反对和抵御外敌侵略的遗址、遗迹，反映中华文明几千年历史和地方文化传统的博物馆、纪念碑，反映我国社会主义现代化建设伟大成就的展览馆，等等。利用这些场地对学生进行革命传统教育，能够激发学生为祖国、为人民奋斗的精神，增强学生的历史责任感。

第三，建立社会教育基地。这是学校根据教育的需要，在社会上选择教育效果好的地区和单位，用作对学生进行教育的场所。社会教育基地有多种类型，如实习基地，劳动锻炼基地，社会调查、考察基地，社会实验基地，等等。有些学校专门建立了德育的社会基地，多数学校则建立了德育与教育结合的综合基地。建立社会教育基地是现代社会条件下，提高教育社会化程度的必然要求，也是贯彻教育与生产劳动相结合方针的必要途径。精心选择、建立关系、必要投入，共同建设好社会教育基地，对社会和学校都是十分有利的。

论高校德育领域与功能发展[*]

高校德育的发展，是社会发展与人的发展的客观要求，也是促进社会发展与人的发展的需要。它既涉及教育的各个要素和环节，也与社会的经济、政治、文化相关。其外延发展与内涵发展，即领域发展与功能发展是主要的。本文仅就这一问题做些探讨。

一、高校德育的领域拓展

高校德育的领域拓展，主要是指德育面向和作用的时空范围扩大，是德育的外延发展。高校德育的领域拓展，既是教育面向现代化、面向世界、面向未来的要求，也是现代社会和学科领域的高度分化与高度综合相结合发展趋势的体现。高校德育的分化，就是德育向未知领域、宏观领域、微观领域的扩展和深入，开辟新的教育领域，发展新的学科分支；高校德育的综合，就是德育向业务、环境领域的渗透，与业务工作、环境建设整合，克服过去的分离现象，形成综合教育格局和综合性学科分支。高校德育的分化与综合发展趋势，总是相辅相成地结合在一起的，分化中有综合，综合中有分化，分化与综合相结合，形成高校德育的立体发展态势。

（一）高校德育向宏观领域的拓展

高校德育向宏观领域的拓展，表现在两个层面上。其一是国内层面，就是高校德育要坚持面向社会主义现代化建设，把社会主义现代化建设作为高校德育的主题，不断探索德育与社会政治、经济、文化相结合的方式，探索德育与智育、管理的相互渗透，使德育深深植根于现代社会生活之中并发挥作用。在现代社会条件下，政治、经济和科学技术的发展，不断开辟出新的领域：市场经济体制所导致的竞争格局，大众传播媒体所形成的传媒环境，广大群众民主权利、自主意识增强之后所投入的各种活动，以计算机和信息传播为基础的国际互联网络，以及经济和科学技术发展所导致的环境问题、

＊ 原载于《清华大学学报（哲学社会科学版）》2001 年第 1 期，收录时有修改。

生态问题，等等。这些新拓展的领域和新涌现的问题，既广泛而深刻地推动和影响着社会的进步，也折射出许多新的思想、政治、道德问题，迫切需要发展了的高校德育与之相适应，并创建竞争伦理、科技伦理、环境伦理、网络伦理等，保证和促进新的领域的发展。

同时，随着对外开放的扩大和国际经济、科技、高等教育全球化发展趋势的日趋明显，加上遍及世界范围的各种思想文化的相互激荡、相互渗透，高校德育要接受其他思想政治的挑战。现代科学技术的发展和信息的涌动，也加速了各种思想政治的交汇，并把许多不同的思想文化浓缩、挤压在一起，使思想政治领域更加错综复杂，形成了许多需要我们研究的新问题："全球意识"在发展，民族意识也在发展，现代意识在发展，寻根意识、地方意识也在发展；大众传媒既为人们提供了形成思想共识的公众领域，也为人们提供了价值观念选择的多元取向；现代交通、通信技术虽然缩小了人们联系、交往的空间，但也拉大了人们的理想信念、道德追求、生活方式的距离。这种全球性的思想政治既分化、又组合，既建构、又解构的形势，这种开放环境中的思想政治既相互渗透、借鉴，又相互矛盾、冲突的状况，是现代思想政治教育不容回避的。

其二是国际层面，就是高校德育要面向世界。我国为了适应对外开放的需要，必须培养大批面向世界的人才。面向世界的人才不仅要有参与世界范围的竞争的科学技术水平，也要有面对世界的思想、道德和心理素质。面对世界上各种文化和价值观的冲击，更要有正确分析、鉴别、选择人生观、价值观的思想基础和爱国主义精神；投身于世界范围的经济、科技、人才竞争，更要有敢于竞争的勇气和自强不息的精神；生活在对外开放的环境和活动在各种场所，更要有健康的心理和文明的风度；等等。这些思想政治素质，比过去要求更高、更全面。我们要培养这些素质，就要研究其他国家，特别是西方发达国家思想政治方面的重大理论与实际问题，了解它们的文化特点和生活方式，把高校德育置放在一个更高更广泛的时空，通过比较、分析，引导学生掌握正确的思想政治观念，把握正确的价值取向。总之，高校德育面向世界，已经成为发展趋势。进行比较德育研究，建立比较德育学科分支也势在必行。这是德育学科建设的一个新生点。发展这个新生点，有利于防止把德育封闭于狭小天地的狭隘心理，也有利于克服因对德育的普遍性不了解而忽视、轻视高校德育的无知偏见。

（二）高校德育向未来领域的拓展

随着开放的扩大和改革的深化，新情况、新问题不断出现，社会信息的迅速变化和社会信息量的剧增，增加了人们判断与选择的难度；科学技术的迅猛发展，不断改变着生产方式和人们的活动方式；物质文化生活水平的逐步提高，也不断增强着学生的期望值。所有这些，既增加了社会的复杂程度，又加快了社会的变化频率。因此，现代社会对每一个学生来说，在其发展过程中总是既存在机遇，又存在风险。所谓机遇，就是发展的有利条件和有利时机。所谓风险，就是发展的不利因素和失败危险。机遇并不是每个学生都可以看得到并抓得住的，它有稍纵即逝的特点；风险也不是每个学生都可以预料到并有效防范的，它具有偶然性与突发性的特点。发展的机遇与风险在很大程度上都具有未知性、未来性的特点。每个学生都希望自己能抓住机遇，避免风险，发展自己，因而更加关注发展的前景，更加注重未来领域的发展趋向。同时，市场经济的竞争机制已被广泛引入各个领域和各个高校，每个学生都要面对竞争。只要有竞争，就会有主动与被动、优胜与劣汰的差别。学生对这种差别进行判断和选择时，总是力求主动和胜利，避免被动与淘汰。这样，学生对发展过程中的各种因素都会做出自己的分析，特别是对尚未出现的不确定因素既关切而又难以把握，对竞争的结果十分关注。高校德育只有面向未来发展，探索适用于未来领域的理论与方法，才能满足社会发展和学生发展的需要。否则，高校德育就会丧失这一领域而显得落后和保守。

同时，德育的特性，决定它应当面向未来。它担负着为未来培养人才的任务，它的一个重要作用是导向，即以正确的思想指导学生进行学习和实践活动。因而高校德育应当具有超前性和预防性。

高校德育面向未来发展的主要任务是相互联系的两个方面：其一是德育本身的科学预测与决策。现代社会相比过去的一个不同之处是，现在的德育具有自主性与创造性，德育过程也面临着机遇与风险，不是任何德育活动都有成效并能顺利发展的，无效甚至出现反效果、停滞甚至倒退的情况完全有可能发生。为了避免德育的失误，争取主动并取得成效，德育必须面向未来，进行科学预测和决策。通过预测尽可能提高对未来发展的认知程度，减少风险，把握机遇；通过决策，制订正确的教育计划，规范未来实施行为，开展预防教育，掌握主动权。现代社会条件下，德育的科学预测与决策问题，是教育由经验走向科学的重要标志，是争取教育主动并取得成效的前提。其二，保证和促进高校和学生面向未来的顺利发展。高校德育虽然不能代替学生在业务、职业方面的预测与决策，但高校德育应当帮助学生增强面向未来的意识，增强预测与决策的自觉性，使之对未来发展趋势有一个清晰认识，学会抓住机遇，化解风险，避免偶然因素和不道德行为的干扰和冲击，驾驭自己的发展方向。同时，还要帮助学生掌握科学的预测和决策方法，克服经验主义、盲目主义倾向，防止由于复杂因素的干扰和不能面对差距而出现困惑、迷信的倾向。

总之，社会的发展和人的发展，既向高校德育提出了面向未来、进行预测和决策的要求，也为其开展预测和决策创造了条件。正确的预测，既是为了现在，也是为了未来，为了在预见的前景和目标之前，采取正确的教育决策和教育措施，实现德育的科学化。因此，现代高校德育，一定要研究预测和决策的理论和方法，形成高校德育预测和决策的分支学科，为高校德育提供理论指导。

（三）高校德育向微观领域的拓展

所谓德育的微观领域，就是指教育者与受教育者的内心世界。宏观的客观世界同学生主观的内心世界，总是紧密地联系在一起的。宏观世界的开放性、复杂性、易变性，也会导致学生内心世界的开放、复杂与变动。因此，高校德育在向宏观领域拓展的同时，也必须向微观领域拓展。向宏观领域拓展是向微观领域拓展的条件，向微观领域拓展是向宏观领域拓展的基础。学生的内心世界虽然归根结底是客观世界的反映，但由于内心世界掺入了主观因素，内心世界的变化往往同客观世界的影响并不完全同步或对应，内心世界具有更大的复杂性和潜隐性，它像一个"黑箱"，无法窥探，也难以敞开，只能通过深入研究，才能把握其发展变化的规律。

应当看到，西方发达国家在人的微观领域方面的研究起步得比较早，在研究个体、生命以及人们情感问题上形成了众多的学派和大量的研究成果。有从哲学角度研究个性的生命意志、权力意志、生命绵延、自然本能、存在状态、自我实现的；有从心理学角度研究个体知、情、意、行的认知心理学派、社会学习心理学派、人本主义心理学派、价值澄清心理学派等；有从伦理角度研究的实用主义伦理学、直觉主义伦理学、新实证主义伦理学、自我实现的人道主义伦理学等。西方的这些学派，都是以人为中心展开的，重在研究人的内心世界。虽然这些学派具有注重人的感情和自然存在，忽视人的社会性的局限，但它们重视对人的内心世界的研究，注重人的潜能开发，这是值得我们借鉴的；尽管各个学派在理论上和实践上都表现出片面性，但它们在某一个方面，或者在方法上，对我们是有启示的。

在现代社会条件下，社会因素和社会信息不断增多并且变化节奏加快，人们相互之间关系的复杂程度增加，社会竞争性加剧，加上新旧体制的转换，新旧观念的冲突，不可避免地会出现许多新问题、新矛盾。所有这些变革、矛盾，都会不同程度地引起学生的心理震荡，增加其心理负荷，甚至导致一些学生产生心理不平衡、心理障碍与心理疾病。同时，面对一个复杂多变的环境和激烈竞争的社会，学生要取得学业成功、实现事业理想、提高生活质量，在享受现代物质文明的同时也要有文明高尚的精神生活和健康良好的心态。否则，学生可能会在经济、社会迅速发展的过程中，精神越发苦闷，甚至失落自己的精神家园。因此，学生的思想、心理方面的问题十分突出地摆到了德育工作者面前。开展心理测试与心理分析、进行心理诊断与心理咨询、普及心理保健知识、提高心理素质，便成为高校德育的重要任务。

研究学生内心世界的问题，还有一个更重要的任务，就是开发人才资源。每一个学生都有一个复杂的内心世界，都有巨大的潜能，学生的知、情、意、行，既表现在德性上，也表现在智力上。德性与智力的关系，智力因素与非智力因素的关系，学生主观能动性的发挥，创造精神的培养，等等，都是需要进一步探索的问题。我们对宏观领域的研究和探索不会穷尽，同时，我们对微观领域的探索也不可能到头。我们要把学生的潜能充分发挥出来，把人才资源充分开发出来。如果我们不掌握学生内心世界的发展变化规律，不能有效把外在教育内化为学生的思想，那么德育就只能是一句空话。

总之，我们要正视现代社会条件下学生精神领域和心理层面的问题和需要，重视人才资源开发，探索思想内化理论，掌握心理发展规律，建立具有中国特色的高校德育心理学。

二、高校德育的功能发展

高校德育的领域拓展，必然带来高校德育的功能发展。高校德育的功能发展，是由高校德育的结构发展决定的，是高校德育的内涵发展。

（一）由再生功能向超越功能的发展

当代许多教育社会学家，正在用大量的实证材料批判资本主义社会存在的一种教育，这种教育只是不断将一个现存社会再复制、再生产出来。联合国教科文组织国际教育委员会在《学会生存》一文中指出，人们对现有教育种种弊端的责难，其中最主要的是它的"保守性"，"自古以来教育的功能只是再现当代社会和现有的社会关系"，"人们时常责备它是固定不变的"。事实上，这种具有再生功能的教育，在缓慢发展的社会中，在不同时期并无显著差别的情况下，是普遍起作用的。我国古代所推行的"传道、授业、解惑"的教育，也是一种再生功能教育。高校德育受这种传统教育的影响很深，加上过去集中统一的计划经济体制，使德育的再生性更加突出。如满足于对上级精神的照转、照传；沿袭古代的注解、注释方式；教育从本本、原则出发，对新观点、新见解采取怀疑、设防的态度；等等。这种教育，固然可以传承文化，继承传统，有其存在合理性的一面，但它过分注重传承，只是简单再生，重复过去的东西，缺乏创造与超越，不能满足社会发展和人的发展需要。直到现在，一些学校德育滞后，跟不上经济、科技和社会发展的步伐，在一定程度上，与这种传统教育功能有关。

针对传统教育的弊端，邓小平提出了教育要面向现代化、面向世界、面向未来的主张，还提出了培养"有理想、有道德、有知识、有纪律"的社会主义新人的目标，为克服德育的功能性危机，推动高校德育实现超越、发展指明了方向。同时，当代社会发展全面、变更迅速的情况，同过去已有根本不同，现在绝不是过去的再现，未来更不是现在和过去的翻版，教育的重任是要"替一个未知的世界培养未知的儿童"，"在历史上第一次为一个尚未存在的社会培养新的人。这就为教育体系提出一次崭新的任务"。因此，在现代社会条件下，高校德育的育人作用、先导性作用，应当合理地被理解和作为超越功能进行发展和发挥。这种发展和发挥的基础和需要，就是德育向未来领域的发展。高校德育只有发展超越功能，即面向未来不断实现对自身的超越并不断促进学生实现超越，才能真正把握未来，拥有未来，并"形成未来社会的一个主要因素"。否则，面向未来就是一句空话。

（二）由单一功能向多样功能的发展

我国实行改革开放之后，党的工作重点转移到经济建设上来，开放的环境给高校德育带来了前所未有的新情况，经济和科学技术的高速发展，极大地推动了我国社会各个方面的发展，高校德育也不例外。社会和学生对德育的需要各式各样，要求也越来越高。对高校德育功能的认识，在实践中和理论上逐步趋向多样，高校德育功能有了新变化和新发展。应当承认，在我国实行改革开放之前，高校德育的功能是单一的。这种单一性不是高校德育本身所决定的，而是当时社会政治作用的结果。以政治运动为中心，高校德育必然成为政治运动首当其冲的手段。计划经济体制的集中统一性从体制上决定了高校德育只能为政治运动服务，从而导致经济发展得不到应有的重视，文化领域被全面卷入政治运动之中。在这样的历史条件下，高校德育的功能只能突出地表现为单一的政治功能。

改革开放之后，高校德育单一的政治功能受到挑战，首先是在认识上发生矛盾。有的人认为，高校德育只具有政治功能，党的工作重点转移使这种功能丧失或大部分丧失，因而高校德育存在和发展的现实性与必要性受到怀疑；有的人认为，应当对高校德育功能进行改革，即改变它的政治功能，用道德功能、文化功能取而代之，这就是所谓淡化政治的中性倾向；还有的人把以经济建设为中心仅仅作为一个经济命题，而不是一个政治命题，认为高校德育服从和服务于经济建设，就是把高校德育作为解决学生业务学习过程中的矛盾的手段。这些认识反映出来的问题是高校德育功能是单一的还是多样的，是要发展还是不发展以及如何发展。

首先，高校德育的政治功能不会丧失，也不会被削弱，而是要在新的形势下发展。高校德育政治功能的发展，是随着政治的发展而发展的。在冷战时期，国际政治的集中表现是社会主义国家与资本主义国家之间的抗争、战争，而现在的集中表现是社会主义国家与资本主义国家之间的并存竞争，即在经济、文化上既合作，又斗争。在改革开放前，我国政治的集中表现是以阶级斗争为纲，以政治运动为中心，是一种革命的政治、斗争的政治。改革开放后，我国政治的集中表现是以经济建设为中心，发展社会生产力，是一种建设的政治、经济的政治。政治同其他事物一样，同样处在变化、发展之中。以经济建设为中心，坚持四项基本原则，坚持改革开放，是党的基本路线，即政治路线的主要内容，而不是一个单纯的具体业务问题；它反映并代表了全国人民的根本利益，而不是某个系统、某些人的具体利益；它是带有全局性、战略性的问题，而不是简单的方法或手段。因而，执行党的基本路线，坚持以经济建设为中心，保证社会主义现代化建设的顺利进行，排除干扰、冲击党的基本路线的各种错误倾向，是高校德育艰巨的政治任务，是新形势下高校德育发挥政治功能的集中表现。

其次，发展高校德育的经济功能，发挥高校德育在经济建设中的作用。高校德育的经济功能，在现代化社会中越来越突出，也越来越受到实践工作者和理论工作者的重视。高校德育的经济功能，是由高校德育的工作对象、作用对象和工作目的所决定的。高校德育的工作对象是学生，工作目的是提高学生的思想政治素质。而大多数学生是未来生产力中最积极、最活跃的因素，是经济活动的主体。学生的思想政治素质，即学生的思想水平、道德面貌、劳动态度以及事业心、责任感等，不仅会在今后直接影响生产力的作用方式和人作为生产力的发展状况，而且将决定学生的科学文化素质的性质和方向，影响学生的智力和体力发挥的程度，也就是影响在生产力中起决定作用的劳动力，即劳动能力。所以马克思说："教育会生产劳动能力。"① 人的主动性、积极性、创造性，决定和影响生产力的提高和经济的发展，不仅在现代社会条件下越来越成为不同社会制度下人们的共识，而且还形成和发展了综合开发人的精神潜能和智力潜能的理论。

再从高校德育的作用对象来看，高校德育的作用对象主要是智育，作用的目的是要促进学生的业务学习。高校德育对智育同样具有生命线作用，它与智育相互结合、渗透，决定智育的方向，直接推动智育的发展，从而使学生的业务学习不仅有质的保证，而且有量的增长。而这种业务素质，今后是可以转化为现实生产力的。从这个意义上看，高校德育是有经济功能的。否定思想政治对业务、经济的作用，否定高校德育对经济工作、业务学习的作用，同否定业务、经济对思想政治的作用，否定经济工作、业务学习对高校德育的作用，在本质上是一样的，就是否定思想政治与业务、经济的统一，割裂德育与智育、经济工作的关系，违背思想政治、业务、经济的辩证统一关系，不符合现代社会各项工作社会化程度不断提高的发展趋势。高校德育一定要与智育相结合，一定要有利于我国经济和社会生产力的发展，以经济、业务为基础，因为"经济工作和其他各项业务工作中都有政治"②。

当然，高校德育经济功能的发挥，同经济工作、业务工作是不同的，它要通过学生的实践活动，通过"物质变精神，精神变物质"的转化来实现。人的实践需要思想、理论的指导，正确的思想、理论可以转化为物质，高校德育正是提供思想、理论并实现转化的方式。高校德育的经济功能之所以还没有引起足够的重视，之所以要发展，除了前面所讲的认识方面的原因，还有一个重要原因，就是我们对高校德育与智育以及经济工作、业务工作的相互渗透与转化缺乏实践上的探索和理论上的研究，"两张皮"的现象还在不同程度上存在。这种情况，只能通过发展、发挥高校德育的经济功能和开发

---

① 《马克思恩格斯全集》第 26 卷（I），人民出版社 1974 年版，第 210 页。
② 江泽民：《在纪念中国共产党成立七十八周年座谈会上的讲话》，人民出版社 1999 年版。

人才资源的功能才能解决。

（三）发挥高校德育的文化功能，促进校园文化的繁荣和发展

文化包括物质文化、制度文化、精神文化，狭义的文化仅指精神文化。我们这里所说的文化，主要是指由政治、经济决定的观念文化和心理形态文化，包括政治、法律、哲学、道德、价值取向、心理素质、行为习惯等。现代教育对社会文化具有保存、传递功能，传播、交流功能，以及创造、更新功能。

高校德育能够传承思想文化传统，传授思想政治价值，传播思想理论知识，传递思想道德信息。高校德育也能够增强人们相互之间的信任理解、情感交流、思想沟通、行动配合。由于这些作用涉及的内容不仅是主导意识形态，所以其主要表现为文化功能。这种文化功能是高校德育的传统功能。这种传统的文化功能，已经不能满足现代化社会文化发展和人们对文化追求的需要，发展高校德育的文化功能也显得十分迫切。

首先，发展高校德育解放思想、更新观念的功能。解放思想、实事求是是党的思想路线。这一思想路线在高校德育中的运用就是解放思想、更新观念。解放思想、更新观念是观念文化的改革与创新，它是推动现代社会发展和人的发展的前提，是保持和发展人的创造性的关键。由于现代社会的发展是一种全面、迅速的发展，现代社会的竞争在很大程度上是创造性的竞争，所以，解放思想、更新观念不是一时性的，更不是一次性的，必须持久地坚持下去，解放思想、更新观念应当成为高校德育的长期任务。同时，高校德育要实现其超越本质，帮助学生在学习、实践中做到思想领先，也只有发展解放思想、更新观念的功能才有可能真正发挥其作用。

其次，发展高校德育创设文化环境的功能。文化环境主要指精神文化环境，包括舆论、风尚、传统、精神面貌、心理状态等，还包括精神文明建设活动以及各种文化活动。实行开放和开展竞争之后，创造良好的文化环境，成为高校和学生发展的重要条件。开放的环境，需要选择、吸收健康有益的文化因素，排除、抑制消极颓废的文化影响；激烈的竞争，需要营造宽松协调的文化氛围，防止不必要的相互防范或争斗；提倡创新，需要创造有利于培养创新精神和有利于各种人才脱颖而出的环境，反对论资排辈、压制冒尖的保守风气；发挥民主，需要不断扩大学生的参与范围，克服思想闭锁、情感冷漠、人际松散状况等，这些都是高校德育所面临的文化建设任务。同时，随着学生在学习上自主性的增强和社会化程度的提高，随着学生在生

活、娱乐方面的多样化发展，集中统一进行德育的方式受到制约和挑战。高校德育需要由教育者和受教育者面对面的教育，更多地转化为通过文化环境，即运用大众传媒所营造的舆论环境，通过大众参与的文化活动，通过文化布设所形成的氛围等，进行潜移默化的教育。这种教育更富有文化性，也更有感染性。

论高校德育在人才培养中的重要作用*

一、高校德育在人才培养方面的优良传统

德育是我们党的优良传统和政治优势。中国共产党在 80 多年奋斗的历程中，积累了极为丰富的德育经验。

在革命战争时期，中国共产党通过农民运动讲习所、中国人民抗日军事政治大学等无产阶级革命学校，唤醒了广大人民群众的觉悟，把成千上万像《红色娘子军》中吴琼华那样朴素的农民动员起来、组织起来、武装起来，使无数的工人、农民自发地转变成自觉的革命战士，培养和造就了大批的革命人才，凝聚、壮大了革命队伍，形成了强大的力量，并最终取得了革命的胜利。

中华人民共和国成立后，我国高校德育培养了成千上万又红又专的专门人才，为各个领域、各个部门输送了大批精英和骨干，对巩固新生的政权、推进现代化建设发挥了重要作用。1957 年，毛泽东在最高国务会议上发表的《关于正确处理人民内部矛盾问题》的讲话，系统地论证了思想政治教育在社会主义建设中的重要地位和作用，提出了培养人才的德智体全面发展的目标，为社会主义德育指明了方向，对培养全面发展的人才、推动我国的经济建设和社会进步发挥了积极作用。

改革开放以来，我国的现代化建设日新月异。经济建设的现代化，需要与之相适应的社会政治环境和思想文化背景，没有社会政治体制结构的变革和思想文化观念的转变，经济建设现代化不可能实现。而所有这些经济的、政治的、文化的现代化，归根到底取决于人的自身现代化，因为人是社会的主体，是社会主义现代化的建设者。经济的竞争，说到底是人才的竞争。人才是最具核心力的竞争因素，谁赢得了人才，谁就能抢占科技创新的制高点，谁就能在经济全球化和市场经济的激烈竞争中永远立于不败之地。这一点不仅已为战略决策层所洞悉，也为越来越多的各阶层人士所认同。而如何

* 原载于《高等教育研究》2005 年第 6 期，作者郑永廷、张静，收录时有修改。

赢得人才，如何调动人才的积极性和创造性，如何挖掘人才的聪明才智并发展其潜能，关键就是如何发挥德育在人才培养中的作用。对此，邓小平同志曾有过精辟的论述：我们的国家国力的强弱，经济发展后劲的大小，越来越取决于劳动者的素质，取决于知识分子的数量与质量。江泽民同志在党的十五大报告中强调："我国现代化建设的进程，在很大程度上取决于国民素质的提高和人才资源的开发。"胡锦涛同志则根据当代社会发展的趋势与特点，提出了以人为本的科学发展观，把"培养什么人""怎样培养人"的时代课题摆上了党和政府的重要议程，确立了高校德育的战略地位。事实上，高校德育在整个高等教育中，始终发挥着生命线的作用，在学生素质教育中起着主导作用，并且已经形成我国高等教育的传统与优势。面对国际经济、科技、人才的竞争，我们完全有理由坚信，只要我们发扬优良传统，发挥德育的优势，在新的形势下不断改进和加强高校德育，我们就一定能够通过强有力的人才培养，赢得经济与科技的强劲发展！

二、高校德育帮助学生自觉发展

在不同的历史阶段，人的存在与发展总是表现出两种状态，即自发状态与自觉状态。所谓自发状态，是指人在发展中缺乏对社会全局和客观事物本质和规律的认识，局限于狭隘范围和眼前利益的一种精神和行为状态。所谓自觉状态，是指人能面向社会、把握全局、确立长远发展目标并自主寻求发展的状态。

列宁曾指出："'自发因素'实质上无非是自觉性的萌芽状态。"[1] 也就是说，自发性是人的主体性的初级状态，是自觉性产生的基础。为此，列宁提出了著名的"灌输"原理和"没有革命的理论就没有革命的行动"论断，强调工人要学习、掌握马克思列宁主义理论，认识工人阶级的历史使命和革命的发展规律，实现由自发革命向自觉革命的转变。

大学生的发展也存在自发与自觉两种状态。在市场经济体制下，有些学生过分强调自身的独立性与主体性，只顾个人的、眼前的、物质的利益，忽视对世界、国家发展全局的关注，忽视长远发展目标的确立和现代理论的武装，出现了狭隘、功利的发展倾向，表现为主体性不强、精神动力不足。而因对全局发展的形势与实质缺乏认识与把握，显得自我局限明显、开放性不

---

[1] 《列宁选集》第 1 卷，人民出版社 1993 年版，第 317 页。

够。这就是现代发展的自发性。

高校德育，就是要帮助大学生实现由自发发展向自觉发展的转变。大学生坚持自觉发展，首先要对自身的发展有自主意识、自觉意识，即能把自身发展与社会发展联系起来，进行独立的价值判断与确认，克服对社会和他人的依赖状态，把自身发展作为自己在当代社会的生存方式；其次是要把自身发展置于当代社会的发展之中，认识和适应现代社会发展趋势，即适应并驾驭现代社会的开放性、竞争性、速变性、复杂性与多样性，不断克服不适应社会发展的传统观念与行为方式，自觉发展和提高自身素质；最后是要根据我国社会发展的长远目标与发展要求，确立自身的理想信念，并在发展过程中不断扬弃自发发展因素，在不断超越自身的进程中使发展目标更加具体而丰富，形成自觉的发展习惯。

大学生要实现自觉发展，单靠自身的体验与探索是难以完成的，必须如列宁所说，要确立面向现代化、面向世界、面向未来的观念，突破个体与家庭、狭隘与眼前的局限，接受现代化建设理论"灌输"。这个理论，主要是中国特色社会主义理论，即邓小平理论与"三个代表"重要思想。只有学习、掌握并运用这些理论，才能确立明确的方向与目标，获得强大而持久的动力，才能把个体行为融入社会主义现代化建设的洪流，使自身真正进入高层次的自觉发展状态。这无论对国家、民族，还是对自己、家庭，都是极其有利的。满足自发的发展状态，在当今激烈的国际国内竞争形势下，其视野、目标、动力、精神状态都是远远不够的。为此，高校德育要通过过去与现在、理论与实践的比较，帮助广大学生实现由自发发展向自觉发展的转变与提高。只有抓住这个转变，才能抓住个人与国家、理论与实践、眼前与长远的结合。

三、高校德育引导学生全面发展

所谓人的全面发展，就是按照人应有的本质，"以一种全面的方式，也就是说，作为一个完整的人，占有自己的全面的本质"①。物质性、社会性、精神性都是人的属性。生活在一定条件下的人，需要拥有生存与发展的物质条件、丰富的社会关系、充实的精神生活，并在这几个方面的发展取向上，既坚持全面又有所侧重，既发展特色又互不替代，以全面方式发展自己，才

---

① 《马克思恩格斯全集》第 42 卷，人民出版社 1979 年版，第 123 页。

是坚持全面发展。在不同的历史时期，全面发展的内涵是不同的，全面发展是相对于片面发展而言的。在历史发展进程中，由于受生产力水平和社会政治制度的制约，人往往呈现片面发展的状态。

在我国古代，儒家伦理主导社会发展，人的发展侧重道德，人成为"道德人"。在西方中世纪，神本价值主导一切，使人成为"神性人"。资本主义社会条件下人对物的依赖性，使人成为"经济人"。随着现代科技地位的不断提高及其作用的不断强化，当代西方国家有人把科技作为"神"加以顶礼膜拜，又使一些人成为"工具人"。从历史发展过程看，人类社会在不同时期、不同社会条件下具有不同的主导价值取向，形成了各自不同的文化特征和人的不同侧重的发展趋向，而社会和人在发展价值取向上的替代，则造成了人的片面发展。马克思系统分析了古代人在"人的依赖关系"状况下的片面发展，深刻分析了资本主义社会的人在"物的依赖"状况下的片面发展，提出人的全面而自由的发展是未来社会和人的发展目标。毛泽东提出学生要坚持德智体全面发展。邓小平主张要培养"四有"新人。江泽民号召全民提高思想道德与科学文化素质，并强调思想政治素质是最重要的素质。以胡锦涛为首的党中央确立的科学发展观，要求社会和个人都要全面、协调发展。这些在个人发展上的论述，既体现了社会主义的本质，也反映了时代的进步。

在当代社会条件下，引导学生全面发展，就要克服"道德人""神性人""经济人""工具人"的局限，真正按照人的属性，引导学生实现物质与精神、科技与人文、生理与心理、知识与能力等方面的全面发展，真正成为"完整的人"。我们党反复强调物质文明建设和精神文明建设"要两手抓，两手都要硬"；要实现经济与政治的统一，在经济快速、多样发展的过程中一定要"讲政治"；要落实科教兴国战略和可持续发展战略，保证社会健康而长远的发展；要贯彻"三个代表"重要思想，开展物质文明、政治文明、精神文明建设，保证社会全面协调发展；要创造条件，保证人们思想与精神生活全面发展以及人与自然、社会协调发展。这些理论、方针都为引导大学生全面发展提供了指南和准则。

但是，应当看到，高校德育是在开放条件和市场机制作用下进行的，西方"物本"价值观、"神本"价值观以及"科技为本"价值观，会通过各种方式对一些大学生的价值取向产生影响。市场竞争、社会竞争所进行的直接比较，会使一些大学生对有形的即物质的、可以量化与指标化的价值予以重视，而对无形的、难以量化与指标化的价值予以忽视，导致价值取向的偏差甚至替代。同时，社会上存在的"形象工程""政绩工程"，以及单纯追求经济指标与物质享受的现象，对大学生的价值取向也会产生影响。一些大学生存在重物质轻精神、重科技轻道德、重生理轻心理的倾向，极少数学生甚至出现价值取向替代，做出与大学生身份不相称的事情。一些大学生价值取向上的偏差与替代，已经导致不良的后果。如不少学生思想上存在着迷惘与困惑，却不愿意从精神和理论的层面求解；一些学生表现出急躁、浮躁、焦躁、烦躁的情绪，却不明白"人无远虑，必有近忧"的古训；有些学生在激烈的竞争中，稍有不顺就怨天尤人和动力不足。所有这些我们可以感受到的事实，都可以归结为不同程度的"精神缺乏症"，都是价值取向偏斜和替代所导致的后果。为此，高校德育必须结合开放环境、市场机制、现实影响的实际，以马克思主义人的全面发展理论和科学发展观为指导，从理论结合实际的高度，阐明全面发展的必要性，讲明片面发展的局限性与危害性，使德育真正按照人的本质特征和学生的全面需要展开。

四、高校德育促进学生持续发展

所谓持续发展，是指人在实现现代化过程中立足长远发展并坚持对自身不断超越的发展思想。人的发展和社会发展一样，也存在着眼前发展与长远发展、持续发展与间断发展、缓慢发展与快速发展的状态。社会要实施可持续发展战略，人必须实现全面、持续、长远发展。市场经济体制下的激烈竞争，现代科学技术发展的日新月异，社会信息传播的千变万化，以及终身教育与学习型社会的形成，都要求每个人坚持持续发展，也为每个人的持续发展创造了条件。

坚持个人的持续发展，必须把个人与社会、自然三个方面结合起来考虑，不能把自身发展孤立起来，更不能把个人发展与社会发展对立起来。坚持持续发展，关键因素在人，人既是持续发展的目的，又是实现持续发展的手段。持续发展的实质是"以人为中心的发展"。

在现代社会条件下，社会、自然方面所出现的严重问题，绝不仅仅是科学技术上的问题，而在很大程度上是人的价值观问题、伦理道德问题。社会、自然发展的不平衡、不协调，归根到底是人的不持续、不协调发展的反映和表现。在大学生中，一些人功利倾向过重，重物质价值取向和注重外在条件发展，忽视精神价值取向和缺乏内在人文精神，致使发展或动力不足而陷于迟缓，或取向不当而遭受挫折；一些人沉迷于网络，乐于信息吞吐，在学习上表现出疏离经典、满足于世俗，在价值取向上躲避崇高、追逐感觉，在人际关系上缺少关爱、陷于形式，致使发展陷于眼前而后劲不足，导致发展的间断和缓慢。对这些发展状况与发展障碍不予正视和克服，将难以造就有广阔、深厚发展前景的人才。为此，我们要通过德育，帮助学生克服个人发展上的实用主义和急功近利倾向，树立做大事、成大才的目标，打牢思想与知识基础，增强发展后劲，切实把当前发展与长远发展统一起来。

培养学生的创新精神与实践能力，即培养创新人才，是我国面向 21 世纪教育的重点。所谓创新人才，是指具有创新精神和创新能力并习惯运用创造思维的人才。高校德育在培养大学生的创新精神方面具有重要的作用。因为创新精神是创新的灵魂，是创新人才进行创新实践活动的精神动力。它主要包括科学精神、奉献精神、团队精神、怀疑精神、批判精神等，而这些精神的培养正是高校德育的重要目标，是高校德育的出发点和归宿。创新精神包括五个内涵：第一，创新精神是一种科学精神。要培养大学生的科学精神，就要有科学的世界观做指导。世界观教育正是高校德育的根本所在，世界观教育的核心就是学习和掌握马克思主义基本原理，树立马克思主义的科学世界观。第二，创新精神是一种富有理想的精神。创新活动是一项艰难曲折的活动，需要执着追求、有顽强意志与强大动力。而理想信念教育是德育的核心，只有教育学生确立建设中国特色社会主义的共同理想、倡导共产主义的最高理想，才能产生执着追求，获得创新动力，才能推进创新的实践活动。第三，创新精神是一种奉献精神。创新活动是一项风险性大、不确定因素多的活动，创新难免失败，创新要有牺牲。为此，德育必须培养学生具有艰苦创业、敢于创新、乐于奉献、不怕牺牲的精神。第四，创新精神也是一种团队精神。人际交往、合作、协调的团队工作能力，是团队精神的外在体现。团队精神在我国就是一种集体主义精神。在现代科技以综合化发展为主、现代社会高度社会化的历史条件下，个体创新活动不可能孤立进行，只有通过人员、知识、条件的互补，才可能取得成功。因此，德育必须训练学生学会合作，培养集体主义精神。第五，创新精神还是一种批判精神。因为任何创新都意味着对某种旧的概念、理论、规则的突破与超越，而这种突破与超越在一开始总是表现为一种怀疑意识、批判意识。德育要培养批判精神，就要坚持"解放思想、实事求是、与时俱进"的思想路线，以德育不断创新实际行动，促进学生创新精神的增强。

总之，创新精神是比一般精神更高的一种精神境界，是时代和个人更为需要的精神财富，是更难形成和丰富的精神状态。高校德育要善于以培养创新精神为目标，从确立理想信念、树立科学态度、培养坚强意志、坚持实事求是、建立良好关系的综合层面开展工作，才能使教育易于为学生所接受，才能在培养人才的过程中发挥作用。

高校德育改革经验与德育发展趋势*

党的十一届三中全会以来，高校德育为了适应改革开放的新形势，在继承思想政治教育优良传统的基础上，进行了改革，确立了德育的首要地位，建立了德育的科学体系，扩大了德育的社会职能，拓宽了德育的工作领域，积累了比较丰富的经验。随着形势的不断发展，特别是和平演变与反和平演变的斗争，向高校德育提出了更高的要求和更艰巨的任务，牢固树立德育首位的思想，进一步适应开放环境，更加强化德育的运行机制与综合作用，是深化德育改革的必然要求。突出德育的社会地位，规范德育的各个系统，加强德育与其他教育的结合和渗透，实现德育手段现代化，是高校德育发展的必然趋势。因此，总结德育改革经验、预测德育发展趋势，对于我们掌握高校德育规律，培养社会主义事业的建设者和接班人，意义是十分重大的。

党的十一届三中全会以来，特别是近两年来，高校德育工作有了明显的加强和改进，取得了可喜的成果，总的形势是很好的。但是，德育也面临着严峻的挑战和许多新问题。为了提高认识，进一步加强高校德育，更好地培养社会主义的建设者和接班人，十分需要总结德育的经验，预测德育的发展趋势。

一、德育的主要经验

为了适应改革开放的新形势，担负起培养社会主义的建设者和接班人的重任，高校的德育工作者，在党的领导下，在复杂的教育环境中进行了反复、艰苦的探索，为改进和加强高校德育做了大量工作，获得了一些宝贵的经验。这些经验主要包括以下四点。

（一）确立德育的首要地位

我国实现工作重点转移以后，否定了以阶级斗争为纲，坚持以经济建设为中心，对学校把德育放在什么地位的问题有过争议。有的人只讲学校的社

---

* 原载于《武汉大学学报（社会科学版）》1992 年第 2 期，收录时有修改。

会性，不讲学校的阶级性，否定学校德育存在的必要性；有的人认为学校要以智育为中心，德育要为智育服务；还有的人认为，学校德育是过去传统的保留，随着改革的深化将会淡化。这种取消论、依附论与淡化论，淡化了党的领导，削弱了思想政治工作在学校的表现，它造成德育工作队伍不稳、学生思想政治素质下降。党中央一再强调要纠正放松思想政治教育的失误。江泽民同志明确提出，要把德育放在学校一切工作的首位。

德育首位的思想，是端正办学方向的根本指导思想，是培养社会主义建设者和接班人的根本保证。这一思想的确立与贯彻，调整了学校的教育结构，保证了德育作用的发挥；改变了学生的思想状况，带来了学生精神面貌的可喜变化；扭转了德育的被动局面，使德育出现了生动的景象。因此，确立德育首位，是经过多年探讨和摸索，总结经验教训而得出的主要实践成果，是办教育、育人才的最可贵遵循。

(二) 建立德育的科学体系

改革开放以来，德育面临着一系列的新情况和新问题。对内对外开放的环境、复杂多变的意识形态领域和争夺青年学生的现实斗争，使德育的条件和环境比以往都复杂。同时，这一代青年学生的特殊经历所形成的某些特点，也给德育增加了难度。为了避免过去的错误，适应新的形势和教育对象，德育工作者结合工作实际进行了广泛的研究活动，并将研究成果及时用于指导工作实践，使德育学科作为教育学、政治学、伦理学相结合的边缘学科得以确立并发展起来。国家创办了思想政治教育专业，培养了一批批德育方面的专门人才，充实到德育工作第一线，评聘了德育工作者的专业职称，形成了一支政治可靠、人员稳定、数量与质量都比较可观的德育工作队伍。根据新形势的要求，进行了教育内容的改革，确立了新的政治理论课程和思想教育课程，出版了一大批思想政治教育方面的教材与专著，摸索并总结了一系列适应新情况的德育方法。德育方面的这些建设，是在科学的基础上进行的，它推动德育逐步由经验走向理性，由盲目走向自觉。如果说德育首位确立了德育在学校的政治地位，那么，德育学科的形成则确立了德育的科学地位。

(三) 扩大德育的社会职能

随着开放的扩大和改革的深入，校园、课堂和书本的德育已经不能适应形势发展的需要，德育随之扩展了范围，深化了内容，扩大了职能。随着社会主义物质文明和精神文明的不断发展，越来越丰富多样的德育信息和德育内容不断产生，传统的德育原则和德育内容得到充实与发展，加上对外开放后西方德育思想的涌入与渗透，学校的德育环境变得更加复杂，学生在复杂的政治思想环境中，既可以接受正面的教育，也可能受到大量自发因素的影响，而且错误倾向的影响还可能导致学生的不良行为。为此，德育工作者为了保证德育的教育职能得到充分发挥，必须扩大其他职能，为改善和强化教育职能创造条件。

近几年来，高校除了强化和改进马克思主义理论教育和思想教育课程外，还强化了其他方面的思想政治教育。例如，在教学方面强调教书育人，在管理工作方面加强管理育人，在服务工作方面注重服务育人。许多高校在齐抓共管、加强德育方面，制定了许多切实可行的措施，积累了不少好的经验，有效地强化了德育的教育职能。同时，根据学校整体教育的需要和德育的要求，德育工作者还拓宽了德育的其他职能，其中主要是组织职能和研究职能。组织职能和研究职能都是社会复杂化的要求，是德育正常进行的保证。德育的组织职能就是通过有步骤的预防、稳定、疏导、调解等组织手段来维护和发展安定团结的局面，防止偶发事件激化思想矛盾，稳定正常秩序，保证教育顺利进行。德育工作者为了有效地进行教育，摸索和总结了预防偶发事件、缓解矛盾冲突、协调各方关系、稳定学校局面的许多做法，收到了明显的效果。德育的研究职能就是通过调查研究、分辨、探讨等办法来深化对德育环境、德育过程、德育对象的认识，辨析德育内容，探索德育方法，提高德育水平。多年来，德育工作者采用系统方法和比较方法，分析改革开放的环境给德育工作带来的新情况与新要求，探索优化育人环境的许多措施；运用纵向调查、追踪调查和专题调查的方式，研究当代大学生的思想和行为特点，采取积极有效的教育对策；移植、借鉴心理学、教育学、社会学等学科的方法，使教育过程更加深入、具体，建立德育信息处理与德育综合定量评估的工作体系；研究在新的历史条件下继承和发扬思想政治教育的优良传统，分辨西方价值观念和批判、抵制各种错误思潮的影响与侵袭，不断提高德育的说服力和战斗力。这些通过德育研究所取得的成果，都从不同角度深化了德育，提高了德育的质量。

（四）拓宽德育的工作领域

德育工作，过去主要在学校里和课堂上开展，以学校教育为主，以理论讲授为主。近几年来，德育工作者根据受教育者缺乏劳动教育和实践锻炼的情况，大胆地把德育工作向宏观领域和微观领域推进，开辟了社会实践教育与心理咨询两个新的工作领域，收到明显效果。

社会实践教育，是以社会为课堂，以工农兵为教师，通过劳动、考察、调研、服务等方式，提高思想道德水平，锻炼实践能力的教育活动。这种教育活动把学校教育与社会教育紧密结合起来，把理论教育与实践教育结合起来，是一种具有综合作用和宏观影响的德育。它所涉及的内容广泛、生动，方式灵活、具体，易于为青年学生所接受。许多学校到部队或在校内开展军政训练；建立实践基地定点挂钩实习；组织实地考察和参观访问；举办咨询、服务、攻关等为社会做贡献的活动；等等。这些都是这几年开拓出来的德育领域。这些领域正在向更深更广的方向发展，越来越显示出蓬勃的教育活力。

心理咨询是德育工作者运用心理学方法在微观领域进行德育的一个新途径，是一个已经得到实际运用的方法。它包括心理测试、心理诊断、心理疾病防治以及心理保健等一系列环节。这个方法，运用于青年学生身上的效果更为明显。因为青年学生的身心都处在急剧发展变化的阶段，容易产生情绪波动和心理障碍，运用这个方法有助于德育工作者掌握学生的性格特点，摸清学生的心理动向，及时排除学生的心理障碍，促进学生的身心健康发展。越来越多的德育工作者和保健医生，把个别思想政治工作同心理咨询结合起来，效果十分明显。

二、德育的改革深化

高校德育改革虽然取得了一些可喜的经验，但这些经验由于积累和总结的时间不长，因此只是初步的、不完善的。加上前几年受资产阶级自由化思潮的影响，德育受到了忽视和削弱，德育方面的一些经验在有些地方和院校并没有得到很好的推广和应用，德育不适应当前形势发展要求的状况仍然存在，德育改革需要进一步深化。

首先，德育首位的思想需要所有的教育者完全接受，重视德育的思想还需要巩固确立起来。有些教育者仍然存在自觉或不自觉地忽视德育的倾向，这种倾向主要表现在两个方面。第一，有的人在学校简单套用以经济建设为中心的提法，认为学校只有坚持以阶级斗争为纲，才能把德育放在首位，而坚持以经济建设为中心就是要以业务教学为中心，把智育放在首位。持有这种思想的教育者，往往强调重视智育，忽视和轻视德育，或者把德育当作一个软任务，不为德育提供必要的物质条件。这种在思想上轻视德育与在行动上忽视德育的情况总是联系在一起的，其结果必然是教育结构失调，办学方向不正，思想素质下降，学校问题增多。用一句形象的话来概括，就是教育的"慢性中毒"和"慢性自杀"现象。产生这种现象的思想根源在于，在否定以阶级斗争为纲、以政治运动为中心的同时，忽视了强大的国际资产阶级仍然存在以及我国的阶级斗争在一定范围内仍然存在的客观事实，否定了学校的阶级属性与政治方向；在强调学生要把主要精力和时间用于学习、坚持以教学为主的同时，忽视了学生的非智力因素，特别是政治思想素质的客观作用，忽视了学生应当把坚定正确的政治方向放在第一位的根本要求，片面理解智育在人才成长中的作用，没有认识到人才培养与经济建设的差别。即使是经济建设也需要强有力的政治思想进行导向和提供保证。人才培养除了需要政治思想的导向与保证条件之外，还要塑造、提高学生的思想政治素质，要解决为谁培养人才、培养的人才为谁服务的根本问题。因此，是否确立德育首位思想的问题，是一个政治责任感问题，是一个立场问题，也是德育改革是否能深化的要害问题。这个问题不解决，端正办学方向、培养合格人才不过是一句空话。第二，有的人功利主义地看待德育首位，以为学校把德育放在首位，就是突出学校思想政治教育部门和人员的地位，降低学校其他教育者的地位和作用，消极地把德育任务推到政工人员身上，持一种与己无关的态度。这种态度，虽然也赞成德育首位，认识到德育的重要性，但这种态度把教育分割为几个不相干的层次，孤立地看待德育地位，既没有看到德育对其他教育的作用，也没有注意发挥其他教育的育人职能。因而，脱离其他教育，孤立地提出把德育放在首位，德育首位不过是一句空话。德育不以智育和体育为基础，或智育、体育不以德育为指导，德育首位的思想不可能真正落实。所以，强调德育首位，就是强调把培养什么样的人放在首位。社会主义大学就是要坚持把坚定正确的政治方向放在第一位，培养社会主义事业的建设者和接班人。为此，学校整个教育都必须为实现这一教育目标而努力，学校德育，包括专门的思想政治教育，还包括智育方面的教书育人、管理方面的管理育人、服务方面的服务育人，是广泛渗透在学校各方面工作中的育人活动，是学校正确办学方向的体现，是实现社会主义教育目标的根本途径。因此，德育既是学校政工人员的重任，也是所有教育者的职责，是所有教育者都必须关心并切实去做的事情。如果仅仅是政工人员坚持德育首位，而其他教育者都不配合开展育人活动，有的甚至在思想道德方面起不良作用，那么，德育为何之首、到何之位呢？

其次，德育要进一步适应开放的环境。在西方思潮不断影响、冲击的复杂条件下，增强德育的吸引力与说服力，解决学生的深层思想问题，仍然是一项十分艰巨的任务。在开放的条件下，特别是在帝国主义强大的和平演变攻势下，在世界局势发生剧烈变化的严峻形势下开展德育，我们已有的经验是不够用的。我们不仅要十分强调德育的首要地位，强化德育意识与德育工作，而且要特别认真地研究在目前的形势下如何争取主动、寻求对策的问题。

现在的高校已经不只是埋头读书的地方了，它处在对外开放的前沿阵地，处在意识形态领域斗争的前沿阵地，处在争夺青年学生的前沿阵地。各种学科、流派、价值观念和生活方式总是最先在高校这个地方交汇、聚集、冲撞，各种政治势力也会同时敏感地把触角伸向这个地方，西方思潮已经冲击了一次又一次，苏东演变的局势也不可避免地给高校带来思想深处的影响，而且帝国主义搞和平演变总是把高校作为突破的重点。因而，高校的政治思想环境是复杂的，工作是艰巨的。广大德育工作者，不仅要学会分析、辨别各种思想倾向与价值观念，从思想体系上划清马克思主义与资本主义、科学社会主义与民主社会主义的界限，而且要能够带领学生拿起马克思主义的理论武器，抵制、反对资本主义和民主社会主义思想，使学生能适应开放的环境，坚定社会主义信念。在这个问题上，德育工作者和其他教育工作者实际上是在直接与强大的国际资产阶级思想体系交锋，是在同和平演变的势力争夺青年学生。我们要争取主动、获得成功，在理论上和实践上都还有许多事情要做。我们只能不断摸索、总结、适应，学会在新的形势下驾驭局势的本领，学会适应复杂情况的教育艺术，不断提高德育水平。

最后，要强化德育的运行机制与综合作用，提高德育的整体效应。从前面的分析我们可以看出，现代社会的德育，绝不仅仅是学校教育，它需要社会教育，也包括社会教育；也绝不仅仅是理论教育，它需要实践教育，也包括实践教育；更绝不仅仅是专职德育工作者所实施的教育，它需要其他教育工作者育人，也包括其他教育工作者的育人。从总的情况看，这两年来德育从各个方面都得到了加强。但相对而言，德育中的实践环节，如学校的养成教育和社会实践活动比较薄弱，存在着课堂上讲得多、背得多、考得多，实际行为跟不上、做不到的情况。学生所学的思想观念和道德原则缺乏应有的实际运用与训练，体验不够，养成不够，思想观念树立不牢固，容易产生波动与摇摆。产生这种情况既与教育工作者忽视实践环节有关，也与教育缺乏物质条件有关。制定学校养成教育措施、加强学生社会实践教育，是当前加强德育的重要课题，学校和社会都应当重视这个问题。在学校内部，专职德育工作者的工作得到了明显的加强，其他教育者的育人活动虽有进步，但仍然是一般号召多、自发状况多，有些院校还没有从制度上、政策上、工作上保障各方面的育人活动，没有形成真正齐抓共管的局面，德育还有些势单力薄的状况。产生这种状况当然既与一些教育者的认识有关，也与政策有关。因此，深化德育改革，还需要从整体上调整德育的运行机制，发挥各方面人员进行德育和德育各个环节与途径的综合作用，提高德育的整体效应。

三、德育的发展趋势

总结德育经验、分析德育现状，是预测德育趋势的基础，而预测德育趋势又可以为目前的德育工作提供方向性指导，深化对德育经验教训的认识，从而更好地把握德育的规律性。

预测德育趋势，要根据德育目标的要求，分析实现德育目标的基础和条件，判断德育活动的主要特点和变化规律，寻求德育的合理对策。我们社会主义大学的人才培养目标，已经被明确地提出来了，不管帝国主义和平演变的攻势多么强大，也不管政治思想环境多么复杂，坚持培养社会主义的建设者和接班人的方向和要求不会改变。今后形势的发展变化当然也会给德育带来一些新的特点，这些特点概括起来主要包括四点。

第一，德育地位的突出化趋势。德育的地位在今后的发展过程中之所以显得更加重要和突出，主要取决于两个因素。其一是对外开放的环境在范围上还会进一步扩大，在层次上也会进一步加深。我们在获得新的信息和知识、开阔自己眼界的同时，敌对势力和平演变的手段也会变得更加直接和巧妙，各种文化观念、思想观念和价值观念的渗透、冲突也会更加深沉和剧烈，影响学生思想的自发因素和途径还会不断增多。为了有效挫败敌对势力对青年学生的争夺，分辨、抵御自发因素对学生的不良影响，当然要进一步强化学校德育，加强对青年学生的正面教育与引导。其二是随着社会物质、文化生活水平的不断提高，特别是独生子女的不断增多，学生的生理、心理特点都会有一些新的变化，并会带来某些人际关系、社会行为等方面的新问题，家庭将会把越来越多的思想道德方面的问题转交给学校，学校将不得不承担起社会教育和家庭教育难以解决的问题。这样，学校要保证教育正常进行下去并实现教育目标，只能从强化德育的方向寻求出路。

第二，德育系统的规范化趋势。要把德育放在首位并发挥其作用，必须建立德育系统。德育系统包括学校教育与社会教育和家庭教育构成的社会德育系统，学校内部专门从事德育和结合其他工作进行育人活动的系统，理论教育、养成教育与社会实践教育系统，德育决策、德育过程与德育评估系统，等等。只有实现这些系统的形成及其相互之间的协调发展，才能保证德育的地位及其切实担负起今后的艰巨任务。而这些系统的形成与协调发展，不是主观愿望和行政命令所能实现的，需要根据客观情况确立合情合理的规范。包括对学生的德育要求，即思想规范与行为规范；对德育工作者的要求，即专职、兼职德育人员的育人规范；德育政策规范以及德育内容、途径、方法的具体要求。当前，学校之所以在教书育人和社会实践教育方面比较薄弱，是因为缺乏明确而具体的政策规定和切实可行的考评办法，一些学校和教师对育人与社会实践教育抱无所谓的态度。因此，规范德育的各种制度、政策和指标，是实实在在加强德育的主要措施，也是今后德育发展的主要趋势。

第三，德育与其他教育的渗透化趋势。未来的德育仍然是在以经济建设为中心的社会条件下进行的，学生要坚持以学为主。学校加强德育，不能简单地靠增加人员和投入大量的时间，更不能像过去那样以政治运动为中心，只能在加强专门德育工作的同时，着重把德育渗透到其他教育和工作中去，通过其他教育和工作广泛开展育人活动。没有其他教育和工作的育人活动，德育工作者光靠自己的努力，必定势单力薄，不可能完成未来艰巨的德育任务。因而，只有广泛发动其他教育工作者和管理工作者结合各方面工作进行德育，德育的作用才会大大增强。同时，在今后一段时间里，当国外敌对势力赤裸裸的和平演变手法对多数青年学生不起作用之后，当西方思潮的实质比较容易地被大多数人识别之后，他们还会不断变更手段，精巧伪装、花样翻新地蒙骗青年学生。这种蒙骗的主要办法就是把资产阶级的政治意图和价值观念渗透在经济、艺术、文化、科学、技术以及日常生活之中，利用物质手段搞政治引诱，通过文化艺术方式搞思想渗透，借用科学技术交流搞理论传播，掌握新闻传播媒介搞舆论宣传。这些都是国际资产阶级的老手法。他们会经常随形势的发展和政治的需要而不断翻新手段。我们既不可能再把门关起来而拒绝开放，也不可在与西方交往和交流的过程中一概排斥，我们只能接受对我方有用的东西，抵制和抛弃对我方不利的因素。要做到这一点，对未来的青年学生来说同样是困难的。因为他们缺乏经验，分辨能力不强，容易受骗上当，我们只有结合具体的学科、文化、艺术、经济等方面的实际进行德育，才能不断提高学生的政治思想觉悟和分辨能力。

第四，德育手段的现代化趋势。科学技术的迅速发展是改造传统方式、推动一切领域走向现代化的强大力量，德育也不例外。它只有不断吸取科学技术的新成果，适应现代社会发展的形势，才会有吸引力。同时，德育所承担的繁重而艰巨的任务，也迫切需要德育不断改变过去的某些传统方式，借助现代化手段，扩大德育的影响和实际效果。因此，德育手段现代化既是科学技术发展的客观要求，也是德育本身发展的迫切需要。德育手段现代化，包括多方面的内容，其中主要的有四个方面：其一，德育环境的建设，例如纪念场馆的建设、教育基地的建设、教育模拟场所的建设、学习生活范围内政治思想环境的建设等。其二，德育调查研究、预测决策方法的确立，包括各种调查方法的掌握和运用，运用电子计算机对调查数据进行统计、处理和运用，准确预测未来形势的变化和德育的发展趋势，科学决策德育的实施方案，等等。其三，德育信息传播手段的现代化，包括利用广播、影视、幻灯、图像等现代化手段广泛而深入地传授教育信息，利用声光电的综合艺术和模拟艺术扩大教育影响，利用其他学科的内容和方式进行德育活动，等等。其四，德育考评手段的科学化，包括对德育情况的原始客观记载，德育考核程序的制定，德育测评指标的确立，等等。这些科学方法和现代化手段的掌握和运用，是今后摆在德育工作者面前的一项任务，也是提高德育水平的重要途径。它不仅需要必要的经济投入，也需要大量的智力投入。

高校德育改革与德育在素质教育中的作用*

进入 20 世纪 70 年代以来，各国为发展经济、增强综合国力，都相继确立了科技立国、教育兴邦的方针，并通过规划面向 21 世纪的教育与科技发展战略，逐步把发展经济主要依靠稀有资源，转到主要依靠知识上来，着手于提高教育质量和人的素质，着力于人力资源的开发和利用。

学生的全面素质的培养和提高，需要系统的综合教育。审视我国现有的高等教育，无论是单项教育还是整体教育，都存在系统性不强和综合化程度不高的倾向，亟待深化改革，推进发展。而改革发展的理论与实践前提，是要根据现代社会的条件和要求，把握各项教育，特别是德育与智育的结构与作用方式，认识并发挥各项教育的功能，从整体上提高高等教育的效应。本文遵循这一思路，主要探讨德育改革和德育在素质教育中的作用问题。

一

自改革开放以来，我国高校德育一直在面对新情况、探索新问题的过程中改革发展，取得了明显的进步。但是，德育的滞后现象依然存在，德育仍然面临着许多新情况和新问题。

第一，高校德育面临着经济和科技迅速发展所开辟的许多新领域。如全社会乃至全球的经济、科技的激烈竞争状态，世界经济和区域经济一体化的发展和开放条件下文化观念的相互渗透与激荡，媒介环境的强化和信息网络的拓展，社会生态环境问题的突出，等等。这些新领域的出现和发展，一方面广泛而深刻地改变着社会的面貌和人们的思维方式，推动着社会和人的发展。另一方面，也折射出大量的思想道德问题，使人们，特别是青年学生，陷入价值取向上的困境，产生思想上的困惑。社会呼唤着新形势下的合理性，呼唤着在这些新领域中的精神寄托和道德追求。但是，德育与这些新领域的发展相比，还相对滞后，涉及层面不深，作用力度尚微，作用方式有待探讨。

53

---

* 原载于《上海交通大学学报（社会科学版）》2000 年第 1 期（增刊），收录时有修改。

第二，高校德育面临着高等教育综合化和国际化的发展趋势。高等教育的综合化是由现代科学技术既高度分化、又高度综合，日益趋向整体化的发展所决定的。即一方面科学分支、知识分类日益精细；另一方面，学科知识的纵横贯通、宏微兼并、文理渗透的综合化趋向日益彰显。这种综合化趋势，不仅有力推动着分散教育向综合教育的转变、一次性教育向终身教育的转变以及单一课程体系向综合课程体系的转变，而且深刻影响着学生由单向性思维向多向性思维、离散性思维向联系性思维的转变，影响着学生对知识、能力、素质的价值判断和价值追求。德育能否融入现代综合教育体系，能否将思想道德方面的理论、知识、能力、方法融为一体以形成学生的素质，是德育急需解决的问题。同时，高等教育综合化的另一个重要表现是高等教育的国际化。高等教育国际化是在开放条件下，由各国高等教育面向世界、面向 21 世纪的决策和世界经济一体化、信息社会化、网络全球化的发展趋势所决定的。各国高等教育都由原来主要面向国内，逐步转向面向国际，都力图培养出在思想道德、知识技能、生理、心理和对本国与世界的认识、驾驭诸方面具有竞争力的人才。面向世界的人才，不仅要有参与世界竞争的科学技术水平，而且要有面对世界的思想、道德、心理素质；面对世界上各种政治势力的影响，更需要坚定的爱国主义思想；置身于各种文化和价值观念的冲击之中，更要有正确鉴别、选择人生取向的思想基础；投身于世界范围的经济、科技、人才竞争，更要有敢于竞争的勇气和信心；生活在开放的环境和场所之中，更要有健康的心理和文明风度。这些思想道德素质，比过去要求更全面、更高。而要培养这些思想道德素质，必须使德育面向世界，走向更高更广泛的时代大舞台，通过比较、鉴别、选择等方式来实施更大范围的综合教育。

第三，高校德育面临着高校管理和后勤工作社会化、多样化的新格局。高校的人事、行政等各项管理，以及后勤的住房、膳食等各项服务，都在经历着由计划体制管理模式向市场体制管理模式的转变。为了适应这种转变，学生的组织结构、学习方式、活动方式也将不断发生变化，学生选修课程、选择食宿、安排学习计划、发展智力和人格等，都将更加灵活、多样而富有个性。面对这种新的管理格局，德育如何探索新的工作模式从而充分发挥作用，也是一个相当现实的问题。

总之，德育面临的新情况、新问题是多种多样的。这些新情况、新问题具有整体推进、综合共存、系统演化的特征。学生要把握这一现代特征，既需要科学文化知识和实践能力，也需要正确的价值理性和思想方法。由于德育对这些新情况、新问题的探索不够深入，所以还不能有效地帮助学生从价值理性上驾驭新的发展趋势。这实际上是在新的形势下，德育脱离实际的表现。正是这种脱离，使德育的有效性打了折扣。

二

高校德育同整个高等教育一样，其所面临的新情况和新问题既是宏观多样的，又是前所未有的。要革除德育的传统弊端，探索新形势下德育发挥作用的有效性及其方式，首先要认识和把握德育与其他教育的结构和作用方式。

面向学生的高等教育，包括德育、智育、体育、美育、劳动教育等诸多方面。这些教育的系统整合所体现的本体功能是关注学生并作用于学生，促进学生全面形成和发展综合素质，这才是新形势下高等教育的要义和素质教育的精髓。

德育的本质表现在德育与其他教育，特别是与智育的结构和作用方式的异同。我们可以从不同层面来探讨它的本质。

首先，从德育和智育的内容结构来看德育的作用。高校德育的内容，主要是以研究社会、认识自己、传授政治思想、探讨伦理道德等社会人文为中心的理性，称为"价值理性"，它所表达的是一种主观价值合理性，西方称之为"实践理性"，马克思称之为表达人类主体选择的"人的内在尺度"。高校智育的内容，主要是以认识世界、探究自然为中心的科学认识理性，称为"科学理性"，它所表达的是一种客观必然性，西方称之为"纯粹理性"，马克思称之为"物种的尺度"。科学理性和价值理性都是人的能动性表现。科学理性主要回答世界"是什么""怎么样"的问题，是对客观规律的探索和运用，是对"真"的追求。价值理性主要回答世界"应当是什么""怎样更好"的问题，是人类主体性和本质力量的体现，是对"善"和"美"的追求。人类作为体现主观与客观统一的结晶，应当既掌握客观规律，又体现主观意志，即既掌握科学技术，又讲究思想道德。这就是人类追求真、善、美的统一，是人类主观与客观的统一。对此，马克思主义经典作家和西方一些学者都在理论上做过论述和探讨。

从科学理性与价值理性的作用来看，科学理性为人类开辟发展路径，创造物质财富；价值理性引领人类发展方向，表达人类生活的真谛。如果没有科学理性，社会就无法发展，财富就无法创造，价值理性就没有基础。如果没有价值理性，社会就会混乱，科学理性也将是一种盲目的力量，这种混乱和盲目的力量可能把人类引向自相残杀甚至毁灭。在现代社会条件下，随着科学技术的迅速发展，价值理性，即思想道德也应当随之强化。因为在探索现代科技与发展经济之间，在发展经济与保护环境、资源之间，在利用高新技术谋求物质利益与追求社会公正之间，在当今与未来的代际利益之间，等等，都有许多谁先谁后、孰轻孰重的问题需要权衡、取舍。这些问题在很大程度上都是新的思想道德问题，是价值理性所要担当的任务。

因此，从德育和智育的内容结构和内容的相互作用方式来看，德育和智育是不可分割地联系在一起的。所以《关于深化教育改革全面推进素质教育的决定》指出，"实施素质教育，必须把德育、智育、体育、美育等有机地统一在教育活动的多个环节中。学校教育不仅要抓好智育，更要重视德育"，强调各项教育的有机统一，强调更重视德育在素质教育中的重要作用。

其次，从德育和智育所形成的学生的素质结构来看德育的作用。高校的多项教育，应当是一个相互渗透、协调发展的教育整体，立足于培养和提高学生的全面素质。学生的素质，主要是思想道德素质和科学文化素质，具体包括思想政治素质、文化素质、专业素质、身体心理素质四个方面。这些素质是相互联系、相互作用，共同决定人的发展状况和发展程度的。在这些素质中，"思想政治素质是最重要的素质"①。思想政治素质不仅直接决定和影响学生当前乃至一生的发展轨迹，即发展的方向是正确还是偏向、发展的动力是强大还是弱小，而且直接影响科学文化素质形成和发挥的程度与方式。

培养和提高学生的思想政治素质和科学文化素质，虽然分别主要由德育和智育来承担，但它们在形成和发挥作用的过程中，又是紧密地联系在一起的。思想政治素质的形成，是以科学文化为基础的，它的导向、动力作用，也必须落实到科学文化的提高和发挥上。离开科学文化来讲思想政治的作用，思想政治既无基础，又无作用对象，这样的思想政治不是人的素质，而是一种空洞的理论和概念。而科学文化素质的提高和发挥，如前所述，又必须以思想政治素质为指导和保证，离开正确的思想政治的指导，科学文化素质的提高和发挥就会发生偏向，甚至会造成对社会和他人的危害。所以，德育在素质教育中的地位和作用，是其他教育无法取代的。艺术教育、人文教育、传统文化教育、心理教育等，虽然对学生的思想政治素质和科学文化素

---

① 江泽民：《在第三次全国教育工作会议上的讲话》，载《人民日报》1999 年 6 月 16 日。

质的形成有一定作用，但他们也不能替代德育的主渠道——马克思主义理论教育和思想政治教育。因为这些教育所形成的艺术素质、人文素质、心理素质，同科学文化素质一样，是由不同国家、不同性质的高校引导的。不同国家、不同性质的高校都会以不同的思想政治对其进行导引和保障，铸入不同的"灵魂"。

我国高校的爱国主义、集体主义、社会主义教育，是形成思想政治素质的主旋律教育，是铸塑灵魂的教育。离开思想政治素质，过分强调其他素质，或者用其他教育替代思想政治教育，都会使学生的素质结构发生偏斜，产生误导。

最后，从教育的运行过程来看德育的作用。高校德育，既是高校教育的一部分，也是党在学校对学生进行的思想政治教育。"思想政治工作是经济工作和其他一切工作的生命线"的命题，是我们党做好各项工作的传统，也是我们党《关于建国以来党的若干历史问题的决议》所肯定的宝贵历史经验。高校德育是高校思想政治工作的重要组成部分，它对智育和其他教育，当然也有"生命线"的作用。这种"生命线"的作用，实际上也是前面所讲的，为智育和其他教育提供精神动力，为学校教育和学生的发展提供可靠的思想政治保证，为人力资源开发创造必要的思想文化条件。

德育的"生命线"作用与学生要以学习科学文化知识为主、以接受智育为主并不矛盾。因为学校的德育，不仅是"两课"教育和专门的思想政治教育，而且包括渗透在智育、管理、服务中的教书育人、管理育人、服务育人活动。这些育人活动，不管是自觉的，还是不自觉的，明显的还是蕴含的，正确的还是错误的，都在整个教育运行过程中客观存在着，那种所谓纯粹的智育、体育、文化教育是不存在的。教师、干部、职工的责任感、敬业心、工作态度、精神面貌、价值取向等思想道德素质，也会如"生命线"一样，通过智育、管理、服务工作表现出来而影响学生。因此，从教书育人、管理育人、服务育人的过程来说，德育在某种程度上总是同智育和其他工作相伴随的。那种把德育与智育分割开来，甚至对立起来的认识和做法，都是不符合教育的有机联系和协调运行实际的，都是自觉或不自觉地忽视或轻视德育。

综上所述，不管是从教育内容、教育结果来看，还是从教育过程来看，德育在素质教育中的地位、作用都是十分重要的。而德育作用的发挥和德育价值的体现必须以智育和其他教育为基础和对象。那种脱离德育的智育和其他教育，只不过是一种不现实的托词，事实上是不可能的。所以，改革德育就是要改变德育脱离智育和其他教育的概念化、形式化倾向，促进德育与智育的渗透与结合，保证德育在发挥作用的过程中内化为学生的思想政治素质。此外，要改革智育和其他教育，改变一些从事智育的教师和管理者一方面不重视德育，使智育缺乏强有力的导引和动力支持；而另一方面又在事实上进行某种不甚正确的德育，使一些学生的价值取向发生偏离的状况，从而使这些教师和管理者能自觉从德育过程中获得推动智育发展的动力，加快提高学生科学文化素质的速度。

三

高校德育所面临的新情况、新问题，以及高校德育素质教育中的作用与方式，提出了德育改革发展的要求，指出了德育改革发展的方向。关于德育改革发展如何进入操作层面，以下做一些探讨。

（一）转变传统教育观念，确立素质观念

如前所述，传统高等教育由于受历史条件的限制，在一定程度上显现的是一种分离、低效的特征，这种特征集中反映在几个基本的教育观念上，只有转变这些观念，素质教育才能全面付诸实施。

一是要转变价值定位观念。教育的价值定位在什么基础上，是教育价值目标的反映。德育和智育的价值，是定在知识的传授和积累上，还是定在创新精神和实际能力的培养上；是定在各项教育的具体目的上，还是定在人的整体素质提高上，这是传统教育与素质教育的重要差别。党的十五大报告关于"我国现代化建设的进程，在很大程度上取决于国民素质的提高和人才资源的开发"的论述，以及《中共中央　国务院关于深化教育改革全面推进素质教育的决定》提出的以培养学生的创新精神和实践能力为重点的要求，为高等教育确立了素质教育的价值目标。按照这一新的价值定位，教育工作者就不能就某项教育评论另一项教育，也不能孤立地进行单项教育改革，而必须把握教育的综合化发展趋势。努力与相关教育协调共进，寻求发挥作用的对象和条件，使教育真正以提高学生素质为根本宗旨，真正以培养全面发展的人为价值目标，这是实施素质教育的前提。

二是要转变价值意识观念。正确的教育价值意识，是仅仅体现在教育内容上，还是体现在教育的全过程和结果之中，这也是传统教育与素质教育的差别所在。传统教育比较重视观念意识，即重视以正确与错误、是与非来判

断科学理论和思想观念，只要传授的理论和内容是科学的、正确的就满足了，因而教育常常停留在认知领域。素质教育不仅要求教育者有观念意识、讲究科学性，还要求教育者有资源意识、注重价值性。所谓资源意识，就是价值意识或财富意识。确立教育的资源意识，就是要把教育过程作为资源利用、资源创造、资源开发的过程。在现代社会条件下，人们增强了自主意识、创造意识和效率观念，在激烈的竞争中，每个人都会以一定的价值尺度衡量一切。教育者为受教育者所投入的人力、时间以及知识、信息、思想等，都是一种资源。这种资源的投入能不能再生资源，能不能开发资源，也就是能否把受教育者的主观能动性、内在潜能、聪明才智充分发挥出来，是素质教育的关键所在，是高等教育所应担当的根本职责。

有了教育的资源，就会珍惜教育资源，自觉开发、创造教育资源，形成教育的效能观念。教育的效能观念就是注重教育效果，提高教育效率观念，它是教育价值在教育过程、教育结果上的反映。教育效能观念是与教育应付观念、单纯任务观念相对立的。以考试为中心、以分数为目的的教育，即应试教育，在一定程度上是一种应付教育，是教师对学生的应付，也是学生对教师的应付。以教育过程为目的、以教育结果为手段的教育，实际上是一种单纯的任务教育。任务教育也是一种应付教育，它是教师对学校，归根结底是对学生的应付。应付教育与任务教育的存在，主要与长期片面追求升学率导致教育的价值追求发生偏斜的传统相关，加上高等教育体制缺乏竞争性和评估、监控机制，高校德育和智育在一定程度上也形成了某些类似普教的以追求教育过程和考试分数为目的，而不是以培养和提高学生素质为宗旨的教育倾向。这样德育和智育不仅难以有效地再生教育资源、开发人力资源，而且难以充分发挥现有教育资源的作用，导致学生的全面素质，特别是创新精神和实践能力，难以适应社会发展的要求。因此，要改革应付教育、实施素质教育，除了确立正确的教育价值定位，还要确立教育的资源意识和效能观念，从思想上保证素质教育的实施。

我国高校的传统德育模式，是高校党组织领导并组织的正面教育灌输与学生自学自教相结合的模式。加上受计划经济体制的影响，这一模式得到强化。应该肯定的是，这一德育模式在过去是十分有效的，是发挥过巨大作用的。随着工作重点的转移，德育内容发生变化，德育必须改变单一途径，寻求与智育结合、相互渗透的方式。同时，党组织和马克思主义面临新的挑战，德育面临新的困难，加上社会主义市场经济体制的建立，学生自主性、民主性、选择性大大增强。在这种新的形势下，德育依靠过去单一的传统模式难以充分发挥作用，必须对其进行改革。

新的德育模式首先应当是一个党政并管的制度模式。所谓制度模式，就是用制度的权威性、规范性、统一性要求实施德育。在现代社会条件下，学生的自主性、选择性、多样性明显增强，这是学生发展和成长的全面性、丰富性的表现，应当受到相应的制度保护。同时，面对学生自主性、多样性的发展，不可能采用过去人人过问、人人指导的包揽方式。为了保证学生自主性、多样性的发展，应遵循正确规则，坚持正确方向，也要制定共同遵守的制度。这些制度，实际上是保证学生全面发展的制度，是德育要求的体现，也是学生根本利益之所在。德育制度的建立，符合依法治国、依法治校的要求。适应民主与法治权威在社会生活中逐步得到确认的发展趋向，是增强德育权威性、有效性的基本途径。

同时，德育模式也应当是一个全员互动的参与模式。所谓参与模式，就是尊重和发挥教师、学生、干部在德育上的自主性和积极性，满足学生德育的多样性要求。民主参与是现代社会民主与法治不断发展、开放性与社会化程度不断提高的要求。德育参与，最重要的是学生的主动参与。影响学生主动、积极参与的内在因素，一是学生对德育的价值认识，二是学生对德育的选择。在现代社会条件下，学生要面对复杂多变的社会现实和千差万别的社会现象，不可避免地会在不同时间、不同场合产生思想、道德、心理方面的问题，如政治思想困惑、人际关系纠纷、课程和职业选择困惑、恋爱婚姻矛盾、心理冲突障碍等。当学生难以自我解决这些问题时，他们就会主动寻求帮助。高校应当适应学分制的实施和后勤社会化的发展，逐步在学生德育部门建立有关以上内容的咨询服务机构，让学生主动求教，由有经验的教师进行个别和集体辅导，同学生一起研讨。这是引导学生主动参与、增强德育针对性、满足学生多样性需要的有效方式，也是对德育制度模式的重要补充。

德育的制度模式与参与模式是相辅相成的，制度模式的运作，需要教师、学生的主动参与，参与模式也需要一定的制度、机制和人员的保证，二者需要互相渗透。但制度模式和参与模式也各有侧重，制度模式主要体现德育的基本内容，以普遍性要求为特征，而参与模式则主要体现学生在德育上的多样性发展，以满足学生的特殊需要为特征。德育按照这种模式来运作，既有制度的保证，又有学生的参与；既保证了德育基本要求的贯彻，又满足了学生的不同需要；既有课堂教学途径，又有讨论、辅导、咨询、服务等多种方式。

（二）改革传统评估体系，建构综合化评估体系

教育的评估体系，是教育价值的指挥棒，直接影响教师、学生的价值追求。德育与智育的"两张皮"现象，既与教育体制、工作体制有关，又与评估体系有关。过去对高校教师的教学评估和对学生的学业评估，一般是由德育和智育两个不同部门分别操作的，评估的内容和标准往往缺乏综合性。同时，在评估过程中往往重量不重质、重智不重德，教师的课时数、学生的分数成为评估的主要依据，教师的育人、学生的品德容易被忽视。另外，教师与学生的互评互动在许多学校一直是一个敏感的问题而不受重视，一些教师不敢公开严格要求、评价学生，学生更不敢公开评价教师。这样，最了解教与学活动情况的教师和学生，都不能客观公正地对待教育的共同活动，缺乏心灵的沟通和情感的交流，矛盾得不到解决，这样难免导致教归教、学归学，教与学脱节、师与生分离、教学难以互相促进的状况。所以，传统教育在评估的标准、内容、过程、关系等许多方面，在不同程度上存在分离现象，正是这种评价的分离倾向，片面强化了某些评价内容和指标，使深层次的品德、能力、素质内容因得不到应有的评价、认可而被忽视。

要改变评价的分离状况，首先必须确立综合的评价指标体系。综合的评价指标体系，包括对学生的素质评价指标体系和对教师教书育人的评价指标体系。学生的素质评价指标体系应由学校统一制定，统一检测，综合评估，德育部门、智育部门以及各类教师都必须按统一的素质要求培养学生，不允许顾此失彼、褒此贬彼。针对德育指标不宜量化、德育考评内容不易具体化的实际，要改革"两课"的教学与考试方针，实现由主要记忆、考核概念范畴，向主要加深对基本理论的理解、认可和接受方面的转变；由主要讲授、考核知识、理论，向主要运用知识、理论的转变；由德与智的分离，向德与智的相互渗透的转变，从而使考核的成绩，包括分数，能比较真实地反映学生的思想政治素质。这些转变，正是德育所面临的艰巨任务。德育如果不实行这些深层次的教育与考核的改革，德育评估也会流于形式。

在评估的操作层面上，德育评估的重点应当是教师（包括各类教师）的育德，或育人。因为教师对学生的考核，是学校综合评估学生的基础，教师对学生最了解、影响最直接，如果教师对学生的考核失之偏颇，对学生的综合评估便缺乏可信度。因此，应当加强对教师教书与育人的综合评估。教师的教书与育人，是教师智与德的综合表现。教师对学生的态度和对教学、教育的态度，教师的精神面貌和责任感、敬业心，教师对学生的要求和教学

61

效果，等等，都有好坏之分、优劣之别，是完全可以进行评价的。但评价的主体，除学校的管理者之外，主要应是学生。现在的学生要参与社会竞争，多数是希望教师严格要求自己，力图学有所成的。同时，教师之间也要形成竞争氛围，而学生也是形成和推动教师间竞争的重要条件。因此，不要担心学生评价教师会影响教师的积极性，也不要担心教师受到学生的评价会放松对学生的要求，当民主、法治、竞争都逐步走向规范化后，师生关系也应当向民主、公正、互动、互进方向发展。

改革开放以来我国高校德育发展创新研究<reference>*</reference>

党的十三届四中全会以来，我国高校德育坚持以中国化马克思主义为指导，以新时期的时代特征、客观环境和学生成长的实际需要为基础，不断进行改革、借鉴和创新，有效推进了德育一元主导与多样化发展，为维护改革、发展、稳定大局，为推进中国特色社会主义现代化建设，为实施科教兴国、人才强国战略，培养社会主义事业建设者与接班人，做出了重要贡献。

所谓德育一元主导，就是德育坚持马克思主义指导和社会主义意识形态主导，以及坚持对业务活动的先导，保证德育的方向性与先进性；所谓德育多样化发展，就是德育继承民族优秀文化传统和借鉴国外有益经验，以及吸收相关学科成果，保证德育的丰富性与生动性。改革开放三十年来，我国高校德育在面向现代化建设、面向世界、面向未来的发展过程中，呈现出鲜明的时代性、民族性与实效性特征。

一、理论上呈现马克思主义主导与多学科知识综合运用的特征

我国过去的德育领域，在理论层面上比较单一，即注重已有德育理论的学习与应用，忽视德育理论的研究与创新；注重德育主导理论的教育，忽视对相关学科最新成果的吸收和综合知识的运用。因而，德育概念化、抽象化倾向明显，与实际的结合和与相关学科知识的融合欠缺。进入改革开放之后，随着解放思想、实事求是思想路线的恢复和贯彻，特别是中国化马克思主义理论的发展和思想政治教育学科的创立，德育理论不断丰富、迅速发展。

首先，马克思主义理论与中国化马克思主义理论在德育领域综合化发展。我国高校自改革开放以来，对思想政治理论课教育进行了三次改革。第一次是恢复系统的马克思主义理论教育。第二次是把发展的中国化马克思主义——邓小平理论作为必修课程，并根据社会与学生发展的需要，把思想道

* 原载于《思想教育研究》2008 年第 3 期，作者郑永廷、刘静，收录时有修改。

德与法治内容列为必修课，从而既发展了马克思主义理论教育，也扩大了理论教育的范围。第三次德育课程改革，突出的特点是实现理论综合化。把过去分别进行教学的马克思主义哲学、政治经济学和科学社会主义课程，综合为"马克思主义基本原理概论"课程；把分别进行教学的毛泽东思想、邓小平理论、"三个代表"重要思想课程，综合为"毛泽东思想、邓小平理论和'三个代表'重要思想概论"课程；把分别进行教学的思想道德修养、法律基础课程，综合为"思想道德修养和法律基础"课程。思想政治理论课程的综合，不仅使马克思主义理论教育更加全面、系统、丰富，而且有利于大学生综合运用马克思主义理论从不同层面、不同视角去认识、解决复杂的社会问题、思想问题和德育面临的发展问题。这样，既帮助大学生全面而准确地学习、运用马克思主义基本原理，综合认识、解决社会问题和自身思想问题，把握社会和人的发展的基本规律和正确方向，也引导大学生结合自己所学专业的实际，学习、运用马克思主义，形成马克思主义理论与其他学科的结合与渗透，发挥了马克思主义在业务领域的主导作用。如此，马克思主义和中国化马克思主义的主导，既体现了统一性主导，也体现了多样化指导，为德育与社会各个领域、各个学科实现结合，为德育多样化发展开辟了空间。

其次，为了适应并推动对内对外开放和学生的多样化发展，我国新时期高校德育综合运用多学科知识，实现了多样化发展。一是传承、开发我国古代德育资源，将其进行现代与学科转化，保持德育民族特色和弘扬德育优势；二是学习、借鉴国外德育经验，扩大德育外延和丰富德育领域；三是运用多学科知识并吸收相关学科的最新研究成果，充实德育内涵和发展德育功能。德育的这些多样化发展，具有历时性与共时性特点，在时间上跨越过去、现在与将来，在空间上与哲学、政治学、社会学、教育学、心理学等学科相互渗透，呈现出以德育为中心的多样化综合发展状态。

最后，我国新时期德育的多学科知识综合运用发展还表现在德育与智育、德育与环境的整合与渗透。德育与智育的整合，就是克服过去传统教育分工的局限，克服德育与智育分离的"两张皮"现象，形成德育与智育、教书与育人相互渗透的教育模式。德育向环境的渗透整合，是德育工作者通过环境选择、环境建设、环境优化来对学生进行感化和教育，使环境条件成为德育的一个途径。在开放条件下，社会环境相对复杂，对学生的影响具有多重性；在社会主义市场经济体制下，经济因素对文化教育环境冲击大，难免产生某些负面作用，加上各种社会思潮、生活方式的变更传递，环境对学生的影响加大。因而德育在面向社会选择环境的同时，还要营造、优化校内环境，主要包括德育场所和校园文化建设。德育与智育、德育与环境的整合与渗透，绝不仅仅是德育对智育与环境发挥主导作用，还应包括德育在智育与环境中选择、吸收有益的内容。如自然科学、技术科学、社会科学、人文科学的科学精神、科学方法；社会环境中的先进典型、积极因素，都是德育可以利用的资源。这些资源符合德育的主导目标与规范，能与德育的目标、内容实现结合与渗透。离开智育与环境，德育就会失去发挥作用的多样化对象与基础，德育的主导性就是一句空话。为此，我国新时期德育努力克服德育与智育、环境的分离，不断通过教书育人、管理育人、服务育人的方式和校园文化建设、社会实践等途径，探索和发展了德育与智育、德育与环境的多样化整合与渗透。

二、实践中体现时代和民族特色与贴近实际相结合的特点

第一，我国新时期德育的时代性集中表现为传统性向现代性转化。时代在不断发展，德育要适应时代要求，就要把握时代发展的特征，摸准时代跳动的脉搏。我们所处的时代，是和平与发展的时代，是改革开放和市场经济体制形成与发展的新时期，是知识经济时代和社会信息化时代。在这个时代，人是真正的主体，发展是时代的主题，竞争机制是推进发展的重要方式，科技、知识、信息是促进社会与个体发展的主要资源。我国新时期德育，紧扣时代主题，根据市场体制与经济全球化、对外开放与文化多元化、科技发展与社会信息化、民主发展与人的个性化发展要求，努力培养、提高学生的主体意识、开放意识、竞争意识、创新意识以及民主法治观念，不断促进学生适应时代要求、体现时代特征，使之成为我国社会富有朝气与活力的群体，成为推进我国现代化建设的希望与生力军。同时，德育本身也根据时代要求，不断进行改革、创新，根据市场机制与经济全球化所激发的主体性、竞争性和所形成的多样性发展态势，德育研究并发展了主导性德育；根据对外开放与文化多元化的社会现实，德育探讨并发展了开放性德育；针对科技发展与社会信息化特点，德育探索并发展了信息德育与网络德育；根据民主发展与人的个性化发展要求，德育探究并发展了生活化德育。这些新的德育形态，充分体现了德育的时代性与现代性。

第二，我国新时期德育的民族性，在实践中主要通过三个途径体现和彰显。一是始终坚持系统的马克思主义理论教育，坚持以社会主义意识形态为

主导，坚持爱国主义、集体主义、社会主义主旋律教育，以形成建设中国特色社会主义共同理想，培养有理想、有道德、有文化、有纪律的一代新人为目标，在新的历史条件下，充分体现和彰显德育的社会主义性质。社会主义性质是我国当代社会的根本特性，是民族性的集中体现。维护、体现和彰显我国的社会主义性质，是由我国的经济制度、政治制度所决定的，是我国德育的根本宗旨。

二是面对对外开放后的多元文化激荡的局面，一方面注意学习、借鉴西方国家有益的文化成果，另一方面旗帜鲜明地反对资产阶级自由化。改革开放初期，当西方文化、思潮大量涌入时，大学生中曾一度出现西方文化热，面对严峻的局面，高校德育广泛开展"坚持四项基本原则，反对资产阶级自由化"的教育，有效扭转了资产阶级自由化泛滥的局面，维护了高校与社会的稳定。当改革开放不断深化，特别是我国由计划经济体制向社会主义市场经济体制转变之时，社会上有的人提出了"经济改革私有化""政治改革西方化""文化改革自由化"的主张，这些主张对一些缺乏社会生活经验的大学生有一定影响。针对这一问题，高校德育充分利用我国改革开放的伟大成就，系统进行邓小平理论与"三个代表"重要思想教育，从理论与实际相结合的高度，抵制"西化"倾向的影响。当经济、科技持续快速发展，社会领域、思想领域出现多样化、差异性发展时，一些学生在迷茫困惑中，受西方物本主义（即享乐主义）、器本主义（即科技主义）、神本主义（即宗教文化）思潮的影响，理想信念变得模糊，价值取向出现偏差。高校德育面对这种复杂状况，坚持以人为本，加强对学生进行全面、协调、可持续发展的引导，帮助其克服西方思潮的影响。总之，在对外开放的过程中，坚持马克思主义指导与反对资产阶级自由化总是紧密地联系在一起的。只有把正面教育与反面批判结合起来，才能在分析、比较中，引导学生既面向世界，又坚持民族特性。

三是在德育实践中，开发我国传统德育资源。我国传统德育资源，是传统文化的重要组成部分。这些传统德育资源的弘扬与发展主要表现在以下几个方面：继承我国重视道德教化、强调德育首位的传统，在新的历史条件下，确立高校德育在社会发展过程中的战略地位和在高校中的"为先"地位与首位；传承我国重社会理想、强调民族凝聚力的传统，根据当代社会发展特点，确定以理想信念教育为核心、爱国主义教育为重点的主导取向；弘扬我国重个体德性修养、强调社会和谐发展的传统，按照现代社会发展趋向，提出和谐社会建设的目标和"八荣八耻"荣辱观的教育要求。德育的这些传承与发展，使德育蕴涵传统与现实的丰富内涵，形成面向现实、面向实践的开放体系，体现了中华民族的文化特色，培养了学生对本民族文化的认同感，这是我国高校德育改革与发展的鲜明特色。

德育的时代特征与民族特点渗透在德育的实际过程中。我国新时期高校德育，为了与社会主义市场经济体制和社会主义民主发展相适应，首先必须贴近学生实际，尊重社会赋予和学生拥有的主体性，注重个体成长、发展的实际需要与学习经验，促进学生自主、自觉地在改造客观世界的同时改造自己的主观世界。高校大多数德育工作者在德育实践中认识到，德育环境已经发生了变化，脱离社会实际与学生实际而空讲理论的德育已经失效，德育"一刀切"模式和硬性灌输的办法只会引起反感。德育需要在内容、途径、方式、环节上实现多样性，以适应学生的多样化生活、个性化特点，德育需要学生自主参与、自觉学习、自行思考才能进行思想道德的内化。这样的德育理念，已经被大多数德育工作者接受并逐步付诸德育实践。

为了使体现时代特征与民族特点的理想信念教育、爱国主义教育、思想道德建设更好地贴近学生实际，我国不少高校开展了"主题教育"活动，即确立一个有意义的教育主题，发动广大学生，采取多种途径与方式开展丰富多彩的活动，让学生在活动中接受教育。同时，许多高校德育工作者在深化德育理论研究的过程中，注重面向学生、面向实际生活开展实证研究，选择实际生活中富有时代特征与民族特色的典型事例、典型人物、典型群体作为德育的内容，大力开发德育资源，开展互动互教活动，梳理学生遇到的思想与生活问题，运用马克思主义理论与相关学科理论进行有说服力的分析、引导。这样，一方面把体现先进性、现代性的事迹、经验升华到理性高度，另一方面把体现时代性、民族性的理论渗透到实际生活中。应当看到，这种理论与实际的结合与相互渗透，在高校德育过程中还不尽完善，但它作为我国新时期德育发展的特征，正在逐步体现。

三、格局上呈现出既统一又活跃、既多样又有序的和谐状态

我国高校德育历来都受到从中央到地方各级党政机构的高度重视，并始终在党的统一领导下，动员学校行政、工会、共青团、学生会组织，依靠教师、管理人员、服务人员和学生齐抓共管，广泛开展教书育人、管理育人、服务育人和自教育人活动，形成全程、全员育人格局或模式。这种德育模式

是一种既统一又多样的综合化模式，是一种既目标一致又方式不同的合力模式，是一种既体现德育为先原则又发挥德育保证作用的发展模式。这种模式在一些高校的执行过程中，虽然被不同程度地打了折扣，造成德育或单一、或分散，削弱了德育效果，制约了德育作用的发挥。但这种情况毕竟不是主流，而且已在不断的改革、发展过程中得到了扭转与克服。

第一，在德育统一性方面得到改进和加强。随着我国高校开放的扩大和改革的深化，随着学校规模的不断扩展，高校德育既面临着社会复杂多变的环境，也面临着高校多样化、特色化发展的格局，新情况、新问题不断涌现，德育面临许多难题。为了加强对德育的统一领导，全面而系统地推进新时期德育的发展，中央和省、自治区、直辖市的党组织与政府共同承担起对德育的领导，共同颁发文件以确立高校德育的战略地位，共同进行德育部署以确定德育的方针政策，共同开展评估检查以推进德育的实施。这改变了过去只有党组织领导德育的状况，使德育在党政领导层面被纳入议程，受到重视。这样不仅使德育的统一性得到加强，而且使德育的多样性发展有了组织、政策、条件保证。各个高校根据中央加强党政对德育领导的要求，也改变了过去只有高校党组织领导德育的方式，明确了高校行政领导要对德育负责。这样一种共同领导、负责的方式，为德育形成齐抓共管和全程、全员的育人格局提供了有力保证。因此，我国高校德育的管理力度、支持力度不断加强，德育的主导作用得以发挥。

第二，我国高校德育多样而和谐发展。新时期高校德育多样而和谐的发展，主要表现在以下两个方面。

首先，课程教学多样而和谐发展。一是高校德育课程教学。一方面，思想政治理论课教学，是学生德育的主渠道，是帮助大学生树立正确世界观、人生观、价值观的重要途径，是社会主义大学的本质体现。在改革开放过程中，高校思想政治理论课内容、方式不断改进；课程的学科建设、教材建设和队伍建设不断加强；坚持传授知识与思想教育相结合、系统教学与专题教育相结合、理论武装与业务学习相结合；在高校教育中辐射社会、渗透智育、主导德育，发挥了主渠道作用。另一方面，形势政策教育是帮助学生了解社会、认识全局、把握社会发展趋势的教育，是德育的重要内容和途径。高校的形势政策教育，围绕国际国内形势变化和学生关注的热点、难点问题展开，以专题教育的方式弥补了思想政治理论课教学的不足，成为化解学生疑难、满足学生需要、实现学生与各级领导相互沟通的重要方式。二是高校智育课程教学。一方面，哲学社会科学课程教学，担负着德育的重要职责。

哲学社会科学中的绝大部分学科，就其知识属性而言属于业务范畴，就其意识形态属性而言与德育密切相关。我国根据哲学社会科学的特殊性，强调要坚持和巩固马克思主义在意识形态领域的指导地位。在哲学社会科学教学中要充分体现马克思主义中国化的最新理论成果，用科学理论武装大学生，用优秀文化培育大学生。通过实施马克思主义理论研究和建设工程，统一编写哲学社会科学重点学科教材，进行哲学社会科学骨干教师培训，建设具有中国特色、中国风格、中国气派的哲学社会科学学科体系，从而使哲学社会科学教学与我国德育目标、内容保持一致。另一方面，各门自然科学课程教学，都具有育德功能与职责。从事自然科学课程教学的教师，主要通过率先垂范、言传身教，以自身良好的思想道德和人格，潜移默化地影响大学生。由于学生从事业务学习的时间多、范围广，受业务课教师的影响大，所以，教书育人成为高校德育的重要途径。为此，我国各级教育领导机关和高等学校，都明确制定了教师的师德规范，提出教书育人的具体要求，既有效维护了高校教师的职业神圣，又有利于学生的德性修养。

除上面纳入教学计划的德育、智育显性课程之外，各个高校还根据不同类型的学生成长发展的特点，以多种方式开设大学生党校和团校课程、社会实践课程、择业就业课程、心理健康教育与心理咨询等隐性课程，以此作为显性课程的延伸，满足了学生的多样化需要，丰富了德育的内容与方式。

我国高校的德育课程、智育课程、显性课程、隐性课程教学之所以能够和谐发展，根本原因是这些课程教学能够坚持社会主义方向与高校的培养目标，遵循我国的政治规范、法治规范与道德规范，说到底就是能够坚持德育为先的原则。

其次，高校德育社会化方式的多样与和谐发展。随着高校对内对外开放的扩大，随着环境因素对学生影响的增强，高校德育不能只限于课程教学，而必须开辟多样的社会化教育方式。

一是校园文化建设。校园文化建设是高校以精神文化建设为主，兼顾物质文化、制度文化的综合性建设，是一种社区文化建设，旨在把德育的内容、要求渗透在物质、信息、制度、活动载体之中，形成潜移默化的影响，为学生创造成长发展的良好环境。因此，开展校园文化建设，既是德育适应、调节社会环境影响的需要，也是发展德育隐性教育的重要途径。

二是社会实践教育途径。社会是高校德育的大环境，也是大学生展示人生的舞台。社会实践是大学生了解国情、认识社会的渠道，是大学生锻炼毅力、培养品格、增长才干、增强社会责任感、奉献社会的重要途径。社会实践具有综合教育作用，从德育视角看社会实践，其主要功能在于提供思想政治理论与实际相结合的基础，巩固、检验理论学习成果；提供与劳动群众特别是工农群众相结合的机会，培养热爱劳动与劳动人民的思想；选择、优化社会德育资源，强化德育实效。社会实践随着社会多样化发展，其内容与方式也不断发展，除传统的生产劳动、社会调查方式之外，还出现了科技发明、勤工助学、专业实习、志愿服务、公益活动，以及网络管理、虚拟实践等方式。这些多样化方式，有利于为不同类型、不同专业、不同兴趣的学生所采用，有利于提高社会实践的质量和效果。

三是网络德育途径。网络不仅是一个虚拟社会，而且紧密联系着现实社会。我国高校普遍建立了校园网，为大学生学习、生活提供服务。高校德育工作者创立了网络德育，利用先进的信息技术，融思想性、知识性、趣味性、服务性于一体，不断拓展德育的渠道和空间，形成了网络德育与现实德育的结合；使网络德育成为德育工作者了解大学生思想状况、加强同大学生的沟通与交流、及时回答和解决大学生提出的问题的平台，成为弘扬主旋律、教育和引导大学生适应虚拟社会、优化其成长方式的重要阵地。不仅我国高校中的大多数德育工作者能够利用网络开展德育活动，而且许多高校还聘选学生参加网络建设、管理，开展网上自律与互教活动。这不仅有效防止了各种有害信息的侵袭，维护了网络安全，而且实现了德育资源的共创与共享，提高了网络德育效果。

我国高校新的德育途径的开辟，既是社会发展的客观要求，也是为了满足学生全面发展的需要的现实选择。这些途径基本覆盖了学生学习、生活的新领域、新方式，能够对广大学生进行正确价值取向与行为规范的引导，保证学生在新领域和新的环境条件下有序、和谐地学习、生活。

高校德育与贫困大学生的精神需要[*]

我国高等教育从 1998 年开始实行招生收费完全并轨，这就意味着高等教育的"免费大餐"宣告结束，随之而来的是贫困大学生群体数量与日俱增。1999 年 5 月，国家教育部宣布扩大招生规模，也直接使高校贫困大学生大规模地增加。对此，国家出台了许多相应的政策措施，诸如助学贷款、学费减免、困难补助、社会捐赠等，这些措施旨在解决贫困大学生物质上的匮乏，但忽视了贫困大学生的精神需要和心理贫困问题。如今，越来越多的现实问题说明，对贫困大学生仅仅从物质上给予帮助是远远不够的。要想真正促进贫困大学生的全面发展，还必须从精神上给贫困大学生以切实的帮助，满足他们的精神需要，高校德育必须担负起这项艰巨的任务。

一、满足贫困大学生的精神需要，高校德育责无旁贷

人的本性理论说明，精神性是人的核心属性。人是自然性、精神性、社会性的统一体。自然性即人的自然属性。人首先是作为一种生物存在，"全部人类历史的第一个前提无疑是具有生命的个人的存在。人是自然界发展的产物，是自然界的一个组成部分，受自然规律的支配。但是人不仅仅是一种生物存在，同时还是一种超生物的精神性存在。精神性就是人之为人的第二属性。人与其他动物不同，人具有意识。动物和自己的生命活动是直接同一的。动物不把自己同自己的生命活动区别开来。它就是自己的生命活动。人则使自己的生命活动本身变成自己意志的和自己意识的对象。他具有有意识的生命活动。这不是人与之直接融为一体的那种规定性。有意识的生命活动把人同动物的生命活动直接区别开来"①。自然性、精神性是人的两种基本属性，但是，人类不可能单纯以个体的形式存在。人作为个体的有限性，决定了社会是人存在的必然形式，人必须结成一定的社会关系。"动物不对什么东西发生'关系'，而且根本没有'关系'；对于动物来说，它对他物的关

---

* 原载于《学校党建与思想教育》2005 年第 6 期，作者昝玉林、郑永廷，收录时有修改。

① 《马克思恩格斯选集》第 1 卷，人民出版社 1995 年版，第 46 页。

系不是作为关系而存在的。"① 因此社会性就构成了人的第三种属性，也是人的本质属性。"人的本质不是单个人所固有的抽象物，在其现实性上，它是一切社会关系的总和。"② 即人必须通过合作、交往等社会联系才能存在，才能得以不断发展。

人的需要理论要求满足人的精神需要。自然性、精神性和社会性是人之为人最一般的属性，它们的表现形态会随着时代的不同而有所不同，但是其必然存在于任何形态之中。这三种一般的人性规定，相应地就决定了人生存的最一般的需求。人的自然性决定了人要生存下去就必须通过与自然界的互动，从自然界获得物质生活资料，以维持人的生命存在。"人们为了能够创造历史，必须能够生活。但是为了生活，首先就需要吃喝住穿以及其他一些东西。"③ 但是仅有物质生活资料并不能保证人以人的方式活着，因为人不仅要在生物意义上活着，还必须在精神性意义上活着。要在精神性意义上活着，人还必须具有精神生活资料，否则人的精神性生命将难以继续给贫困大学生发放基本生活补助金，满足的是其基本的物质生活资料需要。然而，大学生作为知识分子群体，他们对精神追求和心理情感的需要相对于物质生活的需要要强烈得多。因此，我们在资助贫困大学生的过程中应当密切关注他们的特殊社会心理需要和精神生活发展的需要。注重文化娱乐、人际交往、人格健全、心理健康等精神性因素在贫困大学生生活和学习中所占有的重要地位，从而对贫困大学生给予真正理解意义上的关心。

高校德育存在的理论基础和现实要求就是大学生的精神需求。通过一定的思想道德教育工作，培养"有道德、有文化、有纪律、有理想"的四有新人，促进大学生的全面发展，这既是高校德育的基本任务，又是高校德育的根本目的。在当前的社会背景下，大学生贫困问题日渐凸显，这就要求高校德育在关注一般意义上大学生的全面发展的基础上，有重点地重视贫困大学生的全面发展问题。对于贫困大学生的资助，要从物质和精神两个方面着手。对大部分的贫困大学生来说，精神上的帮助更为重要。因为大学生的贫困不同于一般人的贫困，他们在物质上的贫困是暂时的，随着其大学毕业就会逐渐缓解。但是精神上的贫困如果不解决好，就会严重影响他们在大学期间的发展，甚至影响他们的一生。苏霍姆林斯基曾指出："在必学课业之外

---

① 《马克思恩格斯选集》第 1 卷，人民出版社 1995 年版，第 81 页。
② 《马克思恩格斯选集》第 1 卷，人民出版社 1995 年版，第 60 页。
③ 《马克思恩格斯选集》第 1 卷，人民出版社 1995 年版，第 79 页。

的空余时间去积极满足精神上多方面的需求，是充实心灵力量、助长乐观情绪和振奋精神的富有生气的源泉。"高校德育应以自身的优势，充分发挥其丰富、优化大学生精神生活的功能，担当起针对贫困大学生的精神扶贫任务，以满足贫困大学生的精神需要。

二、正视贫困大学生的精神需要，高校德育的现实起点

对于精神贫困，不同的学者有不同的解释，但是也有共同点。大部分学者认为，精神贫困是特定社会群体或个人在思想道德、文化知识、价值观念、价值取向、心理素质、情感等方面的低下或滞后，从而影响其物质生活资料的获取和精神生活需求满足的生存状态。贫困大学生作为知识分子群体，他们在受教育程度上相对于普通人群是比较高的，所以不存在知识上的贫乏。他们精神上的贫困主要表现在以下四个方面。

第一，文体活动匮乏。大学校园里的文体活动是丰富多彩的：每年都会举行运动会，平时还举办各种球类比赛，每逢重大节日都会举办文艺活动，每个周末都会有丰富学生生活的舞会、电影等娱乐活动。但是在这些丰富多彩的活动中少有贫困大学生的身影。他们有的是迫于生计的压力，课余时间都在忙着兼职；也有的是迫于学习的压力，课外时间还要坚持自学；也有的人整天光顾网吧、睡大觉、看小说等，不健康的生活方式在不知不觉中形成。

第二，人际交往能力欠缺。在人际交往中，人际智力是很重要的。人际智力是理解其他人的能力：激励他们的是什么，他们如何工作，如何与别人合作。人际智力的提高不是自发形成的，而必须在人际交往中慢慢学习、体会。通过与人交往，在理解他人的同时，使自己也被别人理解，即达成沟通，才算是成功的交往。但是，目前不少贫困大学生存在人际沟通障碍。既有语言上的障碍，也有习俗障碍、角色障碍。贫困大学生和非贫困大学生由于原有的生活环境不同，所以使用的主要流行语言不同，不同的文化语言是难以沟通的。另外，贫困大学生一般都来自农村，而很多农村的习俗和城市的习俗是不同的，诸如道德习俗、卫生习惯、礼节等方面都存在着差异，这样也容易导致二者之间存在沟通障碍。角色障碍主要是由于贫困大学生因为自己经济上的拮据，在实际学习生活中容易产生地位的差距，自我感觉较差，影响了自己以平等主体的身份与其他学生之间的交往。有的贫困生还会因为贫困而自我封闭，长期下去，交往能力得不到提高，交往需要无法满

足，现实关系就贫乏许多，精神财富也随之匮乏。马克思曾写道，一个人的真正的精神财富取决于他的现实关系的财富……

第三，强烈的自卑感。贫困大学生自卑感的产生是多方面的原因促成的。经济上的困难只是一个方面，其他诸多方面的缺乏或者不足，也容易让他们产生自卑心理。大学生活与中学生活相比要丰富得多，那些来自农村的贫困生进入大学后由于生活方式的不适应，由于参照对象的变化，由于评价标准的嬗变，他们往日在学习上的优越感会荡然无存，自卑心理便油然而生。

第四，社会文化的贫困。这里的文化是广义的文化，是指与社会存在相适应的生活方式、行为规则、价值观念、思维方式等。如今，"弱势群体"这一概念用来特指我国社会当前的贫困阶层和就业困难人群，已经为人们所广泛接受。弱势群体由于长期生活于贫困之中，形成了与其社会存在相适应的贫困文化。著名社会学家英格尔斯曾指出，落后和不发达不仅仅是一项能勾勒出社会经济图画的统计指标，也是一种心理状态。其实，贫困大学生在某种程度上也可以说是大学生当中的弱势群体，他们进入大学的同时，把自己原有的与自己的社会身份特征相一致的贫困文化也带进了校园。具体表现为价值观、行为方式、语言、衣着以及与个人生活紧密相关的各种有形或无形的符号，从而形成一种贫困文化的所谓社会遗传。根据社会心理学的一般原理，"身份本身就是一种十分重要的社会归属"①。相对于一般的大学生来说，他们不仅存在物质上的贫困，而且存在文化上的贫困。虽然贫困文化并不是消极文化，但是其仍然具有某些负面因素，如思维方式的封闭性、对社会不公平现象的敏感性等。对此，"一定要认识到我们在人与人之间所见到的精神上的差异，是由于他们所处的不同的环境，由于他们所接受的不同教育所致"②。认清文化贫困的原因在于环境和教育的不同，而不是贫困大学生本身所造成的。贫困文化负面因素会与在工业化的城市中形成的适应现代化要求的文化发生一定的冲突，从而影响贫困大学生科学世界观、人生观、价值观的形成。

---

① 张人杰：《国外教育社会学基本文选》，华东师范大学出版社 1991 年版，第 55 页。
② 北京大学哲学系编译：《十八世纪德国哲学》，商务印书馆 1963 年版，第 467-468 页。

三、缓解贫困大学生的精神贫困，高校德育大有作为

贫困大学生的精神贫困不仅严重阻碍了他们在大学期间的全面发展，而且也引发了许多严重的社会问题。高校德育是丰富大学生精神生活的重要资源和载体，为了促进广大学生思想和精神生活的全面发展，必须下大力气防止大学生精神家园的荒芜。面对贫困大学生的精神贫困，高校应该积极采取多种手段和措施来丰富他们的精神生活，在提高他们的物质生活质量的同时，提高其精神生活质量。主要措施体现在以下三个方面。

第一，加强校园文化建设。校园文化是学校师生的课外文化活动、学校长期形成的并为师生员工广泛认同的校园精神以及培育这种精神所需要的文化环境的总和，也是学校师生员工在长期办学过程中培育形成并共同遵循的最高目标、价值标准、基本信念和行为规范。校园文化是大学生全面发展的重要条件，对学生各种素质的提高发挥着潜移默化的作用。如今以大学生的兴趣为基础的各种社团活动在各所高校正如火如荼地展开，轰轰烈烈的大学生青年志愿者活动更是引人注目。要鼓励贫困大学生积极参加各种社团组织，在活动中与社团成员积极互动，融入群体生活之中，丰富自己的课余生活，提高自己的人际交往能力，满足自己的精神需求。与此同时，也要逐步加强宿舍环境建设、班风建设。宿舍环境和班级环境是贫困大学生获得人际体验和交往能力的源泉，是他们精神发展的摇篮。在宿舍内倡导团结互助、平等相待的风尚，反对歧视贫困大学生。辅导员老师一定要倡导建立积极向上的班风班貌，平等地对待每一个学生，主动找贫困生谈心交心，及时了解他们学习生活中的困难，并给予相应的帮助。

第二，搭建由自卑向自信转化的桥梁。自卑是与自信相对的，高校德育工作者如何使贫困大学生由自卑转向自信就成为帮助贫困大学生克服自卑心理的首要问题。自信是有基础和前提的，否则将是一种盲目的自信。所以，一定要帮助贫困大学生找到重新树立信心的根基。学习成绩名列前茅可令人自信，文体活动中的出色表现，流利的英语口语，书法、绘画等各种特长都可以让大学生在校园生活中充满信心。只是口头说教，要求贫困大学生树立自信心，是没有意义的。德育工作者一定要善于观察贫困大学生心理发展的内在需求，组织各种活动并鼓励贫困学生积极参加，给他们创造表现的机会，使每一个人都能找到发挥、表现和确立自己的力量和创造才能的场所。要挖掘出他们身上的闪光点，让他们切切实实产生"天生我材必有用"的

生活信心，体验到成功的喜悦和对自己的认同，帮助他们走出自卑的阴影，使他们在参与活动中认识到自己存在的价值，重新树立对学习、生活的信心。

第三，加强心理健康教育。近年来，由于学习竞争日益增强，就业压力不断加大，部分大学生在不同程度上出现了心理健康问题，已经引起了有关部门的重视。相对于一般大学生而言，贫困大学生更容易出现心理健康问题。他们不仅要承受学习、就业的压力，而且还要承受经济上的压力。适度的压力是良性的，在很大程度上可以转化为学习的动力；但若压力过大，贫困大学生就容易产生自卑、悲观、厌世等不健康的心理。德育工作者对此要进行引导，在学习、就业上给予他们更多的关心和帮助，要培养他们的坚强意志，鼓励他们勇敢地面对困难，不能盲目乐观，但也不要轻易向生活低头，不能让贫困成为自己健康成长的障碍，更不能泛贫困化，而应善于化压力为动力，培养积极向上的健康心理。

高校德育主导性与多样性发展的
失衡及其成因*

德育主导，亦称为德育一元主导，就是德育坚持马克思主义指导和社会主义意识形态主导，以及坚持对业务活动的先导，保证德育的方向性与先进性；德育多样，亦称为德育多样发展，就是德育继承民族优秀文化传统和借鉴国外有益文化成果，以及吸收相关学科研究成果，保证德育的丰富性与生动性。

改革开放以来，我国高校德育的总体发展，已经呈现出主导性与多样性发展相结合的和谐格局，同时也存在着各种失衡现象。这些失衡现象虽然是局部的、少量的，但不仅对学生产生不良影响，而且对德育形象损害颇大，因而要予以克服和纠正，促进德育与时俱进和更好地发挥育人作用。

一、高校德育一元主导与多样发展失衡的表现

高校德育一元主导与多样发展失衡的主要表现是主导性与多样性的片面性。

1. 德育一元主导的片面性表现

德育一元主导的片面性，是指在德育过程中，德育工作者所传授、讲解的内容是主导性的，但对主导性内容的讲解、运用，离开了社会实际的多样性而陷于片面性。这种片面性主要表现为三个方面。

（1）概念化，即教学中只注重概念的知识传授、抽象阐述，忽视概念与现实生活的联系与运用。这种教学往往使德育成为一种知识记忆和应付考试的活动而缺乏价值认同与思想形成的作用。

（2）教条化，即教学中只注重理论观点的系统介绍、逻辑推演，忽视理论在社会与个体实践活动中的指导作用与价值。这种教学常常使德育陷于空泛而缺乏感召力。

（3）书本化，即教学中只注重从书本体系出发、照本宣科，忽视从社

* 原载于《思想政治教育研究》2008 年第 1 期，作者郑永廷、张艳新，收录时有修改。

会实际和学生实际需要出发开展教学。这种教学容易导致学校教育与社会实际生活脱节而使德育效果不大。

德育的概念化、教条化、书本化，虽然表现形式有所不同，但其实质都是脱离实际，即脱离社会及其发展实际，脱离学生的实际需要与实际生活，也就是脱离多样性。因为不管是社会实际还是学生的实际需要与实际生活，都是具体而多样的，而概念、理论、书本则是抽象而统一的。德育只重视主导性内容而忽视多样性实际的倾向，是一种文本德育观，即以书为本、从理论出发的德育观。这种德育观只知备课，而忽视"备人"；只讲抽象理论，而忽视生活实际；只重文本逻辑性，而忽视学生需要。概括起来就是只重书本，不重人本。

改革开放以来，在解放思想、实事求是思想路线的指导下，对教条主义、形式主义、本本主义虽然进行了批判并在很大的程度上有了改进，但是德育脱离现代社会发展和学生学习、生活实际的现象依然存在。诸如，满足学生在竞争、信息、网络等新的领域发展的主导理论的运用缺乏；德育与智育分离的"两张皮"现象还没有很好地解决；一些教育工作者、领导者在市场竞争中为了自身现实利益和提升职级而简单应付教育的倾向比较明显；传统、单一的德育方法与人们的多样化需求和个性化发展产生矛盾；等等。这些现象的实质仍然是主导理论与多样实际的脱节，是忽视学生的实际需要与发展的教育倾向。学生在这种针对性不强的教育倾向中，往往难以感受到教育的价值而对之产生怀疑与疏离，使教育有效性下降，这是当前德育不容忽视的问题。

2. 德育多样化发展的片面性表现

德育多样化发展的片面性，是指在德育过程中，德育工作者在进行多样化内容、方式教育的过程中，离开了德育的主导理论而陷于片面性。这种片面性主要表现为三个方面。

（1）西化倾向。德育的西化倾向，主要表现在两个相互关联的方面。一方面，是以历史虚无主义的态度否定我国德育主导思想、民族文化和革命传统的科学性与价值性，即否定马克思主义、中国化马克思主义的指导，背离社会主义意识形态与民族主流文化。这种倾向常常打着反对僵化、追求创新，冲破传统、崇尚现代的旗号，或以自己的主观想象来设计历史发展，或以适用西方的理论来推断中国的实际，这样容易引起一些缺乏社会生活经验的学生的共鸣，导致德育不仅没有正面、积极的效果，而且产生负面、消极的作用。另一方面，是以无分析、不鉴别的态度，向学生推荐、肯定、赞赏体现西方政治观、价值观、人生观的著作、流派、理论，冲击德育主导思想。这种倾向或以发达国家现实强大为依据反证其文化的合理性，或不顾我国与发达国家的具体国情、发展历史而盲目赞赏西方的繁荣，这样容易诱导一些学生盲目仰慕西方文化。

（2）边缘化倾向。德育的边缘化倾向主要有两种表现。第一种表现是有些高校在看待和处理德、智、体、美等诸教育的关系上，存在着重视智育而忽视德育的现象，德育为先、德育首位得不到落实，德育主导作用难以发挥。这种忽视德育应有地位与发挥德育应有作用的状况，就是德育边缘化倾向。德育边缘化在一些高校的具体表现，诸如学校党政不直接领导思想政治理论课教学，把该项教学作为一般课程教学由学校二级单位管理；挤压思想政治理论课教学时间；大学生思想政治教育的条件不及业务教学，甚至现有条件难以满足教学需求；思想政治教育队伍编制少、工作压力大；思想政治教育的学科建设、课程建设、队伍建设得不到应有重视；等等。这些德育边缘化现象，如果得不到纠正，长此以往，不仅会造成学校德育效果衰退，而且学生的智育也会因缺乏动力而受到影响。德育边缘化的第二种表现发生在德育系统内部。在高校，德育是一个多内容、多途径、多方式的教育系统，按教育内容划分有思想教育、政治教育、道德教育和心理健康教育等；按途径划分有理论教育、实践教育、教书育人、管理教育等；按目标划分有世界观教育、人生观教育、价值观教育、职业观教育等；按教育主次划分有主旋律教育、一般性教育。主旋律教育包括爱国主义教育、集体主义教育与社会主义教育，其教育的主要内容是马克思主义和中国化马克思主义理论，是思想、政治、道德内容的综合，其教育的目的是帮助学生形成正确的世界观、人生观和价值观。因而，主旋律教育是在德育系统居于主导地位、起着主导作用的教育。德育系统除了主旋律教育之外，还有公民教育、人文教育、心理健康教育、就业教育等，有些高校还根据社会发展与学生成长的需要，开设了生命教育、生态教育、挫折教育、环境伦理教育等。总之，教育的目标、内容、途径、方式是多样的，形成了相互联系的一个系统。

在系统实施各项教育的过程中，有些高校领导和有些德育工作者存在重视一般性教育、忽视主旋律教育的倾向。如有的教育者主张大学生德育的重点是公民教育而不是系统的马克思主义理论教育，把教育目标定位在遵守公共道德与法治规范、明确公民权利与义务上；有的教育者借口思想政治理论教育效果不好而试图以多样化的人文知识教育弥补；有的把学生的思想问题、认识问题甚至实际问题都归到心理范畴，认为心理教育和心理咨询可以替代思想政治教育；还有的过分关注学生的就业、休闲等实践活动，忽视德育主渠道而重视眼前利益；等等。应当肯定的是，兼顾、重视多样化教育本来是无可厚非的，但如果是在忽视主旋律教育的情况下，片面强调某些具体性或眼前性的教育，就是在德育上避重就轻、舍本逐末，使德育边缘化。

高校德育，就其系统内容而言，实际上是社会主义意识形态教育。社会主义意识形态是由哲学、政治、法治、道德、经济、文艺等思想构成的思想体系。在这个体系中，马克思主义哲学思想处于核心地位，关系到学生世界观的形成；社会主义政治、法律思想处于主导地位，关系到学生理想信念和爱国主义精神的形成；社会主义道德处于基础地位，关系到学生良好习惯的养成。因此，社会主义意识形态的结构以及学生成长的需要，决定了各种德育活动的主次地位。德育活动的主次颠倒，既不符合社会发展要求，也不能满足学生成长的需要。

（3）形式化倾向。德育的形式化倾向主要有两种表现。第一种表现是德育过程形式化，即有些德育工作者没有按照规定的德育目标、德育大纲、德育内容进行教育，而是或根据有些学生猎奇、好玩的需要，或按照自己的兴趣，讲授与德育无关或关系不大的故事、趣闻、传说，甚至牢骚、怪话。这种以专门教学时间、课程进行的德育，成为表面化的、形式化的德育，没有实现德育的目标，造成德育资源的浪费，是不负责任的德育行为。德育形式化的第二种表现是德育方式形式化，即有些德育工作者或忽视德育内容讲解而过分追求德育方式，或忽视理性思考而过多进行感官刺激，或疏离经典理论的教育而过分重于日常经验。如有些德育工作者对德育课件产生依赖，课件收集的资料以及采用的视、听方式虽然丰富多样，学生的视、听感官充分发挥作用，但没有从理论上讲深讲透、从逻辑上增强说服力、启发学生思考与内化，因而学生看完、听完之后，在认识上深化不多，在思想上留存甚少。这种德育形式化，实际上是德育的感觉化。德育工作者可以在德育上运用信息技术、文化方式，但过多依赖这种方式，忽视理论论证、说服、思考，缺少师生情感交流，就会使德育陷于知识性与肤浅性而流于形式。

二、高校德育一元主导与多样发展失衡的原因分析

高校德育一元主导与多样发展失衡的原因是多方面的，除上面分析的原因之外，主要有现实的客观原因与高校教育传统的影响。

1. 社会的客观影响

我国自改革开放以来，经济社会快速、持续地发展，实现了由计划经济体制向社会主义市场经济体制的转型；科学技术发展推进了社会信息化；对外开放的扩大加快了多元文化的交汇与激荡。这些社会的新因素、新变化，向高校德育提出了不少新难题。当德育工作者难以认识和解决这些难题时，就会发生德育一元主导与多样发展失衡的现象。

（1）市场竞争条件下的功利化倾向影响德育主导作用发挥。市场经济遵循价值规律，强调社会主体与个体的自主性与竞争性，对经济和社会发展具有强大推动力。我国经济社会能够坚持快速、持续地发展，很重要的原因就是改革了计划经济体制，建立了市场经济体制。同时，我们应当看到，在市场竞争条件下，一些社会主体与个体往往充分使用自主权，强化自身利益的决策、维护与获取，导致功利化倾向，有的甚至突破法治、道德规范，滋生"金钱至上"、享乐主义、极端个人主义思想，淡化国家利益、整体利益、全局利益和长远利益。这种重物质轻精神、重科技轻道德的价值取向，从社会层面广泛影响高校学生对思想、政治、道德的价值认同，使高校德育效果受到冲击，而竞争在高校的展开也使德育出现功利化倾向。

德育的功利化倾向，是指高校德育存在片面强调外在工具价值（即维护稳定与秩序的价值）、忽视内在本体价值（即育人、育德价值）、强调德育眼前价值（即以当下不出问题为目的）、忽视长远价值（即理想信念的形成）的倾向。一些领导者和德育工作者，在这种价值观的影响下，追求德育即时的、显性的功效，忽视德育的长期效应。在德育内容上，往往轻理论教育、重应用教育；轻信仰教育、重规范教育；轻理性教育、重感性教育。在德育方法上，常常轻理性思考的深化，重感性认识的满足；轻理论价值判断与选择方式，重实际运用的具体操作。这种功利化倾向的德育，形象地讲是一种"消防式德育""应付式德育"。这种德育有其一定的合理性与作用，但如果仅仅满足这种作用，德育就会陷于事务性、经验性与相对性，而忽视理想信念教育和主旋律教育。

（2）网络和社会信息化的影响。国际互联网的普及在给高校德育提供机遇和有利条件的同时，也带来了挑战。网络信息海量、良莠混杂，使处在成长过程中，世界观、人生观和价值观尚不成熟的大学生产生了信息选择、价值取向的困惑。美国和一些西方发达国家把网络作为他们政治、文化"殖民扩张"的工具，通过网络宣传西方政治制度的合理性，攻击我国缺乏"人权"和"民主"，以具有诱惑力和娱乐性的商业文化挤压、排斥我国的民族文化，淡化了一些学生的国家观念、民族意识，冲击着德育的主导思想，从而给德育的"西化"倾向、边缘化倾向提供了可能。同时，社会信息化发展要求高校德育适应形势的变化，对学生进行正确的引导，发挥主导德育的正面影响。但是，在互联网技术不断发展、网络信息不断聚集和更新的情况下，高校德育存在着与社会信息化发展不相适应的地方。学生受到的网络影响广泛而多样，而一些高校的德育工作者难以运用网络平台对学生进行有效的引导和帮助，因而网络在一些高校还是德育的一个"盲区"，在德育的主导作用不能影响网络领域的情况下，价值取向的自发性、多样化就会发生。

调查显示，网络上意识形态的交汇、渗透，对大学生的价值取向和理想信念的形成有直接影响，如有些大学生对负面的报道比对正面的报道更感兴趣，对西方时尚、流行的文化比对民族传统文化更热衷。少数学生沉迷于虚拟空间，不仅荒废学业，而且产生了对现实生活、现实人际交往的冷漠与隔阂。网络中的碎片化信息、垃圾信息，特别是色情、暴力、荒诞的内容，以形象、具体的方式刺激学生感官，使一些学生形成了满足感官刺激的习惯而不愿意进行理性思考，从而造成了一些学生疏离经典、难以在思维上接受德育的主导思想。而网络德育作为一种新形态德育出现之后，还在研究和探索阶段，难以提供有效的理论指导与方法运用，如内容上信息化、形象化程度不够，形式上没有突破单向灌输模式，只是将"人灌"改成了"网灌"，缺乏多向互动机制。因而，网络德育的滞后，实际上是德育主导作用的不及。这种不及与滞后，就成为德育"西化"、边缘化、形式化的重要原因。

（3）对外开放与多元文化的影响。当今世界，跨国界、跨地域的文化交流范围日益扩大，各种文化相互影响、相互激荡。在顺应这一时代潮流的同时，要清醒地看到发展中国家面临着发达国家的文化渗透。在理论层面，西方的各种哲学社会科学理论、思潮的涌入，传递着西方的价值观；在大众文化层面，通过电影、电视、广播、国际互联网、书籍、刊物等，形象地传播西方的价值观。这些影响，既是广泛的，也是持久的。我国既不能因为有这些影响而重新封闭，也不能对这些影响视而不见。个别教师和学生，在对外开放与多元文化的影响下，一时受西方某些理论、思潮的影响在所难免，但关键是要正视这种影响并对其进行引导。因为大学生的世界观、人生观和价值观正处在形成与巩固之中，具有可塑性，德育的引导显得尤为重要。然而，德育面向多元文化进行主导性引导，这是改革开放过程中的新课题。在过去相对封闭的历史条件下，人们在认识上的定式是，经济是基础、政治是主导、军事是保障，而文化作为社会的重要组成部分，并没有引起足够的重视，人们对其性质、功能、方式的认识比较模糊，乃至对文化建设的地位缺乏应有认识。当经济全球化浪潮猛烈冲击、西方文化大量涌入对青年学生产生广泛影响的时候，高校德育显得不适应：一是没有很快认识到，在对外开放的历史条件下，文化安全直接关系到国家安全；二是缺乏运用文化方式对学生进行引导的能力。社会文化建设的滞后、德育在文化领域主导作用的欠缺，使一些学生在消费外来文化时，缺乏选择性与安全意识。为此，高校德育必须站在维护中华民族文化与社会主义意识形态安全的高度，以对学生全面发展负责的态度，对学生的文化生活进行引导，要旗帜鲜明地反对否定和淡化意识形态、怀疑中华民族文化的生命力与竞争力、主张文化西方化和趋同化。

2. 高校教育及其改革的影响

高校德育是高校教育的组成部分，既受社会的广泛影响，也受高校教育传统与改革发展的直接制约。

（1）脱离实际的教育观念与方式在德育中的影响仍然存在。改革开放前，我国高等教育是在社会相对封闭、实行计划经济体制的背景下兴办的，小农经济对高等教育的影响深远，因而高校与世界、社会的联系较少，德育、智育、体育与美育的结合与渗透程度不高。在改革开放过程中，传统教育状况虽有很大改变，但其长期积淀的影响也不可能很快消失。当高校和广大学生以很快的步伐迈向开放环境，进入信息社会，开展多样化活动，需要理论指导和价值导向时，难免有些德育工作者因缺乏对实际的认识与把握，难以从理论与实际相结合的高度解释和解决学生所面临的困惑，而只能就理论讲理论，就书本教书本。

（2）单一的教育观念与方式在德育中的影响仍然存在。在改革开放的过程中，实践领域、实际生活的发展是多样的、迅速的，脱离实际的教育是教育单一化的重要表现，这种单一化除前面所做的分析外，还表现在高校内部各种教育的关系上，其中德育与智育的分离、德育系统各项教育孤立进行，是高校教育单一化的突出表现。高校教育的单一化而不是综合化、分散化而不是系统化，必定导致教育层次不清、教育结构不良、教育功能不好。高校教育本是相互配合、共同实现培养目标的一个系统，其中德育在这个系统中居于"为先""为首"地位，是主导；专业教育、体育位于"主干"地位，是基础；其他教育处于"辅助"地位，是补充。在德育系统中，理想信念教育是核心，爱国主义教育是重点，思想道德建设是基础，其他教育是补充。高校领导与所有教育工作者都应按照统一培养目标，既分工又配合地实施各项教育，形成教育合力。但是，随着高校自主性与竞争性的增强，一些高校反而强化了分离性，如不同教育领域各自强调自己的重要性而争夺学校资源；各自制定教育规则以强化自身地位；各自开展检查、评估、奖惩以形成强化机制等，造成了"头痛医头、脚痛医脚"的教育运行格局。在这种情况下，由于智育、体育具有现实显示度，即可以通过一定的指标、数量、形式表现出来，在相互比较和相互竞争中，具有价值优势；而德育因其效果的潜在性与长效性，难以显示和比较，其价值容易被忽视。于是，一些高校便发生了重智育、轻德育的倾向，德育"为先""为首"的主导地位与作用成了空话，德育实际上被边缘化了。德育与智育分离的实质，是一些德育工作者和智育工作者，都只孤立地强调自己所属教育领域的目的性与重要性，而忽视统一的培养目标和自己所属教育领域的对象性与条件性。德育忽视统一培养目标，不把智育作为发挥作用的对象和价值实现的基础，德育就在事实上失去了"为先""为首"的主导地位与作用；智育忽视统一培养目标，不以德育所提供的导向、规范为价值取向和精神支持，智育就失去正确的发展目标与动力源泉。这在理论上、认识上本来是很清楚的问题，但在实际教育中二者却发生矛盾，其历史根源是高校教育受封闭、小农经济、传统分工的影响深，开放性不够，社会化、综合化程度不高。因此，要克服这种教育的单一性与分散性，只能加快改革步伐，转变传统教育观念，推进高等教育的现代化进程。

三、高校德育一元主导与多样发展失衡的实质和解决对策

应当看到，高校德育在目标、内容、要求和活动方式等方面既要坚持一元主导，又要坚持多样发展，这在高校并无多少人持有疑义。但如何理解这"既"与"又"的关系呢？如果把一元主导和多样发展理解为两个独立的"实体"，认为它们可以单独存在、单独发挥作用，或者说，高校教育的某些课程、活动、环节坚持一元主导，而另一些课程、活动、环节推进多样发展，那就犯了形而上学的错误。

事实上，一元主导和多样发展是高校教育的一体两面，是不可分割的统一体，两者既有区别，又相互制约、相互依存、相互渗透、相互贯通，不存在没有多样发展的主导性，也不存在没有主导的多样发展。一元主导需要多样发展，离开了多样发展，一元主导就会失去"主导"的对象、背景和意

义，就会变成空洞的说教；同样，多样发展需要一元主导，离开了一元主导，多样发展就会失去规范、选择和价值取向，走向混乱和歧路，最终必定导致纷繁杂乱而整体无序的状态。在进行主导内容教育时，要以多样化教育为基础；在进行多样化教育时，要以主导内容为指导，两者不能分离。高校所强调的教书育人，实际上体现了主导性与多样性的统一，即教书的内容是多样的，而育人的方向与规范是主导的。

一元主导和多样发展脱节，即理论脱离实际的教条主义、形式主义在党的历史上和过去的德育中曾多次出现，它既窒息马克思主义理论的生命力，又导致实践发展的模式化，从而使人思想僵化保守，曾多次给我国革命和建设造成重大危害。

主导性与多样性脱节的实质，是对理论联系实际原则的背离。德育是塑造学生思想品德的活动，而个体思想品德结构包括认知、情感、意志、行为等因素，学生思想品德的形成与发展是这些因素综合作用的结果。因此，德育应该是由"知道"到"悟道"再到"体道"的过程，这一过程实质上是德育对象自身的心理建构过程。然而，由于受智育和主知主义教育倾向的影响，一些德育工作者和学生，把德育等同于德育知识的学习、记忆与储存，过分注重知识的传播而忽视思考，过分注重理论的阐述而忽视内化，致使德育的情感、意志、行为淡漠，形成了德育的工具化倾向。德育的工具化倾向，就是把德育理论、德育知识主要作为工具而不是主要作为取向、主要作为外在施加而不是主要作为内在需要的倾向。因此，具有这种倾向的德育，一般只注重知识认知，忽视价值认同、思想内化与行为外化。这样，理性思考、联系实际似乎显得多余，这势必导致理论主导性与实际多样性的分离。要有效解决德育脱离实际的状况，最根本的是要根据经济全球化、开放环境、信息社会、多样实践的客观要求，改变德育仅限于理论、书本、课堂的传统，确立面向社会、面向世界与面向未来的教育观念，以时代内容、理论内容、环境内容相结合的高度，整合德育资源，提高德育的影响力。

试论德育在现代高等教育中的
地位与发展前景[*]

随着我国改革开放的深入和现代化进程的展开，在学校教育中出现了忽视和轻视思想政治教育，重物质、轻精神，重智育、轻德育，重实惠、轻思想的倾向。因此，有必要对学校德育的地位和前途进行分析，以利于我们在现代社会条件下对德育的认识和实践。

一、市场经济体制与德育

在社会主义制度下，建立市场经济体制，是史无前例的，是一场深刻的社会变革，这需要一个长时间的、复杂的转变过程。在这个转变过程中，人们面临着一系列深刻的变化。如经济结构由单一的公有制向以公有制为主的多种所有制共存的变化；人与人之间由原来单一的利益关系向大跨度、多层次利益关系格局的变化；劳动就业途径由原来单一统招统分向多途径、大流动方向的变化；等等。青年学生作为社会的一个最敏感的群体，必定会对这些变化做出直接的、直观的反应。青年学生是向往创新、拥护改革的，但又往往难以把握正确方向。因此，一些青年学生容易产生随机选择的自发行为，甚至干扰、阻碍改革的顺利进行。经济体制的转变，教育改革的深化，本身是有目的、有组织、有计划的社会行动，而不是自发行为，它需要强有力的思想政治教育作为保证，任何削弱思想政治教育和德育的做法，都只会给改革带来麻烦与危害。这一点，也为实践所证明。

同时，社会主义市场经济体制，除了具有社会主义根本性质，还具有自主自强、公平竞争、讲究实效、诚实守信等积极的特征。这些积极的特征，是市场经济体制对全社会提出的要求，也是人们适应市场经济体制所应具备的素质。没有这些新的思想道德素质，就难以适应现代社会的发展和市场经济的要求。然而，这些素质不是自发产生的，不是社会主义市场经济体制一建立就能自然而然地形成的，还需要有政策、法规、道德、思想教育等上层

---

* 原载于《青年探索》1995 年第 1 期，收录时有修改。

建筑手段的保证，而且，培养适应社会主义市场经济体制需要的新的思想道德素质，是在克服计划经济体制下形成的传统观念、反对资本主义市场经济思想道德观念的过程中进行的，其培养教育的任务更为复杂和艰巨。因此，社会主义市场经济体制本身，同样需要全社会的思想政治教育和高校德育的辅助。

另外，我们还要看到，市场经济体制对人们的思想道德观念也有负面的影响，主要表现在两个方面：一方面，社会主义市场经济体制不同于单一公有制的计划经济体系，利益主体出现多元化，利益关系复杂多变，加上价值规律、竞争规律和自发作用，可能引发利己主义和极端个人主义倾向，甚至诱发违法乱纪、损人利己的腐败堕落行为。另一方面，市场经济是商品生产发展到大规模和高度社会化程度时的必然产物，按照马克思主义的观点，劳动产品一旦作为商品来生产，就会出现人们对商品的过分重视，出现商品拜物教倾向和对商品等价物——金钱的片面追求，甚至产生拜金主义、享乐主义行为。这两方面的消极作用如果不通过必要的法规和教育加以抑制、克服，任其发展，不仅与社会主义性质极不相容，而且与市场经济发展的要求也不相符。

总之，社会主义市场经济体制的形成、发展、运作、完善，不仅离不开德育，反而赋予德育更为重要的地位。

二、对外开放与德育

对外开放和市场经济一样，既为德育的改革发展提供了机遇，又向德育提出了严峻的挑战。

在对外开放条件下，德育绝不能关起门来封闭地进行，必须走向世界、走向社会，公开地进行。随着学生视野和活动范围的扩大，德育的空间也要随之扩大。在世界范围内，两种制度的矛盾、两种思想体系的冲突是无法回避的，多种政治势力、政治倾向对青年学生的争夺与影响也是客观存在的。西方敌对势力对我国年青一代的和平演变的企图一直没有放弃。同时，随着开放的扩大，国外的思想、文化、理论、思潮以及生活方式纷纷涌来，既有可以借鉴、吸收的有益成分，也有腐朽落后的思想因素。在这样开放、复杂的环境下，高校必须依靠德育，才能够坚持社会主义意识形态的主导地位，才能够引导学生用历史唯物主义和辩证唯物主义正确地分析、认识社会。

另外，在对外开放过程中，考察国外学校德育的发展趋势，可以得到许多深刻的启示。

日本是一个一贯重视学校德育的国家，近些年来，日本更把加强德育作为教育改革的首要任务。日本在其规划的《21世纪的教育目标》中明确指出："只有重视思想素质的培养，才能保证人才的健康成长。"日本临时教育审议会于1988年发表了教育改革报告，报告强调："能否培养出在道德情操方面都足以承担21世纪的日本的年青一代，将决定未来的命运，当务之急是要加强学校的道德教育。"日本教育的培养目标，过去一直是按照"智、德、体"的次序来执行的。最近几年，日本针对青年学生道德水平下降的事实，下决心把培养目标的顺序改为"德、智、体"。日本文部省从1990年开始，实行了一套法定的"学习指导纲要"，有关公民道德的科目和内容是其中的重要组成部分。日本一贯重视德育，注重德育投资，是因为日本的德育给社会管理、生产管理带来了巨大的经济效益。这一点，美国和德国早就看出来了。美国高质量教育委员会曾经对来自日本的经济挑战发表过这样的看法："日本之所以构成优势，一个主要的原因，是日本劳动力具有良好的素质，尤其突出的是，普通工作人员都具有良好的职业道德和智能水平。"

可能很多人认为美国是一个不讲政治、不重视德育的国家，其实恰恰相反。美国一方面对外鼓吹所谓的抽象民主、自由、人权，具有很大的迷惑性；另一方面，在国内却实实在在地、巧妙多样地进行着德育。美国早就把以拯救灵魂和培养良好行为为目的的宗教教育作为美国道德教育和价值取向的基础；美国不惜大量投资，在全国各地兴建了不计其数的、规模宏大的场馆，用以宣扬美国的物质文化和精神文明，为德育提供基地和教材；美国大学普遍开设了反映西方文明的社会科学课程，反映美国政治与道德要求的公民教育课程、法律课程和道德教育，1988年美国专门成立了"开国文件委员会"，研究对美国的《独立宣言》《联邦宪法》《解放宣言》进行宣传和教育的问题；美国政府就德育问题曾进行过广泛的调查研究，针对社会和学校存在的突出问题提出了许多加强的措施。1990年，全美州长会议在华盛顿召开，会上通过了《关于全美教育目标的报告》。报告明确要求全美"所有学生都要参与提高和显示良好公民知识、社会服务与责任心的活动"，"美国的每所学校都要提供有利于学生学习的有纪律的良好环境"。近些年来，美国认识到研究生缺乏职业道德的问题很严重，普遍加强了研究生的职业道德教育。如规定法学院所有毕业研究生务必通过职业道德课程考试，方能进入律师界工作；商学院专门开设职业道德课程讲解商业道德。上任不久的美国总统克林顿，则从更高更广的角度来看待学校德育，他指出："新政权的核心政策是教育政策，要恢复国际竞争力，必须从培养'人'开始。"

从以上事实我们可以看出，我们面对的是各国都十分重视学校德育的趋势。从这一发展趋势，我们可以得到许多深刻的启示：其一，世界上经济和教育发达的国家，把德育提高到关系国家命运的高度，在战略上采取重大决策予以重视，其目的是培养面向世界的人才，保持在国际上的竞争力，这完全是一种政治战略。其二，重视德育是为了通过培养人的素质，来继续发挥经济和科技优势。我们在实行对外开放的实践中，在重视发展经济和科学技术的同时，一定要研究世界各国学校德育的发展趋势，以面向世界的战略高度来加强和改进我国高校德育。

三、当代青年学生与德育

当代社会的德育对象是在现代社会条件下成长起来的，他们同过去的德育对象相比，有许多优势，也有明显的特点。他们的进步、发展，主要是为了满足现代社会的发展向这一代人提出的更高的要求。例如，现代社会将更加开放，亦要求他们对开放环境具有更强的判断和选择能力；现代社会的社会化程度更高，亦要求他们能把自己融入多种复杂关系中；现代社会更加复杂多样，亦要求他们具备适应复杂多样变化的个性特点和创造力；现代社会的组织和法规更加严密，他们也应当更有自主和自律能力；等等。这些都要靠教育来培养，而且社会越向前发展，教育的作用就越大，要求就越高。

同时，现代社会德育对象中的独生子女数量已经大幅度增加，独生子女特有的一些性格问题，加重了德育的责任，增加了德育的压力，加大了德育的难度。德育不仅要实现大学的培养目标，还要解决家庭和中学教育遗留的问题；不仅要满足广大家长望子成龙的心理，还要处理一些难以避免的偶发事件；不仅要为社会培养合格人才，还要为学校维护正常的学习生活秩序，这些工作既重要，又具体。轻视甚至忽视德育，教育的前景和学生的培养质量都是难以想象的。

论高等学校的改革与德育发展[*]

一、高校社会化发展趋势与社会化德育

在改革开放之前，由于受生产力水平、物质条件和管理体制的制约，一方面，高校的社会化程度不高，另一方面，高校为了正常运行，必须兴办与自身主要功能相关性不大的服务工作，向"小而全"方向发展，形成"高校办社会"的格局。这两方面成为新时期制约高校教育教学，科学研究，社会服务功能发展、发挥的重要因素。相对薄弱的对外联系使高校缺乏发展的需求、动力与基础；"小而全"使高校内部资源、人员配置以及领导者的注意力分散，高校的主要功能得不到应有发展。邓小平提出了教育要面向现代化、面向世界、面向未来的改革发展方针，旨在克服这种弊端，推进教育为现代化建设服务，面向世界竞争，为未来社会培养人才。

在改革开放的大潮中，我国高等学校主要从两个方面入手进行改革，推进社会化发展。其一，面向世界和我国现代化建设，发展高校的教育教学、科学研究、社会服务功能。主要表现在：同国外高校与研究机构进行学术交流，公派留学生，引进师资，开展合作研究，共享教育资源；与国内经济、政治、文化建设密切结合，创办高校科技园区，探索产、学、研发展模式，加快科技成果的转化与推广；扩大成人教育规模，开展培训、咨询、兼职等多种社会服务活动。这使高校与社会的联系逐步紧密。其二，分离学校后勤服务系统，实现后勤社会化。分离后勤系统不仅使高校主要职能的发展得到保证，而且可以充分利用社会竞争方式，选择有利条件为高校提供服务，提高服务质量。

高校的社会化发展趋势，实现了高校与社会的融合，打破了高校的内部结构、管理与德育的传统模式。教师面向世界和社会的频繁流动，教师担任的各种兼职以及各个学科交叉研究的不断重组，使原来固定的组织形式和共同活动的时间规定受到冲击，甚至形同虚设；后勤社会化之后，学生的学

* 原载于《思想理论教育导刊》2002 年第 12 期，收录时有修改。

习、生活场所分散，加上完全学分制和许多灵活性教学政策的实施，学生原有的固定班级组织及固定而集中的学习、生活场所难以继续。因此，与过去固定的组织结构、时间、场所、人员相一致的德育的思路、习惯、模式和方法也必须改变。

改变集中、固定的德育模式与方法，并不是改变德育的地位与作用，更不是取消德育，而是根据高校社会化发展趋势，建构与之相适应的社会化德育模式。该德育模式首先应当是一个及时沟通模式。及时沟通是根据教师与学生自主、自由、分散活动的实际，用以强化组织的吸引力、凝聚力。没有相互之间的及时沟通、引导，势必形成自发、离散状况，组织的作用就会被削弱甚至消解。及时沟通的方式是利用现代传媒的信息化方式。因此，研究、运用现代化传播技术、沟通艺术、引导方式，是适应高校社会化发展的迫切需要。

其次，高校德育应建构公开、公平的竞争模式。及时沟通是为了及时引导和形成相互比较，展开公开、公平的竞争，以推动发展。公开、公平竞争就是公开竞争的统一指标，明确价值取向；公开竞争程序，规范竞争行为；公开奖优罚劣，形成动力机制。因此，研究、运用竞争机制开展德育，是推进德育民主化、规范化的重要途径。

最后，高校德育要发展民主参与模式。只有在师生员工主动关注、自觉参与的条件下，及时沟通、公平竞争才能起作用。同时，及时沟通、公平竞争也必定会激发师生员工的主动关注与自觉参与，这是社会化条件下德育的一种广泛互动。因此，要改变过去德育的单向灌输方式，形成民主参与、互动共进的工作模式。

二、高校多样化发展趋势与特色化教育

随着高等学校的快速发展，高校出现多样化发展态势。各种不同层次、不同类型、不同体制、不同形式的高校相继建立、相互比照，呈现出丰富多彩、各显特色的发展趋向。这一趋向的一个重要特点是高等学校之间的竞争十分激烈。

高校的竞争，首先表现为生源与师资的竞争，即学生可以自主、自由择校，教师能够自主、自由流动。我国加入世贸组织（WTO）之后，国外大学登陆我国教育市场，加剧了竞争态势。在这种形势下，高校要留住和吸引高水平的教师，招收一定数量符合培养要求的学生，就必须根据现代科学技

术发展与社会进步的要求，培养适应社会某一方面需要的高水平人才，发展高校的特色与优势，改变高校过去因疏离社会实际而形成的一般化教育思想与培养模式。这是高校多样化发展与相互竞争的必然要求。多样化就是特色化、个性化，而不是一律化、模式化。

高等学校的特色化，既需要有专业特长的教师和有特色的学科支撑，也需要富有特色的教育思想和德育保证。有特色的学科、有专长的教师是高校特色的基础，而有特色的德育则是高校特色的灵魂。有特色的学科、有特长的教师，需要并决定有特色的德育的发展和发挥作用；而有特色的德育则推进学校、学科的特色化发展。高校如果没有特色的德育，不仅学校、学科的特色化发展的指导思想难以完全形成，而且学校、学科已有的某些特色，还可能在一般化的德育中丧失。

特色化德育，是结合高校学科的特点、师资的特长，灵活运用德育的原则、内容与方法，为学校、师生的发展提供正确的价值导向与思想服务。特色化德育，就是紧密结合不同学科特点、不同类型师生、不同培养要求而形成的德育。这种德育，首先要克服脱离实际的教条主义倾向，同当前的社会实际、学校实际、师生实际相结合，是满足师生实际需要、解决实际思想问题、具有实际效果的德育。其次要避免以记忆、背诵为特征的概念化、知识化倾向，立足于内在思想道德素质的提高和外在行为的养成，并在业务上富有成效，是坚持知行统一、科学性与价值性统一、政治与业务统一的德育。最后要防止在思想道德要求上的"一刀切""一律化"的模式化状况，既尊重师生自主性、选择性的权利，鼓励师生多样化、个性化发展，又要引导不同层次的师生遵循不同层面的政治、经济、道德规范，引导他们向先进层次发展，坚持主导性与多样性、先进性与广泛性的统一。

三、高校民主化发展趋势与规范化德育

高校民主化发展，表现在社会层面上是越来越多的社会成员享受高等教育资源，不分职业、地位、经济收入、年龄等，实现教育机会均等，使有条件的社会成员尽可能接受高等教育；表现在个体层面上是师生的自主权、选择权、参与权越来越大，民主意识不断增强，民主要求也越来越高；表现在管理层面上是政治、行政、学术、教学管理的民主化程度不断提高，公开、公平的竞争已在高校逐步展开。

高校的民主建设，就是要不断增强师生的民主、法治意识，不断提高其

运用民主、法治的水平，促进师生自主、自觉地维护法治规范、行使民主权利，既反对不讲规范的"大民主"与"自由化"倾向，也抵制不讲民主的"家长制"与"专权性"行为。同时，高校的民主建设，就是要把政治民主、学术民主、教学民主与管理民主贯通、统一起来，从各个方面充分发挥师生的主动性、积极性与创造性，为科学、技术、文化的传播、发展创造真正民主、自由的环境，反对无要求、无规范的放任自流倾向，反对压制民主的个人专断行为，形成既有民主又有集中，既有自由又有纪律，既有统一意志又有个人心情舒畅的生动活泼的局面。应当看到，我国高校的民主化程度，虽然高于社会某些领域，但民主建设并不尽如人意，不讲学术民主的"官本位"倾向，不要道德、法纪规范的"大民主"行为，偏重科学技术、忽视民主建设的情况，还不同程度地在高校存在着。这些问题，不仅制约了师生政治、思想、道德素质的提高和学校良好风气的形成，而且阻碍了科学技术的学习与创造。因此，高校民主建设是高校德育的一项重要任务。

高校德育开展民主建设，首先要尊重、维护师生的自主权、选择权、参与权，真正形成尊重知识、尊重人才的氛围。尊重、维护师生的民主权利，从一定意义上说，就是进行尚德的基础建设，就是调动每个人的积极性。这就要从管理的层面，在规章制度制定、执行的过程中，研究师生应当有什么权利、如何保证师生的民主权利；使管理部门明确管理权限，确保师生民主权利的实现；使师生明确并能正确行使自己的民主权利，减少学校运行在规范与界限上的模糊性，尽量消除不必要的人为摩擦与矛盾，保证学校既充满活力，又运行有序。要形成这样的局面，就要克服德育的随意性，增强规范性。

其次，我们也要清醒认识到，师生在行使民主权利的过程中，既会有不到位的情况，也会有越位的情况。行使民主权利越位，就是超过了规范所容许的范围，这必定会对社会和他人造成妨碍、损害，影响社会、学校秩序。在高校的竞争性不断加剧、师生的流动性不断加大、不确定因素增多的情况下，这种越位还难以被及早发现和控制。针对这种情况，高校德育更要通过明确的师德规范、学生守则以及教学、科研、生活管理的规则、程序进行预防，减少因制度不健全、规范不明确而出现的违纪违规行为。对违纪违规行为，在处理上也要采取民主、公开的方式，按有关规范，有所遵循地进行教育和处理，以减少德育因人、因事而异的随意性，增强德育的权威性。

四、高校创新发展趋势与创造性德育

江泽民同志反复强调，创新是一个民族进步的灵魂，发展是党执政兴国的第一要务。高校在竞争性发展的过程中，绝不能简单维持现状，维持就是落后，创新和发展才是唯一出路。这既是市场经济体制的要求，也是现代科学技术迅猛发展的要求。《中共中央　国务院关于深化教育改革全面推进素质教育的决定》明确提出："实施素质教育，就是全面贯彻党的教育方针，以提高国民素质为根本宗旨，以培养学生的创新精神和实践能力为重点，造就'有理想、有道德、有文化、有纪律'的德智体美等全面发展的社会主义事业建设者和接班人。"①

高等学校处在面向国际竞争和科学技术、文化发展的前沿，既担当创新、发展的历史重任，也拥有创新、发展的优越条件。高校德育必须以"四个面向"为指导，站在贯彻科教兴国战略的高度，开展形势教育、发展教育，以激发竞争力与创新精神，为学校改革、创新、发展提供精神动力。

同时，高校德育要坚持党的思想路线，解放思想、实事求是、与时俱进，结合高校的改革和体制创新、科技创新、教学创新的实际，进行自身改革。高校德育改革的基本要求是克服德育的一般化倾向，增强德育的创造性。为此，就要克服脱离实际，简单地照搬、照传、照转，形式主义地应付德育任务，把德育作为门面或摆设等错误行为。这样的德育不仅浪费资源、没有实效，还会引起师生的反感，损坏德育的形象，与竞争激烈、创新发展的当代社会格格不入。因此，高校德育工作者只有克服德育的形式主义、教条主义和一般化倾向，增强德育的创造性，才能在高校改革、创新过程中真正实现价值。

创造性德育的特征主要表现在两个方面：一是从实际出发，创造性地运用德育的原则、理论和方法，有效地解决实际的思想问题、工作关系和利益关系问题，切实提高人的素质，促进业务发展。这是运用已有理论，解决实际问题的创造性。二是根据社会和高校新的发展实际，以马克思主义理论为指导，探索新思想、概括新理论、研究新方法、总结新经验，在推进德育改革发展的过程中，促进师生的思想解放、认识提高、业务发展。这是立足实践，发展理论与方法的创造性。这两方面的创造性应该相辅相成地联系在一起。

---

① 中华人民共和国教育部：《深化教育改革　全面推进素质教育——第三次全国教育工作会议文件汇编》，高等教育出版社 1999 年版，第 1 页。

新形势下高校德育发展研究*

《中国教育改革和发展纲要》以及《中共中央关于进一步加强和改进学校德育工作的若干意见》，以建设有中国特色社会主义理论为指导，深刻分析了我国教育，特别是学校德育面临的形势和任务，提出了加强和改进德育的原则和方法，为我们在新形势下研究、探索德育理论和实践提供了明确而有力的指导。

现在和今后的高校德育，在各个方面都不同于过去。它面向未来，担负着为21世纪培养新型人才的重任；它面向世界，参与世界科技与人才的激烈竞争；它面向现代化建设，经受着经济、政治、教育、科技体制改革的巨大冲击；它面临着复杂多变的开放环境和高速发展的现代科学技术；它面对着富有鲜明时代特点的青年学生。这些新形势、新情况，既为高校德育开辟了广阔的新舞台，又向高校德育提出了更加严格的新要求。高校德育要在新形势下求得发展、发挥作用，只能顺应社会发展的趋势，扩大外延和内涵，扩大社会功能，走学科化和科学化发展的道路。

一、拓展高校德育领域

随着开放的迅速扩大和社会的全面发展，高校德育必须向纵深领域拓展、向相关领域渗透。

1. 向未来领域的拓展

德育有一个明显的特点，就是要面向现实，更要面向未来。高校要为我国未来社会培养大批人才，这些人才的道德和科学文化素质如何，直接关系到21世纪中国的面貌，关系到我国社会主义现代化建设战略目标能否实现，关系到能否坚持党的基本路线一百年不动摇。因此，要拥有未来，就要重视德育；要重视德育，就必须面向未来。

德育要科学地面向未来，首先要科学地预测未来。德育预测，是进行德育科学决策的前提。通过预测，可以认识和把握思想发展和德育工作的规

* 原载于《中国高教研究》1995年第5期，收录时有修改。

律，加强对未来发展趋势的认识，尽量减少工作的盲目性，避免曲折和损失，使预定教育目标能够实现，这是提高德育质量、增强德育实效的有效办法。同时，德育预测也是开展预防教育、争取教育主动的保证。因此，德育要在培养学生的过程中起主导、引导作用，就要想在前头，导在前头，防患于未然。有些德育工作者工作没少做，但效果不明显，其重要原因就是陷入了头痛医头、脚痛医脚的应付状况，没有把教育做在前面，没有对可能发生的问题采取预防措施，奉行的不是"事前主义"，而是"事后主义"，因而教育缺乏主动性，也缺乏实效性。

德育预测涉及德育的各个方面，内容很多，包括德育环境与条件预测、德育目标与规范预测、德育内容与方法预测、德育对象思想发展变化趋势及新特点预测等。在当前和今后的一段时间内，预测改革开放过程中和学校办学过程中的新情况、新问题，预防可能发生的矛盾与冲突，保持学校和社会的稳定是十分重要的。

德育的预测和预防需要从两个方面着手进行：一是要确立德育预测的分支学科，进行德育预测和预防的理论和方法研究，为德育预测工作和预防教育提出科学的理论指导，提供可操作的具体方法。二是要动员广大德育工作者，结合德育工作实际，自觉进行预测和预防的探索，积累材料，总结经验，为德育预测的理论研究提供素材。这两个方面是相辅相成、紧密地联系在一起的，构成了德育预测理论和德育预测实践相结合的统一体，成为高校德育的重要组成部分，并在整个德育过程中起着"探测仪""导航器"的作用。

2. 向宏观领域的拓展

德育向宏观领域的拓展，是改革开放新形势提出的要求，即德育要面向社会、面向世界。

德育面向社会，就是面向社会主义现代化建设，就是要把社会主义现代化建设作为正确的政治方向，作为德育的主题，贯穿于德育的各个环节。因此，德育工作者不能只掌握德育理论，还必须熟悉、了解社会主义现代化建设的情况，引导学生适应社会主义现代化建设的要求，培养学生热爱社会主义现代化建设的情感，塑造其符合社会主义现代化建设的思想道德素质，使之成为社会主义现代化建设的生力军。因此，学校德育需要广泛涉猎社会素材，充分利用现代化建设的经验、成就以及在各条战线涌现出来的英雄模范人物的事迹，教育学生，鼓舞学生，帮助学生从社会主义现代化建设的伟大实践中吸取营养和力量。同时，随着人的社会化程度的提高和学校与社会的不断融合，社会对学生的影响日渐加强，学校德育势必同社会教育、家庭教育相融合。这不仅因为社会上许多新因素、新问题，诸如腐败、分配不公、社会思潮等问题不可避免地会影响学校，而且因为社会教育和家庭教育的某些偏颇，诸如片面追求升学率、重业务与重金钱的不正确价值导向、对独生子女的过分溺爱等，无疑会增加高校的德育难度。

总之，德育要面向社会，社会需要德育。德育工作者既要结合社会实际实施德育，又要研究德育与社会的关系，建立德育社会学的分支学科。从我国目前的实际来看，德育社会学的内容主要包括：德育与社会主义精神文明建设的关系；社会主义市场经济体制与德育改革的关系；解放生产力、发展生产力与德育的关系；社会思潮与德育的关系；文化冲突与德育的关系；开放社会环境与德育的关系；德育与社会教育、家庭教育的关系；青年学生的社会化与独生子女教育问题；等等。我们只有把这些关系和问题从理论上研究清楚了，在实际工作中把握了，才能真正确立德育的重要地位，才能真正发挥德育的重要作用，德育才会因为有广阔的社会基础而富有生命力。

德育向宏观领域拓展的更高层次是德育面向世界。德育面向世界是一个新问题，不少人在这个问题上存在疑虑，认为社会主义国家的高校思想政治教育是我国高校特有的教育，似乎其他国家的学校没有这种类型的教育，因而德育走不出国门，无法同其他国家进行交流和比较。这种认识不仅限制了我们对其他国家德育的了解和研究，而且引起了一些人对我国学校思想政治教育科学性与生命力的怀疑，这无疑对德育的发展是有害的。众所周知，我国高校必须培养面向世界的人才，而面向世界的人才不仅要有相应的知识和能力，也要有参与世界范围竞争的思想道德素质和心理素质。面对世界上的各种政治势力的影响和争夺，学生更需要有坚定的爱国主义思想；置身于多元文化和价值观冲突之中，要有准确分辨和选择正确人生观、价值观的思想基础；投身于世界范围的经济、科技、人才竞争，要有敢于竞争的勇气和自立自强的精神；生活和工作在开放环境之中，要有开阔的视野、健康的心理和文明的风度；等等。我们要培养学生的这些素质，关起门来教育是不可行的，我们要让学生了解国外的情况，要研究一些国家的政治理论、道德观念、生活方式，把德育推向更广阔的舞台，通过分析、比较、引导，让学生掌握正确的政治观、人生观和道德观。

总之，德育向国际范围扩展已经成为发展趋势，进行比较德育研究、建立比较德育学的学科分支也势在必行。比较德育学，是德育发展的一个新生点，它将拓宽德育的发展空间，增加德育比较的维度，有利于克服因对德育普遍性不了解而产生的忽视、轻视德育的无知偏见，有利于克服把德育封闭于狭小天地的狭隘心理。

3. 向微观领域的拓展

所谓德育的微观领域，是指德育对象在德育和环境的影响下，其心理、情感、思想变化的状况和过程，即德育对象的内心世界的变化。德育的微观领域具有更大的复杂性和潜隐性，反映出来的问题更具体、更深刻。没有对细微的、深层次问题的认识与把握，德育的根是扎不深的，德育也难以在宏观领域发挥作用。因此，德育向微观领域拓展是向宏观领域拓展的基础，向宏观领域拓展是向微观领域拓展的条件。

在现代社会条件下，社会复杂程度增加，社会变化节奏加快，社会竞争性增强，这些都在客观上增加了青年学生的心理负荷。因此，运用心理保健知识提高学生心理素质，是新形势下德育的一个重要方面，也是德育应当开发的一个领域。伴随着这个领域的开发，德育心理学也将随之产生。

我国高校已经广泛运用心理学的知识和方法进行德育，德育心理学的研究也已起步。但不管是教育实践还是理论研究，都还处在借鉴、摸索的阶段。要形成具有我国特色的德育心理学理论和方法，要使德育工作者都能自觉运用这些理论和方法，还要做更多的工作。

我国一向有重伦理、讲道德的传统，从古到今，形成了一系列思想修养的方法，诸如反省、反思、内省、见贤思齐、反求诸己、慎独等。对这些修养的方法，我们党进行了继承和改造，并使之在新的历史条件下有了新的发展。我国高校教育一贯强调要发挥学生的积极主动精神，开展自我参与、自我教育、自我管理的活动。现在，在社会主义市场经济体制和开放条件下，更要尊重单位和学生的自主性，因而更要提高学生自我分辨、自我选择、自我教育、自我管理的主动性和能力。因此，注重研究教育对象的思想状况和心理活动，强调要通过教育对象自觉的思想矛盾运动来进行自教、自律，强调自我教育的内化过程，这些都是我国德育的传统，也是我国德育的优势。这一传统，体现了教育问题上的内因与外因关系的辩证法。

因此，我国的德育心理学，要发挥我国的传统和优势，也要借鉴别国心理学的知识和方法，但不能完全照搬别国心理学的某些理论。而应当结合我国的实际，着重研究内化过程的理论和方法，即自我修养、自我教育、自我调控的理论和方法。

4. 向交叉领域的拓展

德育在向未来领域、宏观领域、微观领域拓展的同时，也将向其他领域拓展、渗透，形成德育同其他相关领域整合发展的趋势。高校的德育渗透与整合发展，主要体现在两个方面：一是德育与智育的整合，二是德育与环境的整合。

德育与智育的关系，犹如政治同业务、思想同物质的辩证关系一般，是不可能绝对分开的。在学校教育中，与政治、思想、道德完全没有关系的纯粹智育，和与知识、能力、技术完全没有关系的纯粹德育，都是不存在的，德育与智育在本质上是相互联系和渗透的。过去高校存在的德育和智育分离的"两张皮"现象，与过去传统教育方式有关，更与过去以政治运动为中心的特定历史条件有关。现在，开放提高了德育的社会化程度，以经济建设为中心确定了德育发挥作用的基础，科学技术和社会发展的高度综合化趋势也向德育自身发展提出了要求。

高校德育的整合发展，形成了高校大德育模式。这种大德育模式大体是由"一体两翼"构成的：由专门从事德育的机构和人员组成的德育主体，在学校德育中起主导作用；由学校的教师、干部、职工的教书育人、管理育人、服务育人，以及由学生开展的自教育人、自管育人、活动育人，构成德育两翼。"一体两翼"的三个组成部分相互联系、相互渗透，覆盖了学校学习和生活的各个方面，涉及全校所有的人员，从而把德育只由少数人负责的分割状态，转变为德育与智育、管理以及活动融合的状态。

大德育模式在有的高校已经初步形成，但在不少高校或不完善，或没有提上议事日程。要在思想认识上取得一致，使机构和人员实现合理配置，政策、措施得以落实，各种关系得以理顺，还需要进行深入的研究并做许多具体工作。高校德育要把大德育模式建设成一个具有明确目的的互动模式、相互渗透的综合模式、具有明显效益的合力模式。

德育向环境的渗透与整合，是德育工作者通过环境选择、环境建设、环境优化来对学生进行相对稳定的影响、感染和教育，使环境条件成为德育的一个途径。在开放条件下，社会环境相对复杂，对学生的影响具有多重性；在社会主义市场经济体制下，经济因素对文化教育环境冲击大，难免会产生某些负面影响，加上各种社会思潮、生活方式的变更传递，环境对学生的影响加大。因而德育必须面向社会选择环境，如选择较好的单位作为实践教育基地；选择富有教育意义的场所进行传统教育；选择社会上正反两方面的典型开展教育；等等。同时，德育还要营造、优化校内环境，主要包括德育场所和思想文化环境建设两个方面，如树立良好的校风学风、建立校园景点、建设学生活动场馆、开展丰富多彩的校园活动等。校内德育环境建设，一般称为校园文化建设。校园文化建设已提出多年，在一些学校发挥了很好的作用。特别是在经济发达和改革开放前沿地区的高校，为了适应社会环境的变化，以较大的投资，使德育场所和学生活动场所逐步阵地化，各种活动逐步规范化，活动手段逐步现代化，形成了既有现代气息，又有高雅思想文化氛围的校园文化。

二、高校德育功能的扩大

高校德育向未来领域、宏观领域、微观领域和交叉领域的拓展，必定会在这些领域中产生影响并发挥作用，同时扩大自身的功能。

高校德育的功能主要是育人的功能。传统德育的育人功能是通过两个方面来实现的：其一是导向，即指导学生坚持正确的政治方向和正确的价值取向。其二是保证，即创造良好的政治思想环境与人际环境，培养学生良好的品德和坚强的意志力，保证他们顺利地学习、生活，全面健康地成长。德育工作者应当掌握并能够自觉运用高校德育这两个方面的功能。

随着形势的发展和德育领域的扩大，在强化德育原有功能的同时，还应增加以下新的功能。

1. 德育的协调稳定功能

在深化改革、扩大开放，建立社会主义市场经济体制的过程中，新旧观念的冲突、新旧体制的转换，以及人们利益关系的调整，要经历一个比较长的时间。在这期间，不可避免地会出现一些新问题、新矛盾。这些新问题、新矛盾会通过各种途径影响学生，加上社会改革和学校改革直接或间接涉及学生的切身利益，触及学生的某些传统习惯和思维定势。个人利益与集体利益，局部利益与全局利益，眼前利益与长远利益，这一部分人的利益和那一部分人的利益产生矛盾的情况是经常发生的，需要及时协调和强有力的引导，否则，局部关系协调不好，就会酿成不安定事件，贻误改革发展时机，影响学生的健康成长。同时，学生在日常学习和生活的过程中，交往范围扩大，交往对象增多，学分制教学给学生带来了更多横向联系的机会，固定的班级集体概念淡化，加上经济因素在生活中的影响越发突出，经济条件差别的客观存在，以及个性、兴趣、爱好的多样化发展，学生难免在学校里与人发生不同于过去的矛盾、碰撞，也需要对此做好协调工作。总之，协调现实生活中的各种复杂关系，包括协调经济关系、利益关系、人际关系、道德关系、学习关系和活动关系等，是维系现代高校正常秩序的重要手段，是处理复杂关系的有效办法，因而协调是高校德育的重要职能。

同时，高校这个地方，向来是各种政治势力关注的场所，是各种社会信息的集散地，国内外敌对势力总是企图利用青年学生的天真与单纯寻衅闹事，利用资产阶级自由化思潮来动摇青年学生的政治信念，利用宗教、民族问题进行离间和挑拨。在新形势下，这种争夺、渗透又会同社会矛盾、社会问题交织在一起，使之更加隐蔽、更加复杂。而高校的青年学生政治敏感性强，信息沟通速度快，他们常常能比较直观和敏锐地反映社会的某些矛盾，好似社会的一面镜子。他们对社会问题的反映，虽然主流是积极的，但也有一些人由于缺乏社会生活经验，缺乏全面地、历史地分析问题和解决问题的能力，容易出现偏激情绪，容易上当受骗，甚至做出激化矛盾、不顾后果的举动，导致不安定事件。因此，学生的稳定，直接关系到高校的稳定、社会的稳定。

做好稳定工作，当然需要各方面的努力，而德育则担负着重要责任。要维护稳定，最重要的是政治上的稳定，而政治稳定的关键是要在共同的政治基础上达成政治共识。党的"一个中心、两个基本点"的基本路线，是团结全党和全国人民的政治基础，是统一全党和全国人民思想的政治路线，要坚持一百年不动摇。坚持用党的基本路线教育学生，抵制和反对资产阶级自由化，形成广泛的政治共识，是维护稳定的根本所在，也是高校德育的主要任务。因此，根据高校的地位，结合学生的特点，在新形势下维护学校和社会稳定，也是德育的重要职能。

2. 德育的开发功能

所谓德育的开发功能，是指通过德育，最大限度地调动人的主观能动性和最大限度地发掘人的内在潜能。马克思主义的认识论告诉我们，精神力量是可以转化为物质力量的，精神的力量是巨大的，人的主观能动性是巨大的。同时，现代科学研究表明，人潜在的智慧、能力也是巨大的，其发挥程度是无限的。传统德育常常把精神与物质、思想与智能分开，只注重精神的武装和思想品德的塑造，对精神和思想的作用对象即物质与智能的研究不够，因而精神与思想作用的发挥也不足。往往是德育强调如何做人，智育强调如何做学问，强调做人的不管做学问，强调做学问的不管做人，德育与智育分离，教书与育人脱离。在新形势下，德育向交叉领域的拓展，特别是与智育的结合与相互渗透，提出了德育对智育的作用及其作用机制是什么的问题。

诚然，德育不能代替智育，思想不能代替业务。但德育能够调动学生的主观能动性，正确的思想能够产生持久的精神动力，促进学生的业务学习和智力活动。任何业务活动，都不是纯业务活动，它时刻与学生的政治、思想、品德相关。学习目的、学习的自觉性与主动性，以及学习的刻苦性与持久性，都不是业务问题，但都对学生的知识学习、能力培养，产生无形的、持久的甚至巨大的影响。结合业务实际，深入研究政治、思想、道德因素对学生的影响方式及其程度，探索影响的规律性，对促进学生业务学习、开发学生智力具有极其重要的作用。同时，德育还可以以理论、知识、科技为载体，开辟、扩大第二课堂，延伸、扩展课堂教学，通过开展各种活动，充分发挥学生的优势和特长，使学生既学习知识、锻炼能力，又提高思想道德素质。

德育的开发功能，也表现在德育能培养与智能直接相关的非智力素质，如学习兴趣、爱好、业务活动的个性特点，以及想象力、创造力等。这些非智力因素，就像智能的催化剂，能够把学生的智力激发出来。在现代社会条件下，鲜明的个性，业务上的开拓性、创造性，是人才的特点之一，是有所作为的人才必不可少的条件。因而，德育应当担当起培养学生这些素质的任务。

德育的开发功能，还表现在培养科学世界观和方法论上。科学世界观和方法论，就是马克思主义哲学。哲学乃聪明之学、智慧之学。真正帮助学生学会并运用科学世界观和方法论，使学生具有科学思维能力，往往比掌握知识更有意义、更重要。因为具有科学思维的学生不仅可以更多更快地吸收、消化知识，还可以发现、创造新的知识。因此，科学思维、创造思维的培养和训练应当是现代德育承担的任务。

3. 德育的辅助功能

现代德育已经不是被关在校园里和课堂里的活动，它要走向社会，辐射社会生活的各个领域，渗透学校教育的各个方面。德育的途径比过去多，场面比过去大，影响比过去广，功能比过去全。现代德育需要借助其他功能，才能实现德育现代化。

德育借助其他功能，主要是两个方面。其一是研究功能。德育研究的目的是揭示德育本质、探索德育规律、正确处理德育复杂关系，它是现代德育决策的前提。德育研究与德育实践工作已经结合在一起了，没有德育研究，德育实践是无法适应现代社会复杂情况的。其二是组织功能。现代德育是具有一定规模的德育，它要面向众多学生，而且要运用许多现代化的手段，组织各种德育活动，通过群体的活动来实施教育。运用现代化传播手段开展教育、组织大型社会实践教育、开展丰富多彩的文化活动等，都需要做大量细致的组织工作。没有组织功能，德育就不会有规模效应和强化作用。

三、德育科学的发展

从前面的分析可以看出，德育在理论和实践方面，都面临着一系列的新问题、新要求。要解决新问题、达到新要求，其出路就是实现德育学科化和德育科学化。

所谓德育学科化，就是要把高校德育的领域、功能、模式等实际问题纳入德育学科研究的范围，建立德育的主体理论体系和分支学科体系，使德育真正成为一门科学。现在，我国高校已经建立了思想政治教育学科，这一学科同德育学科在性质和内容上基本上是一致的，只是范围不同而已。我们可以把德育学科归于思想政治教育学科。所谓德育科学化，就是要用正确的理论和方法，有效地解决新形势下的新情况和新问题，提高德育的质量与效果。德育学科化和德育科学化，是德育问题的两个方面，即德育理论与德育实践，这两个方面的研究和探索要同时进行，并且必须在新形势下迅速向前推进。

高校德育依托科学文化和科学技术都很发达的高校，直接面临现代科学技术的强大冲击。现代科学技术的惊人发展，推动各个学科领域出现了信息化、社会化、综合化、专业化的新趋势，并从根本上改变了生产力的结构，改变了劳动和各项实际工作的内容与条件，促进社会劳动和实际工作智力化，大大提高了劳动和各项工作的效率。德育学科和德育工作也会毫不例外地在现代科学技术的推动下，实现德育的信息化、综合化和科学化，德育手段和条件的改善，以及德育质量和效率的提高。如果德育脱离现代科学技术发展的洪流，放慢科学化进程，德育就会落后于时代而缺乏活力。

德育学科，即高校的思想政治教育学，是一门综合性的应用学科。这个学科以专业的形式建立起来，时间并不长。但它有马克思主义雄厚的理论基础，有党的思想政治工作的丰富经验，有高校广大德育工作者的广泛实践，因而它发展得很快，而且对高校德育的指导直接而有力。它是一门在发展中的、富有活力和中国特色的新型学科。

在新的形势下，德育学科还要有新的发展，而新的发展要与现代科学技术发展的特点相一致。

第一，高度分化和高度综合相统一的发展趋势。德育学科的分化，如前所述，就是向各个不同领域的深入，揭示德育在各个领域的具体规律，形成德育的分支学科。德育学科的综合，也如前所述，就是向相关领域渗透，与相关学科结合，揭示德育发挥作用与影响的规律，形成德育交叉、综合学科。德育学科的分化和综合是统一于德育学科发展过程之中的，分化中有综合，综合中有分化，分化与综合的发展推动德育向纵深领域拓展，促进德育学科的丰富和完善。

第二，与人文社会科学相结合的发展趋势。我国的德育学科已经形成了自己的理论与方法体系，成为人文社会科学中的一个分支。由于它是一个综合性学科，因此必定与相关学科有交叉结合之处。相关学科的发展，一方面可以为德育学科提供新知识和新方法的借鉴，另一方面也不可避免地会触及、渗透德育的某些领域，使德育学科面临挑战。因此，德育学科要审视人文社会科学发展的新趋势，及时吸收相关学科的最新研究成果，在学科竞争之中求发展、求完善。

第三，与现代科学技术相结合的发展趋势。现代科学技术既向德育提出了现代化、科学化的迫切要求，又为德育现代化和科学化提供了条件和手段。现代科技已经渗透了学生学习、生活的各个方面，从而拓宽了学生学习、生活的视野，丰富了学习、生活的内容，提高了学习、生活的质量。在德育过程中，学生不会满足于传统德育的老方式和"我讲你听"的老办法，他们在有限的时间内，更追求德育的高质量和高效率，更向往具有现代气息的德育。

论主体性德育的价值反思与范式转换[*]

一、主体性德育的含义

构建和谐社会，是我们党基于对社会主义本质的新认识而提出的一项关系最广大人民的根本利益、关系党的事业兴旺发达与国家长治久安的重大战略举措和历史任务。我们当前的一切工作包括德育工作，都要服从和服务于构建和谐社会这一当代中国的新主题。从和谐社会的视野来审视和反思我国主体性德育的价值与范式，无疑有助于推进我国当前德育工作理论与实践的创新和发展。

主体性是指人作为对象性活动的主体在同客体相互作用中所表现出来的独立性、自主性、能动性、创造性、目的性以及超越性等本质属性。主体性大致可以分为以下五个类型：①自然主体性、社会主体性、精神主体性；②认识主体性、实践主体性、道德主体性、审美主体性；③个体主体性、群体主体性、类主体性；④内在主体性、外在主体性；⑤建设性的主体性、破坏性的主体性。

德育是指教育者与受教育者根据社会和自身发展的需要，通过创设一定的德育环境，有目的、有计划、有组织地实施各种德育活动，从而促进社会与人的全面和谐发展，尤其是思想道德水平的提高。

所谓主体性德育，是指教育者与受教育者根据社会和自身发展的需要以及德育现代化的要求，通过创设自由、民主、平等的德育环境，有目的、有计划、有组织地实施各种德育活动，从而把教育对象培养成独立自主的、自觉能动的、积极创造的对象性活动的主体。简而言之，主体性德育就是一种培育和发展人的主体性的社会实践活动。与主体性的类型相对应，主体性德育大致可以分为以下五个类型：①自然主体性德育、社会主体性德育、精神主体性德育；②认识主体性德育、实践主体性德育、道德主体性德育、审美

* 原载于《学校党建与思想教育（上半月）》2007 年第 12 期，作者张艳新、郑永廷，收录时有修改。

主体性德育；③个体主体性德育、群体主体性德育、类主体性德育；④内在主体性德育、外在主体性德育；⑤建设性的主体性德育、破坏性的主体性德育。

二、主体性德育的价值反思

主体性具有二重性，兼具建设性和破坏性，夸大或抹煞、过度张扬或压抑主体性都是有害无益的。同样，主体性德育也具有二重性，它在构建和谐社会中既具有重大的正面价值，又具有不可忽视的潜在的负面价值。

1. 构建和谐社会中人的主体性张扬的必要与限度

主体性是人的本质属性。人类社会的发展，在某种意义上讲，就是人的主体性不断增强和弘扬的历史过程。今天我们正处在构建社会主义和谐社会的伟大历史进程中，更要充分发挥和科学引导广大人民群众的主体性，正确处理好人与自然、人与社会和人与自身的关系问题。

首先，构建和谐社会需要充分发挥人的主体性，不断增强人的主体意识和主体能力，即人要成为自己的社会结合的主人，成为自然界的主人，成为自身的主人——自由的人。人们只有不断地增强和发扬自身的主体性，才能摆脱和超越人对自然的依附、人对人的依附和人对物的依附；才能控制和驾驭至今一直统治着历史的客观的异己的力量，熟练地运用和支配"人们自己的社会行动的规律"；才能做到"完全自觉地自己创造自己的历史"①，建设真正的、高级的社会主义和谐社会和共产主义和谐社会。

其次，构建和谐社会需要把握好主体性张扬的限度，不断提升人的德性和品质，即人还要成为自己的社会结合的仁主，成为自然界的仁主，成为自身的仁主——高尚的人，从而实现人与自然、人与社会和人与自身之间的和谐。如果人的主体性张扬和膨胀过度，那么，在人与自然的关系方面容易导致环境恶化、资源枯竭、物种濒危、生态失衡等一系列问题；在人与社会的关系方面容易滋生利己主义、享乐主义、自由主义和无政府主义等不良倾向；在人与人的关系方面则容易造成极端个人主义，从而加剧现代社会人我关系的疏离与异化。因而，我们需要充分发挥但不过分膨胀、最大限度弘扬而又正确引导人的主体性，才能在构建和谐社会的进程中，正确处理好人与自然、社会以及自身的关系。

---

① 《马克思恩格斯选集》第 3 卷，人民出版社 1995 年版，第 634 页。

2. 主体性德育在构建和谐社会中的正面价值

主体性德育，作为一种培育和发展人的主体性的社会实践活动，在构建和谐社会中至少具有以下三个方面的重要的正面价值。

第一，增强人们在构建和谐社会中的主体意识。主体意识是指在对象性的活动中作为主体的人所具有的自我意识和对象意识。构建和谐社会，不仅是我们党的执政要求和国家的发展目标，也是广大人民群众不懈追求的社会理想。人民群众，作为历史的真正创造者，也是我们建设和谐社会的真正主体。没有人民群众的自觉参与和积极创造，那是根本无法建成和谐社会的。主体性德育对于增强人们的社会主体意识，使人们自觉意识到并主动承担起当前构建和谐社会的历史使命，无疑发挥着重要的作用。

第二，提高人们在构建和谐社会中的主体能力。主体能力是指作为主体的人所具有的认识世界和改造世界的本质力量。构建和谐社会，需要人民群众具有主体意识，更需要人民群众具有相应的主体能力。因为人民群众作为构建和创造和谐社会的决定力量，其主体能力直接决定着和谐社会发展的程度。而现代社会人们主体能力的培养和提高，越来越取决于教育，包括以人为本的主体性德育。

第三，健全和培育人们在构建和谐社会中的主体人格。主体人格是指人作为主体所具有的思想品德、心理素质和行为特征的综合，它对人的主体性的发挥起着十分重要的导向和激励作用。构建和谐社会，不仅需要人们具有健康的人格和优良的综合素质，而且其最终落脚点也在于促进人们人格的健全和完善，实现人的全面和谐发展。主体性德育对于塑造人们在构建和谐社会中的主体人格和促进人的自由全面发展，都具有十分重要的价值。

3. 主体性德育在构建和谐社会中潜在的负面价值

主体性德育的二重性，决定了其在构建和谐社会中具有正面价值的同时，也不可避免地具有一定的负面价值，主要包括以下三个方面。

第一，有可能导致生态环境的进一步恶化。目前，人类占有式的主体性张扬过度，对生态环境造成了一定的破坏。我国在这方面的形势也不容乐观，资源短缺、环境污染、生态失衡等问题在我国仍在不断加剧。现代主体性德育在高扬人的主体性的同时，也可能造成人们占有式的主体性的过分膨胀，进一步加剧人们对自然资源的掠夺，从而导致生态环境的持续恶化。

第二，有可能加剧社会的裂变、冲突和矛盾。当前，我国社会各种问题和矛盾层出不穷，不少问题和矛盾还呈现出继续恶化的态势，社会风险也在不断增加和累积。而现代社会单子式的主体性和极端个人主义仍在急剧膨胀，不断滋生出大量的社会矛盾，使人与人之间的关系更加疏离和紧张。主体性德育则有可能刺激单子式的主体性进一步膨胀，从而加剧个体生存的斗争和社会的裂变与冲突。

第三，有可能过分膨胀人的个性而影响人的和谐发展。人的个性是人的主体性的个体表现。主体性德育实际上也是一种个性化教育，尤为强调人的个性张扬和发展。然而，人的个性太过张扬，容易导致以自我为中心、自我膨胀、自我封闭以及盲目自大等不良后果。人的和谐发展，应是人的社会化与个性化的有机统一。主体性德育有可能过分强调人的个性而忽略人的社会制约性，进而影响人的和谐发展。

三、主体性德育的范式转换

"范式"这一概念是美国科学哲学家、科学史家托马斯·S.库恩最早提出来的。他把范式，即从事同一个特殊领域的研究的学者所持有的共同信念、传统、理论和方法，或某一科学共同体在某一专业或学科中所普遍接受的共同的"规范""假说"或"规则"，作为一门学科的成熟标志。目前，范式这一概念已经超出库恩的原意或已被赋予了多种含义。有学者认为，范式就是指研究、讨论问题的共同规范和指导思想。范式的主要功能和意义是形成学科研究的内聚力，促进学科研究的常规化、系统化和群体化，通过新旧范式的更替实现科学理论的变革和学科的革命化，是一门学科成为独立科学的必要条件或成熟标志。

主体性德育既有利于和谐社会的建设，又可能对和谐社会建设产生一定的负面作用。为了充分发挥和拓展主体性德育的正面价值，限制和克服其潜在的负面影响，我们要根据和谐社会的要求和主客一体化"交互主体性"新范式的主张，积极推进现代单子式、占有式的主体性德育范式走向和谐交往、共生互利式的主体际性德育范式。

1. 现代主客二分法"主体性"范式走向主客一体化"交互主体性"范式

现代主客二分法"主体性"范式是现代主义的范式，是工业社会、近现代人类社会实践在思维领域内的反映。它主张主体与客体、人与自然、人与物是二元分离和对立的，主体与客体是"主动与被动，征服与被征服和支配与被支配"的关系；强调只有人是主体，具有自觉能动性和创造性，要充分发挥人的主体性，征服和支配全世界；倡导个人主义和人类中心主义，以人为世界上的最高价值和根本尺度。这反映在人与社会和他人的关系上，表现为个人崇尚独立、自由与创造，无视自己与他人之间的内在联系，个人利益神圣不可侵犯，追求个人欲望的满足和自我价值的实现，甚至以牺牲社会和他人的利益为代价来谋取自己的幸福；反映在人与自然的关系上，表现为人对自然的征服和掠夺，甚至以牺牲自然环境为代价来满足人的当下消费和享乐。

现代主义及其主客二分法"主体性"范式在推翻封建主义、解放个人、发展生产力、实现人类社会的工业文明和现代化等方面是功不可没的。但是，现代主客二分法"主体性"范式使人的占有式主体性和个人主义急剧膨胀，为人类征服和掠夺自然、破坏生态、污染环境提供了思想上的依据。在这种范式的指导下，人向自然界发动了猛烈进攻，形成了疯狂掠夺式的生产方式和利己主义、消费主义、享乐主义等盛行的生活方式，从而导致了整个生态系统的不可持续发展，使人类陷入了发展困境和生存危机之中。

在批判和反思现代主客二分法"主体性"范式的基础上，人们逐渐形成了主客一体化"交互主体性"的新范式。主客一体化范式主张主体与客体在根本上是一种统一的关系，即主体与客体、人与自然、人与环境之间相互依存、相互创造、相互渗透、相互转化，并内在统一于人类的实践活动。正如马克思所言："人创造环境，同样，环境也创造人。"① "在生产中，人客体化，在消费中，物主体化。"② "环境的改变和人的活动的一致，只能被看作是并合理地理解为变革的实践。"③ 在现实生活中，人也正是通过自己的实践活动来改变环境以达到主体与客体的统一和人与自然的和谐共处。"交互主体性"或称"主体际性"范式主张在人的实践活动中，不仅有主体与客体的相互转化和融合，而且有不同主体之间的和谐交往和协同，强调主体与主体之间的内在关联性。主客一体化"交互主体性"的新范式，打破了主客二元对立的旧思维模式和占有式的、单子式的主体性状态，树立了和谐共存、共生互利的主体际性新思维，这有利于人们从"小我"走向"大我"，从个人主义走向整体主义，包括社会集体主义、人类整体主义和"人—社会—自然"整体主义，从而实现人与自然、人与社会和人与人之间的和谐。

① 《马克思恩格斯选集》第1卷，人民出版社1995年版，第92页。
② 《马克思恩格斯全集》第46卷（上），人民出版社1979年版，第26页。
③ 《马克思恩格斯选集》第1卷，人民出版社1995年版，第59页。

2. 现代单子式、占有式的主体性德育范式走向和谐交往、共生互利式的主体际性德育范式

近现代以来，西方社会先后形成了两大著名的德育范式：一是以赫尔巴特为代表的美德传授性的灌输德育范式，一是以柯尔柏格为代表的认知发展性的主体性德育范式。从历史发展角度来看，主体性德育范式较之于前者无疑是进步的；但在我国构建和谐社会的今天，这种德育范式在发挥积极作用的同时，又暴露出了其明显的历史局限性。因而，在和谐社会视野下，现代主体性德育范式向主体际性德育范式转换，已成为历史的必然。

所谓主体际性德育，就是指教育者与受教育者根据构建和谐社会和自身全面和谐发展的需要，通过创设自由、民主、平等、和谐的德育环境，有目的、有计划、有组织地实施各种德育活动，从而把教育双方培养成为能与自然、社会和他人和谐交往、共存共生的主体。简而言之，主体际性德育就是一种培育和发展人的主体际性的社会实践活动。主体际性，也叫主体间性或交互主体性，它在超越主客二元对立的占有性主体理念之上，把现代主体性的"主—客"关系置于"主—主"关系之中，从而形成"主—客—主"的关系模式。这样，主体际性以主体间的相关性、和谐性和整体性的理论品质，既超越了现代单子式、占有式主体性的自我膨胀与异化，又保留了个人、群体和人类作为主体的根本特征，实现了主体性在构建和谐社会新时代背景下的发展和完善。

主体际性德育作为一种培育和发展人的主体际性的社会交往实践活动，实现了"主体—客体"与"主体—主体"双重关系的内在统一。在主体际性德育交往实践活动中，一方面，主体通过自觉能动地认识和改造客体的对象化活动，发生着主体与客体之间的相互渗透和转化，体现着"主体—客体"的统一关系，培养了主体的自主性、能动性和创造性等主体性品质；另一方面，主体又通过共同客体的中介作用，与其他主体建立了主体际交往关系，发生着主体与主体之间的相互建构和协同，体现着"主体—主体"的统一关系，发展了主体与其他主体之间和谐交往、共生互利的主体际性品质。

总之，主体际性德育关注人类实践活动中主体对客体的认识和改造，更关注在这种认识和改造过程中形成的"主—客"与"主—主"关系，从而实现了对现代主体性德育的合理继承和全面超越，这既有利于克服现代社会单子式的、占有式的主体性存在状态，又有利于增进人与自然、人与社会和人与人之间的和谐，对构建和谐社会无疑具有重大的正面价值。

坚持与时俱进　推进高校德育创新[*]

　　"三个代表"重要思想，是解放思想、实事求是、与时俱进的理论成果，是理论创新的典范。高校德育贯彻"三个代表"思想，关键是要坚持与时俱进、推进德育创新，这是高校德育紧跟时代潮流、加强针对性、增强感召力、提高有效性的决定性因素。"创新是一民族的灵魂，是一个国家兴旺发达的不竭动力，也是一个政党永葆生机的源泉。"① 同样，创新也是高校德育的灵魂，是高校德育富有活力与说服力的源泉。

　　在经济全球化、高等教育国际化的发展进程中，在综合国力竞争、人才竞争日益激烈的形势下，高校德育要切实担当为祖国培养建设者与接班人的重任，就必须按照教育面向未来的要求，不断创新。唯有如此，才能帮助学生树立紧跟时代、适应未来、开创未来的新思想、新观念。在现代科学技术迅速发展、各种文化相互激荡的历史条件下，高校德育要真正发挥思想的先导作用，发挥正确的导向作用，就必须站在时代前列，研究如何用先进文化、先进理论教育学生、武装学生。只有这样，德育才能不断发展而富有活力。在社会生活、价值取向多样化，社会信息不断流变的情况下，高校德育要加强针对性、提高实效性，就必须从社会、学校以及学生发展的实际情况出发，运用发展的马克思主义理论，不断研究新情况、解决新问题。只有这样，才能促进学生全面发展。因此，无论是高校德育担当的任务、德育自身的本质特性，还是社会发展、学生发展的客观要求，都需要德育与时俱进、开拓创新。

　　高校德育创新是一个涉及广泛的概念，它包括德育理论、德育体制、德育方法等各个方面的创新。

　　所谓德育理论创新，就是德育的指导理论以及德育的理论内容，在继承的基础上要不断吸取马克思主义新的发展内容，并结合新的实际，不断丰富、发展德育理论与实践，就是不断总结实践经验，不断做出新的理论概括，不断开拓前进。也就是既要坚持马克思主义的基本原理和科学精神、创

---

　* 原载于《思想教育研究》2002 年第 12 期，收录时有修改。

　① 江泽民：《论"三个代表"》，中央文献出版社 2001 年版，第 46 页。

新精神，又要从社会发展、学生的实际情况出发，不断从德育的实践中吸取营养，不断丰富和发展理论，使理论更好地指导德育工作。

进行理论创新，不断推进马克思主义理论的发展，是马克思主义的本质特征。马克思主义经典作家始终注重在实践中丰富和发展马克思主义，从《共产党宣言》的发表，到"三个代表"思想的提出，马克思主义与各国革命和建设实际相结合，经历了不断发展的历史过程。马克思主义具有与时俱进的理论品质，是一个开放的理论体系，实践发展无止境，马克思主义的发展也无止境。高校德育的根本任务，是要按照理论联系实际的原则，对学生进行马克思主义理论教育。马克思主义理论的发展，要求德育的理论内容不断充实、发展；社会实践发展以及学生的发展变化，也要求德育运用马克思主义理论，分析、解决发展了的实际问题与思想问题，从而不断总结新经验，形成新思想。只有这样，德育才能真正克服理论脱离实际的教条主义、形式主义。正如江泽民同志所说的，"马克思主义的基本原理任何时候都要坚持，否则我们的事业就会因为没有正确的理论基础和思想灵魂而迷失方向，就会归于失败"。但是，"如果不顾历史条件和现实情况的变化，拘泥于马克思主义经典作家在特定历史条件下、针对具体情况作出的某些个别论断和具体行动纲领，我们就会因为思想脱离实际而不能顺利前进，甚至发生失误"。"这就是我们为什么必须始终反对以教条主义的态度对待马克思主义理论的道理所在。"① 德育只有进行理论创新，才能从那些不合时宜的观念、做法和体制的束缚中解放出来，从对马克思主义的错误的和教条式的理解中解放出来，从主观主义和形而上学的桎梏中解放出来，真正引导学生站在时代前列，把握社会发展的规律性，驾驭复杂多变的发展大局，争取主动，充分发挥德育在人才培养中的作用。德育理论创新是促进德育体制创新、德育方法创新的先导和保证。

德育体制创新就是要改变传统德育体制过分集中、单一、随意的弊端，探索并建构与市场经济体制自主性、竞争性相适应的、德育主导下的自教自律格局；研究并建立与社会主义民主、法治建设相协调的制度化、规范化德育模式；创造并形成适应社会多样化发展、学生个性化发展的特色化德育机制。德育体制创新是增强德育权威性、发挥德育作用的保证。

德育方法创新就是根据新的历史条件下德育目标、内容的要求以及学生的新特点，在继承传统德育方法的同时，探索面向未来、预防风险的思想预

---

① 江泽民：《在庆祝中国共产党成立八十周年大会上的讲话》，载《求是》2001 年第 13 期。

测方法与预防教育方法；研究适应开放环境、文化多元化、信息化需要的比较、鉴别、选择方法；改变单一灌输方式，发展咨询服务、启发引导的德育方法；运用现代科学技术手段、大众传播媒体和计算机网络，开发新的德育载体与新的德育领域；等等。德育方法创新是改革传统德育、强化德育效果的重要途径。

德育理论创新、体制创新、方法创新以及其他各方面的创新是相互联系、相互促进的，理论创新是指导，其他各类创新是基础。只有坚持理论创新，才能带动并推进其他各类创新。若在理论上、观念上僵化保守，必定束缚、制约其他各个方面的创新。

论新时期德育预测与决策的发展*

这些年来，德育预测与决策开始受到德育工作者的重视，并被运用在德育过程中。例如根据社会上和学校里所发生的某些问题以及学生对此的情绪反映，预测可能发生的不安定事件，由此制订预案以进行防范。又如某项新的政策或改革措施出台之前，预测学生的承受能力及可能出现的异常想法和行为，事先做好思想工作。目前所进行的预测和决策的范围是比较小的，预测的时间也不长，内容很具体，也比较简单。因而，预测和决策还停留在起步的摸索阶段。社会发展越快，不确定的东西就越多；社会越复杂，偶然因素也就越多。德育在当前，尤其在今后，面临着越来越复杂的情况，面对着大量不确定的东西或偶然因素。我们要争取德育的主动性和科学性，就要对未来不确定的因素，做出符合德育发展的探索，这就要进行德育的预测与决策。

一、德育预测与决策的必要性

所谓预测，就是"鉴往知来"，就是通过事先的调查研究，对未来某种不确定的东西或未知的情况做出符合事物发展规律的设想或推论，以指导人们的方向和实际行动。

进行预测，古已有之。《周易》的要义就是预测。诸葛亮的聪明就在于善于预测。先秦儒家所著的《学记》就谈到过教育预测。《学记》说："禁于未发之谓豫。"其意思就是要预先做好准备，要求教师对教育有预见性，防止可能发生的问题。如果教师不能未雨绸缪，防患于未然，到学生产生一定成见或养成不良习惯之后，再教育就很麻烦了，其后果将"扞格而不胜"，事倍功半，教育效果低下，白白浪费了时间和精力。

革命导师之所以伟大，不仅在于他们科学地分析了社会的历史和现状，而且在于他们在科学分析现实的基础上，正确地预测了未来发展的前景。马

---

* 原载于《广东高校德育改革与发展》，广东高等教育出版社 1994 年版，作者郑永廷、苏一凡、陈泽勤，收录时有修改。

克思和恩格斯通过对资本主义社会的分析，揭示了社会发展的客观规律，在《共产党宣言》中做出了资本主义必然灭亡、共产主义一定要实现的科学预言。这个科学预言，作为无产阶级的奋斗目标，是无产阶级和广大人民群众为之奋斗的精神支柱，是战胜剥削阶级腐朽思想的强大武器。列宁通过分析俄国十月革命前的政治经济形势和革命的主客观条件之后，得出了革命可以在一国取得胜利的结论，从而在指导十月革命取得胜利之后，又指导中国革命取得了胜利。所以列宁十分重视科学预测，他说："神奇的预言是神话。科学的预言却是事实。"① 毛泽东同志在领导中国革命的过程中，更是经常运用预测方法来分析和判断革命发展的趋势，指导革命的正确方向。当第一次国内革命战争遭受失败之后，党内的悲观情绪严重。毛泽东同志分析了当时的国内形势，看到了革命的希望和前途，做出了"星星之火，可以燎原"的科学预言，得出了中国革命的高潮将要到来的重要结论。在抗日战争开始后不久，面对严峻的抗战形势，出现了两种不利于抗战的错误倾向，即亡国论和速胜论。毛泽东同志在《论持久战》一文中，深刻分析了这两种错误论调，分析了抗战的主客观条件，得出了中国抗战是艰苦持久战的结论，做出了最后胜利一定属于中国的正确预言。在新中国成立前夕，毛泽东同志为了防止因胜利而可能产生的骄傲情绪和贪图享受的倾向，他郑重地提醒全党："因为胜利，党内的骄傲情绪，以功臣自居的情绪，停顿起来不求进步的情绪，贪图享乐不愿再过艰苦生活的情绪，可能滋长。因为胜利，人民感谢我们，资产阶级也会出来捧场。敌人的武力是不能征服我们的，这点已经得以证明了。资产阶级的捧场则可能征服我们队伍中的意志薄弱者。可能有这样一些共产党人，他们是不曾被拿枪的敌人征服过的，他们在这些敌人面前无愧英雄称号；但是经不起人们用糖衣裹着的炮弹的攻击，他们在糖弹面前要打败仗。我们必须预防这种情况。"毛泽东同志的这段预言，似号角，如警钟，一直告诫和指引全党继续保持谦虚谨慎、不骄不躁的作风，继续保持艰苦奋斗的作风。正因为毛泽东同志经常应用预测和决策，所以他指出了"凡事预则立，不预则废"的普遍原则。

如果说在过去的时代，预测主要被应用在对社会宏观发展趋势的判断上，预测主要被少数政治家、思想家所运用的话，那么现在，预测则被广泛运用于几乎所有领域，而且越来越多的人学习和运用预测方法。在现代战争中，军事预测可以达到相当准确的程度。在经济竞争日益激烈的市场上，经

---

① 《列宁全集》第27卷，人民出版社1984年版，第462页。

济预测、市场预测已经成为经济实体生存与发展的先决条件。科学技术预测是组织和动员科学技术队伍攻关的前提。教育，包括德育，它虽然立足现实，但它是面向未来的事业，是为未来社会培养和造就人才的工程，所以，它更需要预测未来社会发展的要求，以培养学生的思想素质和业务素质。

在现代社会条件下，德育预测之所以越来越必要，其主要原因在于：其一，在未来社会里，我国社会主义市场经济体制将经过几年过渡转折之后完全确立并逐步完善。在这种新的经济体制下，人们所需要的政治、思想、道德观念及行为方式，必须尽早加以培养和训练。只有这样，才能使人们适应新的经济体制的要求，才能促进人们的观念更新，并推动计划经济体制向社会主义市场经济体制的转变。那么，与社会主义市场经济体制相适应的政治、思想、道德观念和行为方式是什么呢？由于社会主义市场经济体制才刚刚确立，实践的时间不长，加上我们的许多思想观念和行为方式仍与计划经济体制相适应，所以我们不可能一下子完全系统地把握适应社会主义市场经济体制的政治、思想、道德观念和行为方式。我们只能根据社会主义市场经济体制的特征及其在实践中提出的要求，来确立新的教育内容。其二，高校德育既有丰富的经验，也有惨痛的教训。取得成功经验，是以对思想形势的正确分析和以对思想发展动向的正确估计为前提的，而教训的产生则正好相反。严重的教训迫使我们痛心疾首地从盲目中清醒过来，懂得了冷静思考，明白了严格按社会和思想发展规律办事的重要性。在社会发展很快、国际国内竞争都很激烈的情况下，少走弯路、少犯错误、争取有利时机，更好更快地发展自己，这是国家的希望所在，是每个人，特别是青年学生的愿望。因此，德育尤其要进行科学预测，增强教育的规律性和自觉性，减少教育的盲目性，尽可能地消除误导。其三，在现代社会里，科学技术发展的不平衡引起了生产方式和活动方式的变化，社会信息量在急剧增加，新知识不断涌现，物质文化生活水平逐步提高，改革深化，开放扩大，所有这些，既增加了社会的复杂程度，又加强了社会的变化频率。在这样的社会条件下，青年学生将接触大量新的社会因素，德育会遇到大量不确定的东西。如果没有对发展规律性的正确把握，没有对未来发展方向的清晰认定，势必会被各种复杂的、变化多端的偶然因素冲昏头脑而无所适从。因此，预测也是为了认准未来的目标，正确地把握发展方向。

总之，社会的发展，既向德育提出了预测的要求，也为德育预测创造了条件。正确地预测既是为了未来，也是为了现在，为了在预见的前景和目标之前，采取正确的决策和管理的措施，实现德育的科学化。预测对德育科学化的作用主要表现在以下两个方面。

第一，为制定德育规划和规范未来提供依据。德育和其他所有工作一样，都需要有战略和战术的、长远和短期的规划。这些规划，是为了达到预期目标，对未来所做出的安排。一个好的德育规划，要经得起现实情况的检验，更要经得起未来实践的检验。要制定出经得起未来实践检验的规划不能凭主观想象，必须靠科学预测，把握思想发展和德育工作的规律性。也就是认识和控制思想发展变化的不确定性，尽可能提高对未来发展趋势的认知；使规划的预定目标与可能变化的社会环境基本相适应；事先估计到规划实施后可能产生的某些结果以及这些结果实现的条件与程度。因而，预测可以为我们提供制定规划的依据，也可以对规划的可行性进行事先评估。

第二，为开展预防教育、争取教育主动提供保证。针对已经出现的思想问题进行教育，需要事先通过调查研究，掌握思想问题的实质。针对将来可能发生的思想问题或可能出现的意外事故进行预防教育，则要事先进行预测、分析，判断思想发展变化的动向或可能出现的事端。因而，正确预测，是防患于未然，进行预防教育、争取教育主动的前提。有些高校德育工作并没有少做，但往往是"头痛医头、脚痛医脚"地消极应付，水里按葫芦，按下这个，又起来那个。其重要原因是没有进行预测，没有把教育做在前面，没有对可能发生的问题进行预防，采取的不是"事前主义"，而是"事后主义"。因而，教育的主动性差，实效性也差。只有通过预测采取预防教育，才可能改变这种被动局面。

二、德育预测与决策的主要内容

预测与决策涉及德育的许多方面，内容是很多的，如德育环境与条件预测、德育目标与规范预测、德育内容与方法预测、德育对象思想发展趋势预测等。这些大的内容，又包括许多小的内容，如德育内容预测又包括政治观发展趋势预测，人生观、价值观发展动向探讨，道德观、职业观变化特点分析，等等。我们不可能对这些内容都做详细阐述，以下仅就我国社会发展实际和发展趋势对德育制约、影响的几个主要问题进行探讨。

第一，预测改革开放过程中的新情况与新问题，预防不稳定事件的发生，保证社会和学校的稳定。我国计划经济体制向社会主义市场经济体制的转变，有一个过程。在这个过程中，改革措施将逐步出台，开放也将不断扩大，因而新情况和新问题也会不断出现。自改革开放以来，虽然人们的心理承受能力已大大增强，对改革开放的认同程度越来越高，而且也基本明确了改革开放的发展趋势。但是，改革开放毕竟是前所未有的举措，实行过程不可能一帆风顺，遇到矛盾乃至冲突在所难免。首先，新的改革措施的出台和更大范围的开放，必定涉及眼前与长远、局部与全局、个人与整体以及这一部分人与那一部分人之间的利益调整，也会触及人们的传统习惯。利益关系的调整和传统习惯的打破，都会造成新的不平衡和心理失落，产生新的矛盾，人们很可能会产生抵触甚至暂时的对立情绪。特别是青年学生，他们对新事物往往比较敏感，但他们对矛盾现象又缺乏本质性了解，有些人容易做出简单的情绪化反映。因此，在每一次重大改革措施出台之前，特别是直接关系到人们切身利益的改革措施出台之前，进行预测、做好思想工作是十分必要的。

在计划经济向社会主义市场经济体制转变的过程中，原来的一整套管理体制、规章制度都要做相应改变。这期间难免出现疏漏或失控，少数人可能借此机会以权谋利，有的甚至会腐败堕落；严重官僚主义者可能失职渎职，给人民群众的利益造成严重损害；有些干部的思想和能力可能不能适应新形势的要求，缺乏经验，也会造成决策与指挥失误。这些情况，都会导致一些新矛盾。青年学生对腐败现象和官僚主义是深恶痛绝的，如果这些情况得不到坚决反对和强有力的抑制，有些青年学生就会做出意想不到的反映。因此，德育工作者要对这些情况进行预测，并合情合理地分析这些情况产生的原因，如实地向学生讲授党和政府反对腐败的一贯主张与具体措施，引导学生在思想上和行为上正确对待这些新矛盾，从而避免激化矛盾和引发不安定事件。

第二，预测德育对象的新特点，主动采取新的教育措施，保证教育的有效性。现在高校的青年学生大多生在 60 年代或 70 年代，成长在 80 年代，是在改革开放的新环境下成长起来的，因而在他们身上，有了许多时代的新特点。但是，他们成长的这段时间，正好是我国改革开放的起步阶段，新旧体制的转换和新旧思想的碰撞刚刚开始。加上他们所受的教育，传统的内容比较多；教育他们的父母、老师在把许多好传统、好品德传授给新一代的同时，也把一些过时的习惯和影响传递给了新一代。因此，现在的大学生身上，既有现代的特点，又有许多传统的东西。

到 20 世纪末和 21 世纪初，高校学生又是一代新人，他们出生、成长在改革开放年代，他们接受富有现代特点的教育，他们与过去时代的大学生，与现在时代的大学生相比，会有许多新特点，德育也将遇到更多新问题。

在未来社会里，高校学生学习、生活在完全开放的环境中，中西文化还将更广泛、更深层地相互渗透、碰撞，多种价值观、道德观也会客观存在。这使得学生从小就要面对复杂的社会因素，一方面，他们观察、思考和涉足的范围会广泛得多，视野开阔得多；另一方面，现实的矛盾也会使他们的思想复杂得多。他们不会像过去的青年学生那样单纯，也不会像过去的青年学生那样容易接受教育。他们往往会过早地表现出多思多虑以及对德育的自我审视、自我选择。因此，德育一定要研究未来青年学生的这一新特点，不能只限于单纯的课堂灌输，而应采取多种方式引导学生在开放、复杂的环境中进行比较和选择。未来社会的物质和文化生活水平比现在要高，学生的学习、生活条件比现在要好，大多数学生对事业的艰巨性、对社会主义现代化建设的艰难性、对我国还有不少人生活的艰苦性，缺乏感性认识和切身体验，自力更生、艰苦奋斗的精神相对缺乏，吃苦耐劳、勤劳俭朴的优良传统需要着力培养。与此同时，随着科学技术的发展和社会的进步，学生所需要学习和掌握的知识、技能不仅在数量上不断增多，而且难度不断增大，学生学习的艰苦性是显而易见的。因此，艰苦奋斗精神的缺乏和艰巨的学习任务之间的矛盾，将是发生在未来学生身上的一个比较突出的矛盾，也是德育将要面临的一个突出问题。

在未来社会中，随着社会主义市场经济体制的建立和完善，社会和高校的竞争机制也将逐步健全，学生处在一个竞争的环境之中。竞争的压力是来自多方面的，这些压力都会汇集在学生心灵深处，影响学生的心理状态。同时，新的社会因素的增加和变化节奏的加快，也会导致一些学生在主观认识上难以跟上客观发展的形势，有的甚至面对突然的变化与预想不到的结果疑惑不解。可以这样推测，社会越向前发展，青年学生的心理问题会越来越多。据南方某高校的调查，约30%的大学生存在多种心理不适，精神疾病已成为影响学生成长的重要因素，成为学生退学和休学的主要原因之一。因此，根据现在已经出现的情况，可以预测，未来大学生的心理障碍与心理疾病问题将比较突出，德育必须针对已经出现的心理问题，对学生开展心理咨询与心理保健工作。

在未来社会里，大学生中的独生子女将越来越多。这一部分学生虽然有优越的生活条件和良好的家庭教育，思想素质比较好，但不少人存在以个人为中心的想法和行为方式，其脆弱的感情和过于娇气也会在学习、生活上有所显露。因此，德育要研究独生子女的心理、行为特点，以便有针对性地做好未来工作。

第三，德育规范预测。在未来社会，高校要坚持培养德智体全面发展的社会主义建设者和接班人，培养有理想、有道德、有知识、有纪律的一代新人，这一明确的培养目标是不能改变的。但是，在未来社会，学生在思想、道德方面的规范与要求将随着社会的发展和环境的改变而有所变化，不会总是停留在一种固定不变的规范要求上。

在未来社会，教育要面向世界，走上国际大舞台，同其他国家的教育以及世界的经济、文化进行广泛的接触与交流。一方面，我们需要培养面向世界竞争的人才；另一方面，面向世界、扩大开放也为培养面向世界的人才提供了广阔的场所。在社会主义与资本主义两种社会制度的复杂较量过程中，在世界经济、科技、人才的激烈竞争中，高校培养的人才必须有坚定的爱国主义思想和社会主义信念。爱国主义思想和社会主义信念虽然在过去和现在都是德育的主要要求，但未来的爱国主义思想和社会主义信念的内涵与规范要更丰富和广泛。例如，在今后，我们要在世界范围内研究我国的文化，通过比较来认识我国文化的特点和优势，并把优良的文化传统传授给青年学生，使学生具有民族魂；我们要面向国际舞台来讲竞争和较量，培养学生自尊、自爱与自强精神；我们要通过经济发展的对比来讲社会发展前途，使学生真正认识中国特色社会主义的强大生命力。同时，社会主义市场经济体制要求的思想道德规范，如自立自强、诚实守信、公平竞争、讲究实效、注重法纪等，今后的高校德育必须通过各种方式对此加以培养。对市场经济所产生的负面影响，如自由主义、假劣伪冒、以权谋私、实用主义、违法乱纪等思想和行为，也要进行预防和制止。另外，针对未来社会心理疾病可能增多的实际，还要把培养健全的人格和健康的心理作为德育的目标和规范，使学生能适应未来社会复杂局势的要求。

三、德育预测与决策的主要方法

要进行科学预测，就要有科学方法。预测的科学方法，一方面可以从预测的经验中提炼出来，或从其他相关学科中借鉴；另一方面，德育工作者在广泛进行预测的过程中可以对此进行探索和创造。这里，仅就目前运用得较多的五种预测方法简述如下。

（1）趋势预测法。趋势预测法是根据事物现在的情形推断事物今后发展状况的方法。这种方法一般运用在具有连续发展的事物与事件上。德育，作为学校的一项教育，过去有，现在有，将来一定还会有。将来的德育是什么状况，将来的德育和现在的有什么不同，我们可以运用趋势预测法加以推断。例如，我们可以通过分析德育环境的变化和德育对象的特点来推断德育在未来社会中的地位和作用。又如，我们可通过分析改革开放的进展情况来推断，在社会主义市场经济体制完全建立和开放逐步扩大的情况下，学生思想的大致状况。再如，我们可以通过对德育相关因素，如管理、业务、文化等的分析，来推断德育与这些因素的相互关系的发展趋势。这些大的发展趋势，看起来比较抽象，好像不解决什么具体问题，但它却预示着德育发展的方向，显示着德育发展的规律性。只有沿着正确的方向，认准并顺应发展趋势做工作、搞改革，德育才会有生命力。否则，德育就会逆趋势而动，违规律而行，会越来越被动。因此，趋势预测法是用来预测大致发展方向的，是用来做原则、抽象判断的。它不能用来做某种具体事实的推断，而且对发展趋势的推断也不是具体的，这是它的局限性。但它对德育却很有用，因为德育的一个重要职能就是进行正确的导向，我们可以运用这一预测方法来引导学生的思想发展，以加快实现未来的目标。

（2）相关预测法。这是一种由一种状况推论与之相关的另一种状况的方法。这种方法在德育预测中运用得比较多，主要用于学生思想、行为的预测。不管是个人的思想和行为，还是群体的思想倾向和行为方式，都既有前后联系的连续性，也有前后区别的间断性。我们可以通过联系的连续性，进行由此及彼、由近及远的预测。例如，我们肯定某个学生有培养前途，是以这个学生过去和现在的良好表现为根据所做的相关推断。这种相关预测，是以时间为线索的前后推论，也可以叫前后相关。这种前后相关，反映的不是现象的联系而是本质的联系，不是暂时的偶然的联系，而是长时的必然的联系。

相关预测还有一种情况就是因果相关，即当某一事件发生之后，可能会产生某些思想情绪和行为后果。例如，考试不及格可能引起灰心丧气的情绪和消极悲观的行为后果；在不平等、不合理的情况下过分强调竞争可能导致不团结甚至冲突；盲目地进行严厉批评可能引发反感情绪；等等。这些是具体的事情所引起的相关思想。还有更大的事件，如由包分配、包经费改革转变为自谋职业、自费上学后，学生的思想和行为会发生多方面的变化；竞争机制在全社会、在学校里形成之后，学生的心理状况也会发生深刻变化。因果相关的情况是多样的，由具体事情引起的思想，可能是一因一果的对应关系，而一些涉及面比较广的事情，往往引起多方面的思想变化，就是一因多果。当然也有一果多因的情况，即一种思想变化是由多种原因引起的。我们在运用这一预测方法时一定要把握相关的逻辑关系，即把握内在联系，不要从表面上、现象上进行相关推断。

（3）规范性预测法。这种方法是以预定的目标为基础来预测实现目标时可能出现的多种思想倾向，并针对这些思想倾向提前开展预防教育。例如，大学生入校后，学校就根据培养目标，提出毕业时要达到的政治思想和道德品质的具体要求，并对可能产生的错误倾向进行提示与防范。我们培养人、教育人，都是有明确目标的，特别是我们培养跨世纪人才，更要有宏伟的目标。目标是政治思想、道德品质、业务知识和实际能力的具体指标，是未来社会对人才的规范要求。我们一方面要根据未来社会发展的需要，合理地确定目标内容的多项指标；另一方面，也要预测未来社会中阻碍目标实现的主要思想障碍，排除不利于目标实现的可能性，这些都是规范性预测的内容。进行规范性预测前要能比较准确地预测未来的目标，提出比较明确的规范要求，然后预测在实现目标过程中的多种情况，并针对目标实现的主要障碍进行预防教育。如果目标预测错误，那么针对该目标的预测内容就不会有什么价值。

（4）征候分析法。这种方法主要通过发现某种苗头、预兆来预测未来的事态。它主要用于新生事物、偶发事件和灾害性事故的预测。常言道，"月晕而风，础润而雨"。这说的是任何事情在其发生之前都会有征候可察，有迹象可寻。只要善于观人于微、观事于微、观景于微，就能把握形势，预测它的发展方向。例如，未来学生反映时代进步的某些新特征，并不是一下子全面表现出来的，而是最先在基础较好、思想活跃、富于创造的高校显露其苗头。当这种新的苗头刚刚出现时，就要对之进行具体分析，分析它的发展条件及社会价值，预测它的发展趋势，并采取措施积极引导，使新的精神风貌和新的思想方式尽快对社会产生积极作用。同样，那些影响学校乃至全社会稳定的不安定事件，在其发生之前也是有预兆的。影响局部安定的事件发生之前有典型预兆，影响全局安定的事件发生之前有共同预兆，我们要通过调查，及时掌握这些预兆，正确分析它产生的原因并预测其发展所引起的后果，及时采取措施制止它的扩大与蔓延，尽可能把事件消灭在萌芽状态。即使不能完全制止事件的发生，通过预测也可以寻求适当对策，从而把损失降到最低。总之，运用征候分析进行预测，就是要善于抓苗头，对好的苗头要及时抓住，正确引导，不要让它自行消失。对坏的苗头要坚决制止，不能任其自由发展。

（5）类比预测法。这种方法也叫类推法或引申法。它是通过比较现在和未来的共同因素与类似现象来预测未来的发展状况。这种预测方法一般以影响某种思想和行为的主要因素为参照，并推测这种主要因素在未来仍然存在的情况下，这种思想和行为将不会改变。例如，每年高考的竞争都十分激烈，高中生为了上大学，奋力拼搏，高度紧张，但能考入大学的人毕竟是少数。这些上大学的新生，经过竞争之后，都会在不同程度上有一些共同的心理与行为反映，如普遍比较自信甚至自傲，优越感强、自理能力差等。由此推测，只要今后高考的竞争仍然十分激烈，那么同样的心理与行为反映还会存在。又如，大学每年招收新生，各届学生虽有一些差异，但由于学生的年龄、经历、知识水平大致相似，因此，每届学生都有相似的思想特点。我们可以以高年级学生为参照，推断未来学生的思想特点，从而不断积累针对青年学生特点开展德育的经验。

新时期德育领域与德育功能的拓展[*]

未来的德育，不仅要向未知领域发展，而且要向纵深领域拓展。因为在未来社会中，社会因素将不断增多，而且变化节奏也将加快，社会更加复杂多变。德育面临复杂多变的问题，面对复杂多变的思想状况和心理变化，因此要相应增加新的功能，探索新的方法。德育的复杂性必定导致德育的分化与综合，使德育不断向宏观与微观的纵深领域拓展，并在拓展过程中，产生新的功能。

一、德育向宏观领域的拓展

德育向宏观领域的拓展主要体现在两个方面：一是德育要面向世界，提出了比较德育的研究课题；二是德育要面向社会，提出了社会德育的研究课题。

（一）德育面向世界和比较德育的问题

教育，包括德育、智育、体育、美育等多个方面。教育面向世界，当然也包括德育要面向世界。

德育面向世界，这是德育工作者面临的新问题。我们要正视这个问题，实践这个问题，研究这个问题。不少人在这个问题上存在很大的疑惑和顾虑，认为我们社会主义国家的高校德育，即面向学生的思想政治教育，是我们国家特有的教育，其他国家，特别是西方国家没有这种教育，因而走不出国门，不能面向世界，无法同其他国家进行交流、比较。这种认识不仅限制了我们对其他国家德育的了解和研究，而且引起了一些人对我们思想政治教育的科学性和生命力的怀疑，这对德育是很有害的。

时代的发展和开放的扩大，要求我们必须培养面向世界的人才。面向世界的人才不仅要有参与世界范围内竞争的知识、技术和能力，也要有面对世

---

[*] 原载于《广东高校德育改革与发展》，广东高等教育出版社 1994 年版，作者郑永廷、苏一凡、陈泽勤，收录时有修改。

界的思想、政治、道德和心理素质。例如，面对世界上各种政治势力的影响和争夺，更需要有坚定的爱国主义思想；置身于多种文化和价值观冲突之中，要有正确分辨、鉴别、选择人生观、价值观的思想基础；投身于世界范围的经济、科技、人才竞争，要有敢于竞争的勇气和自立、自强的精神；生活和工作于复杂的开放环境和广阔的活动场所之中，要有开阔的视野、健康的心理和文雅的风度；等等。社会对这些素质的要求，比过去更高、更全面。我们培养的学生，虽然不是人人有出国的机会，但是他们今后所从事的工作，不仅面向国内，还要面向世界，因而，必须要求学生拥有面向世界的思想道德素质。要培养学生的这些素质，我们就要研究世界上关于政治、思想、道德方面的重大理论与实践，了解一些主要国家的大致文化环境与生活方式，把德育放在一个更高、更广泛的位置上，通过比较、分析，引导学生掌握正确的政治观、人生观、价值观和道德观。

事实上，高校的德育正通过多种方式向世界扩展和延伸。例如，我国这些年来向国外派遣了大量留学生，这些留学生大多数在国外高校深造。他们同国内高校有着广泛的联系，其中也有思想、情感方面的联系。国内高校师生通过信件往来，与留学生相互交往，传递学校师长、组织的要求与愿望，对留学生产生了积极的影响。同时，改革开放以来，许多学校招收了留学生，且引进了国外讲学的教师，进口了许多国外的书刊资料，这些新的因素都会对学生的思想产生影响，对学校的德育也会产生影响。关注这些来自国外的人和事，研究德育遇到的这些新因素，是对学校开放提出的客观要求。我们无法回避这些新情况的存在而孤立地开展我们的德育。

另外，德育在不同地区、不同社会制度国家的高校是普遍存在的，只不过内容和方式不同而已。没有哪个国家的高校只有智育而没有德育。我国的德育工作者，应当研究其他国家，特别是西方主要国家的德育。通过研究，我们可以从德育的普遍性，从各国对德育的重视，来深刻认识德育的实质和目的，从而把我国高校的德育放在极其重要的位置并充分发挥其作用；通过研究，我们可以纵观全世界高校德育发展的动向和趋势，掌握别国培养本国人才的措施和办法，并以此为参照，按照我国实际，更好地进行德育决策，使我国高校德育富有中国特色；通过研究，我们可以借鉴、吸收别国高校德育对我国有用的东西，如可行的办法、有效的途径，用以改进和完善我国的德育。

总之，德育面向世界、向国际范围扩展，已经成为发展趋势。进行比较德育研究和建立比较德育学也势在必行。比较德育研究，是未来德育发展的一个新生点，它将在更广阔的空间开阔我们的视野，扩展我们的思维，既有利于克服因对德育普遍性不了解而忽视、轻视德育的无知偏见，又有利于克服把德育封闭于狭小天地的狭隘心理，它可以把我们带到一个更高的境界。比较德育研究的内容是丰富的，主要包括德育概念比较、德育地位与作用比较、德育内容比较、德育方法与途径比较、德育理论比较、德育评估比较等。这些比较研究尚待全面展开，一门比较系统的课程——比较德育学将会问世。

（二）德育面向社会和德育社会学的问题

德育要面向社会，是开放的客观要求。学校和社会的"围墙"已经被打破，学校环境与社会环境已经广泛地相互渗透和融合。社会实践的广泛开展，产学研办学模式的形成，分配、就业的双向选择，社会信息借助大众传播媒介向学校的大量涌入和学校知识、技术向社会的广泛扩展，等等，正在打通学校与社会的多种通道，从而把教育，其中包括德育推向社会，也把社会融进了校园。那种"两耳不闻窗外事，一心只读圣贤书"的时代已经过去，那种固于课堂和学校的德育模式也已经过时，德育要随着开放的不断扩大而走向社会。

德育面向社会，是社会主义现代化建设的客观要求。教育要面向现代化，就是面向社会主义现代化建设。德育面向社会主义现代化建设，首先要坚持以经济建设为中心，确立服从和服务于社会主义现代化建设的思想，要把社会主义现代化建设作为"最大的政治"，作为德育的主题，贯彻到德育的各个环节中去，切实使德育围绕社会主义现代化建设展开。其次，要培养学生热爱社会主义现代化建设的感情、献身社会主义现代化建设的精神，引导学生适应社会主义市场经济的要求，塑造符合社会主义市场经济需要的积极的思想道德素质，自觉抵制市场经济的负面作用与消极影响，使之成为社会主义现代化建设的生力军。最后，学校德育还要广泛利用社会主义现代化建设的经验、成就以及在多条战线涌现出来的英雄模范人物的事迹，教育学生、鼓舞学生、帮助学生从社会主义现代化建设的伟大实践中吸取力量和营养，更好地为社会主义物质文明建设和精神文明建设做贡献。所有这些，是德育面向社会、主动适应社会发展的主要内容。

同时，德育面向社会，也是现代社会条件下，对社会教育和家庭教育进行补充和配合的需要。在现代社会条件下，随着教育的普及程度提高，人的社会化程度也不断提高。高校德育，已由普通高校向职业高校、成人高校、老年高校扩展，由面向青年学生，延伸到面向中年人乃至老年人，其覆盖面比过去大得多。同时，随着校园环境同社会环境的不断相互渗透，学校德育也必定同社会教育、家庭教育不断融合。这不仅因为社会环境和家庭环境中的许多新因素和新问题，诸如社会腐败、社会分配不公、家庭离婚率上升等问题不可避免会影响学校德育，而且因为社会教育和家庭出现的某些偏颇，诸如一些对青年学生不负责任的错误价值观导向、一些家庭对独生子女的过分溺爱等，无疑增加了高校德育的难度。因而，高校德育要调查研究社会教育、家庭教育，要配合和补充社会教育和家庭教育。

总之，德育面向社会，社会需要德育，这是德育向宏观领域拓展的重要依据，是德育发展的主要方向。因此，研究德育与社会的关系、建立德育社会学是当务之急。德育与社会的联系是广泛的，德育社会学的内容也是丰富的。从当前我国的实际来看，关于德育与社会的关系，主要有以下一些内容需要进行研究：社会主义市场经济与德育改革的关系，社会思潮与德育的关系，文化冲突与德育的关系，开放环境与德育的关系，学生的社会活动与德育的关系，德育与社会教育、家庭教育的关系，青年学生的社会化问题，独生子女教育问题，等等。只有把这些关系和问题研究清楚了，我们才能真正确立德育重要的社会地位，才能真正发挥德育的重要作用，德育才会因有广阔的社会基础而富有生命力。

二、德育向微观领域的拓展

未来的德育，在向宏观领域拓展的同时，也将向微观领域拓展。向微观领域拓展是向宏观领域拓展的基础，向宏观领域拓展是向微观领域拓展的条件。没有对细微部分深刻具体的研究，没有对深层次问题的规律性把握，德育是扎根不深、立足不稳的，在更大范围内发挥作用将会遇到困难。因此，德育尤其要向微观领域拓展，开展深层次探讨和研究，使德育在关键性问题上，能有突破性进展。

所谓德育的微观领域，是指德育对象在德育和环境的影响下心理、情感、思想的变化过程，这一过程主要发生在德育对象的内心世界。虽然这种内心世界的变化可以通过客观环境和教育的影响去把握，但由于掺入了主观的因素，内心世界的变化往往同客观影响并不完全同步或对应。因而，德育的微观领域具有更大的复杂性、潜隐性和不确定性，它像一个"黑箱"，无法窥探，也无法敞开，只能通过大量研究的积累来把握其规律性。我们对德育微观领域的研究是不足的，取得的成果是初步的。它正受到广大德育工作者的重视，并沿着两个方面的问题向微观领域拓展。

第一，心理方面。前面已经分析过，由于社会信息量不断增多，社会变化节奏加快，社会复杂程度增加，加上社会竞争性增强，青年学生心理方面的问题将更加突出。那么，这些社会的客观原因是如何引起心理反映的？在什么条件下可以引起积极心理反映，在什么情况下可能导致消极的心理状态？健康的心理如何培养，消极的心理如何消除？这一系列的问题，都是今后亟待研究的课题。

现在高校心理方面的研究和工作，还处在起步阶段，主要借用国外引进的心理学方法，在心理咨询方面积累了一些经验。但研究和探讨适应我国高校实际的心理方面的系统理论，还有待完成。这些理论包括：一是心理测试的理论与方法，这是掌握心理状态、研究心理现象的前提。现在高校运用的心理测试理论与方法，多是从西方国家和日本引进的，测试所涉及的内容，与这些国家的社会生活和文化传统不无关系。我们需要研究符合我国社会生活实际和文化传统的理论与方法，这是研究和解决心理方面问题的前提条件。二是心理分析或心理诊断的理论与方法，这是研究和解决心理方面问题的关键。心理分析或心理诊断要对心理障碍、心理疾病进行主客观原因分析，探索多种心理障碍、心理疾病形成和发展的规律，研究心理正常、心理失衡、心理障碍、心理疾病、心理崩溃之间的区别与联系，以及相互转化的条件，从而对各种心理现象做准确的分析与判断。三是心理咨询的理论与方法，这是研究和解决心理方面问题的重点。通过心理分析，认识心理障碍、心理疾病产生的主客观条件之后，要有针对性地帮助对象进行有效的认识、排解和转化，克服心理障碍，医治心理疾病，恢复正常心理。四是心理保健的理论和方法，这是研究和解决心理方面问题的要害，是防止心理障碍、心理疾病产生的有效措施，是保持健全人格和健康心理的重要手段。总之，德育在心理方面探索的领域是广阔的，理论研究和实际工作的任务都很繁重。德育工作者要为确立具有中国特色的德育心理学而努力。

第二，内化过程。所谓内化过程，就是德育对象在教育和环境的影响下，接受思想信息的自身思想矛盾运动过程。这个过程，是由德育对象，而不是由德育工作者完成的。德育工作者的教育是外因，德育对象的思想矛盾运动是内因，外因要通过内因起作用。若内因不发挥作用，即学生不愿意接受教育，再好的外因，即再好的教育也无济于事。

传统的教育，经历了漫长的发展过程。在封建社会，森严的等级制度也渗透了教育，教师也对受教育者起着绝对支配作用，受教育者处于完全被动的状态，先生是不会去研究学生有什么特点和需求的。到了资本主义社会，教育虽然没有那么森严的等级，但教师中心、课堂中心仍起着主导作用，学生围绕教师转，教师也很少去研究学生。在我国，教师同学生在政治上、人格上是平等的，教育者要教育好学生、实现教育目标的要求，必须热爱学生、了解学生、研究学生，掌握其思想情况，有针对性地施教，这样才能取得好的教育效果。

对德育工作者来说，关心学生、了解学生，加强教育的针对性更为重要，因为德育不同于智育。智育传授知识是知与不知或知多知少的问题，而德育则既有对新思想的塑造作用，也有对错误思想的改造、矫正作用。虽然大学生的世界观尚未完全成熟，但他们对许多问题已经有了自己的看法，他们要运用自己的看法对思想政治教育和环境因素进行判断与选择。如果思想政治教育没有针对性，或者学生认识不到教育的价值所在，他们就会感到与己无关而对之不予理睬，甚至产生反感、抵制情绪。如果思想政治教育具有针对性，或学生认识到教育的价值，他们就会接受教育，并产生积极的思想活动，把教育的内容经过自身加工、消化、吸收，即通过自身内化，变成自己的思想观念。

显然，从教育者确定教育内容和方法到实施教育，是一个教育过程，也可以称为他教过程；从学生接受教育到形成思想观念，是一个内化过程，也可以称为自教过程。他教与自教的关系就是教育的外因与内因的关系。外因要通过内因起作用，他教要通过自教起作用，他教是手段，自教是目的。他教的目的不是为教育而教育，而是为了不教育，不教育不是废除教育，而是为了转化成学生的自我教育。因而，自教是形成正确思想的根据，他教是形成正确思想的条件。

过去，我们比较重视他教而忽视自教，研究他教多，探讨自教少。出现这种情况，与我国从上而下的计划体制不无关系。德育受计划体制的影响，表现为德育主要受上一级教育机构的指令性控制，德育工作者的主要任务是传达、贯彻上级教育部门的要求与规范。因而教育的程序是，按照教育的理论内容和原则要求，来寻找实际问题对号入座，而不是遵循从实际出发的原则，由分析研究学生开始，确立教育内容和教育原则。所以，德育往往容易产生理论脱离实际和形式主义的倾向。现在，在社会主义市场经济体制下，强调单位和个人的自主性，德育和德育对象也要适应新体制的要求，体现自主性。德育的自主性，就是德育要切实从实际出发，运用正确的原则和理论，有针对性地、自主地解决学生的思想问题，而不是从上级的指示出发开展教育，把教育不能解决的问题和效果不好的原因又推给上级。德育对象的自主性就是德育对象要按照培养目标的要求，积极地将教育转化为自我教育，主动实现思想的转化与提高，而不是责怪、抵制教育，把教育效果不好的责任推给德育教师。只有德育教师和德育对象都有了自主性，才能够有效地提高德育的质量。因此，研究自我教育，即内化过程，是新形势下的一个重要课题。

内化过程是发生在德育对象思想领域的过程，我们难以对其进行观察和控制。但这个过程是有规律可循的，不是紊乱无序的。心理学揭示了人的内心活动的层次转化，一些国外教育学家、心理学家，经过观察和试验，也提出了多种内化过程的理论和方法。例如，心理学家皮亚杰提出了发展心理学理论，他运用思维的组织结构来描述内化过程。他指出，思维模式的发展是有序列的，思维阶段是有层次的，人的认知有结构，认知阶段发展有层次；人的高一级的认知结构替代并重新整合低一级的认知结构，人的思想和道德就发展了。美国道德教育学家格尔伯格·雷斯特，将皮亚杰的道德思维试验和发展心理学理论，引入青少年道德推理领域，提出了道德发展的阶段理论。心理学家洛文杰提出了自我发展的阶段理论。这些理论和方法都是探索思想、道德发生和发展的微观领域的成果。它表明，西方对教育内化过程的研究已经比较深入，我们应当借鉴这些研究成果，深入进行内化过程的研究。

三、德育的功能拓展

德育向未知领域、宏观领域和微观领域的拓展，必定在这些领域产生影响，发挥作用，拓展功能。

传统的德育功能，主要是育人的功能。育人功能通过两个方面实现。其一是导向，指导学生坚持正确的政治方向，接受和理解社会的政治观念，维护社会政治制度，实现政治社会化，并帮助学生坚持正确的价值导向，用社会主义、集体主义价值观念支配行为，抵制和反对腐朽落后的价值观念。其二是保证，就是创造良好的政治思想环境和道德环境，培养学生的良好品德和坚强意志力，保证他们顺利地学习、生活，全面健康地成长。这两方面的功能，对每一个德育工作者来说，应是明确的、熟悉的，在教育过程中能够自觉运用。但是，随着形势的发展，德育光有这两方面的功能并不能完全适应社会的需要，德育在强化原有功能的同时，要增加新的功能。新的功能主要包括以下三个方面。

第一，德育的稳定功能。维护学校和社会的稳定，保证改革开放有一个安定团结的局面，保证学生成长有一个良好的环境，这是社会主义现代化建设和培养人才的前提条件，是全社会各项工作，尤其是高校德育的首要任务。高校的青年学生政治敏感性强，信息灵通，相互之间沟通速度快，他们往往比较直接和敏锐地反映社会的各种矛盾，所以人们常常把青年学生比作社会的晴雨表。青年学生对社会问题的反映，主流是积极的；但也有一些人由于缺乏社会生活经验，缺乏全面地、历史地分析问题和解决问题的能力，容易出现偏激情绪，把复杂问题简单化，做出不顾后果、激化矛盾的举动，导致不安定事件的发生。这些经验教训在我国历史上是很深刻的。因此，做好高校学生的稳定工作是维护学校和社会稳定的重要方面。高校学生的稳定，需要动员学校做好多方面的工作，尤其要发挥德育的作用。要维护稳定，最重要的是维护政治上的稳定，而维护政治稳定的关键则要在共同政治基础上，达到政治共识。党的"一个中心、两个基本点"的基本路线，是团结全党和全国人民的政治基础，是统一全党和全国人民思想的政治路线，坚持用党的基本路线教育学生，抵制和反对资产阶级自由化和各种错误的政治倾向，形成广泛的政治共识，这是做好稳定工作的根本所在，也是高校德育的主要任务。发生在学生中局部的、小的冲突，不管是由什么具体原因引起的，也往往与一些学生情绪容易冲动、急躁有关，德育工作者需要做大量协调、缓和、劝告、疏导的工作，帮助学生学会冷静、理智、正确地处理各种矛盾和冲突，避免由小的冲突发展成大的不安定事件。因此，做好高校学生的稳定工作，是新形势下高校德育的重要任务。

在深化改革、扩大开放，建立社会主义市场经济体制的过程中，新旧观念的冲突、新旧体制的转换，以及人们利益的调整，要经历一个比较长的时间。在这期间，不可避免地会出现一些新的问题、新的矛盾。这些新问题、新矛盾会通过各种途径影响学生。加上社会改革和学校改革直接或间接涉及学生的切身利益，触及学生的许多传统习惯与定势思维，当个人利益与集体利益、局部利益与全局利益、眼前利益与长远利益、这一部分人的利益和那一部分人的利益发生矛盾时，需要进行及时协调和有力的引导。否则，很容易酿成不安定事件，必将阻碍发展进程，贻误改革时机。同时，我们还要清醒地看到，国内外敌对势力对我国的干扰和破坏从没有停止过，他们企图利用青年学生的稚嫩与单纯寻衅闹事，利用资产阶级自由化思潮来动摇青年学生的政治信念，利用宗教、民族问题进行挑拨和分裂，等等。这种时而隐藏、时而明显的政治争夺和政治斗争仍然会继续下去。因此，教育青年学生树立坚定正确的政治方向，坚持反对资产阶级自由化影响，仍然是今后维护政治稳定的根本任务。

第二，德育的开发功能。所谓德育的开发功能，是指通过德育，最大限度地调动人的主观能动性和最大限度地发掘人的内在潜能。马克思主义的认识论告诉我们，精神力量是可以转化为物质力量的，精神的力量是巨大的，人的主观能动性是巨大的。同时，现代科学研究表明，人潜在的智慧、能力也是巨大的，其发挥程度是无限的。传统德育常常把精神与物质、思想与智能分开，只注重精神的武装和思想品德的塑造，对精神和思想的作用对象即物质与智能的研究不够，因而精神和思想作用的发挥也不足。往往是德育强调如何做人，智育强调如何做学问；强调做人的不管做学问，强调做学问的不管做人；德育与智育分离，教书与育人脱离。

传统德育与智育分离的状况，一方面受传统分工的影响，另一方面也与过去长期以阶级斗争为纲、以政治运动为中心的制约有关。阶级斗争和政治运动是过去社会的中心任务，各项工作都必须围绕这个中心展开。德育作为直接从事政治、思想、道德教育的工作，更需要也更容易同阶级斗争和政治运动融合成为学校教育的中心，但是其与业务、智育的结合往往被当作具体、次要的问题而忽视。因而，在高校里，德育同智育的相互渗透与结合既缺少习惯，也缺乏经验，是一个需要认真研究和探讨的问题。坚持以经济建设为中心，为社会主义现代化建设服务，这是现代化社会与未来社会向德育提出的根本要求。德育要适应这一要求，必须改变传统习惯，探索与业务、经济领域结合、相互渗透的方式，寻求作用于业务、经济的有效途径。

一方面，德育要教育学生全面坚持党的基本路线，培养为社会主义现代化建设奋斗和献身的精神，这是德育的教育任务，也是德育的主要任务。但德育在完成这一任务的过程中，不能空洞、抽象地进行教育，而必须结合实际，其中包括结合学生的业务实际开展教育，并把教育的效果落实和体现在业务学习上。同时，坚持党的基本路线，为社会主义现代化建设服务，既要坚持正确方向，也要大力发展社会生产力。因此，德育不仅要引导学生坚持正确方向，而且要为发展社会生产力服务。努力提高学生的业务素质和能力，使之今后能转化为社会生产力，为社会创造更多的财富，这同样是德育的重要目标。

另一方面，德育要促进智育，保证学生业务学习的顺利进行。学习业务是学生的主要任务，是学生的经常性活动。但是，业务学习绝不是一项纯业务性的活动，它时刻与人的政治、思想、道德相关。为谁而学涉及学习目标和学习动力的问题，学习的自觉性和主动性与学习的兴趣、爱好有关，还有学习的刻苦性、持久性、诚实性等尽管都不是业务问题，但都对知识的掌握与深化、能力的培养和锻炼产生无形的、持久的甚至是巨大的影响。深入研究政治、思想、道德因素对学生专业学习的影响方式及其程度，探寻影响的规律性，对促进学生业务学习、开发学生智力，具有极其重要的作用。同时，德育可以在校内外开辟、扩大第二课堂，延伸、拓展课堂教育，通过开展各种活动，充分发挥学生的优势和特长，照顾学生的兴趣和爱好，提高学生的实践能力和创造能力。另外，德育的最高层次是向学生传授科学的世界观和方法论，即马克思主义哲学。哲学乃聪明之学、智慧之学。真正帮助学生学会并运用科学世界观与方法论，获得科学思维能力，往往比掌握知识更有意义、更重要。因为科学思维不仅可以更多、更快地吸纳、消化知识，还可以创造、发现新的知识。因此，创造精神、创造个性、创造思维的培养和训练也应当是现代德育承担的任务。

第三，德育的辅助功能。现代德育已经不是被关在校园里和课堂里的活动，它要走向社会，辐射社会生活的各个领域，渗透学校教育的各个方面，德育的途径比过去多，场面比过去大，影响比过去广，功能比过去全。现代德育需要借助其他功能，才能实现德育现代化。

德育借助其他功能，主要有两个方面。其一是研究功能。德育研究的目的是揭示德育本质、探索德育规律、正确处理德育复杂关系，它是现代德育决策的前提。德育研究与德育实践工作已经结合在一起了，没有德育研究，德育实践是无法应对现代社会复杂情况的。其二是组织功能。现代德育是具有一定规模的德育，它要面向众多学生，而且要运用许多现代的手段，组织各种德育活动，通过群体的活动来实施教育。运用现代化传播手段开展教育、组织大型社会实践教育、开展丰富多彩的文化活动等，都需要做大量细致的组织工作。没有组织工作，德育就不会有规模效应和社会影响。所以，德育的组织功能是现代德育的重要保证。

论新时期德育的整合发展趋势[*]

德育的整合发展是与社会发展综合化、科学知识发展综合化相一致的。社会的物质文明与精神文明的相互促进，文化、科技、经济与社会的高度协调，自然科学与社会科学之间的汇流交叉，社会结构系统的规划与管理，这一切导致了以系统综合为标志的大发展时期的到来，社会结构中产生了许多新的联合体，学科结构中出现了许多交叉结合部，知识领域里长出了众多的综合知识生长点。这些综合发展趋势，既向德育提出了整合发展的客观要求，又为德育的整合发展提供了条件。

一、德育整合发展的客观要求

德育整合发展是社会的客观要求，也是德育自身发展的要求。

第一，服从、服务于社会主义现代化建设的要求。马克思主义的基本原理告诉我们，经济基础同上层建筑的矛盾是社会的基本矛盾，经济基础决定上层建筑，上层建筑要为经济基础服务，促进经济基础的发展。高校德育属于上层建筑范畴，它理应为经济基础服务，为社会主义现代化建设服务。德育本身不是目的，德育的根本目的是要培养社会主义现代化建设的合格人才，提高培养人才的质量。如果脱离了高校培养人才这个中心任务而单纯地、孤立地就德育抓德育，就思想抓思想，那就会越抓越空，就会出现德育和智育与其他教育分离的"两张皮"现象。

高校存在的"两张皮"现象，与过去的传统教育分工有关，更与过去的以政治运动为中心的特定历史条件有关。在以阶级斗争为纲、以政治运动为中心的时代，德育与政治运动融合在一起，在学校里"高于一切""大于一切"，可以"冲击一切""代替一切"，具有"统帅地位"，成为学校的中心。不是德育要为培养人才服务，而是其他一切要为德育服务；不是德育要渗透智育和其他教育，而是智育和其他教育要纳入德育的轨道。这样，如果

---

* 原载于《广东高校德育改革与发展》，广东高等教育出版社 1994 年版，作者郑永廷、苏一凡、陈泽勤，收录时有修改。

谁服务谁、谁适应谁的问题没有解决，"两张皮"的现象就无法克服。直到现在，仍然有一些人不能从传统的德育模式和以政治运动为中心的传统习惯中解脱出来，仍然持有德育高于经济工作、业务工作的观念，认为德育为经济建设服务、为教学科研服务就是降低了"层次"，压低了"品位"，失去了"位置"。这种观念不符合社会发展的客观需要，严重阻碍了德育的整合发展。

促进德育的整合发展，不仅要克服错误的思想障碍，而且要提高整合的程度和层次。我们不能满足于德育要为社会主义现代化建设服务、要与智育相结合的一般原则和要求，而是要使德育真正融合到社会主义现代化建设中去，渗透业务，以切实发挥作用，富有成效。邓小平同志曾经深刻分析过以政治运动为中心的危害，总结了过去政治与经济、思想政治工作与经济工作、业务工作相脱离的经验教训，明确提出，"整个社会主义历史阶段的中心任务是发展生产力，这才是真正的马克思主义"，并强调，"是否有利于发展生产力，应当成为我们考虑一切问题的出发点和检验一切工作的根本标准"[①]，"不抓住四个现代化，不从这个实际出发，就是脱离马克思主义，就是空谈马克思主义"[②]。显然，德育为社会主义现代化建设服务，归根到底要落实到为发展生产力服务。德育为发展生产力服务的方式是通过教育人、培养人来实现的，人是生产力最活跃的因素。提高学生的政治思想素质和业务素质，培养合格的社会主义现代化建设人才，是高校的根本任务，也是德育服务的中心。因此，德育要围绕发展生产力这个中心，按照服从和服务于培养合格人才的要求来做文章；德育只有同学生的业务学习有机结合、相互渗透，形成教育目标、教育过程的整合发展，才能真正符合新时期的要求。所以，德育同智育的结合，德育向业务工作的渗透，绝不是可有可无的问题，而是关系到是空谈还是运用马克思主义，关系到是否真正坚持以马克思主义为指导的原则问题。

第二，开放社会的要求。现在的世界是开放的世界，现在的社会是开放的社会。开放在某种意义上说，就是要提高人和事物的社会化程度，或者说就是一种社会整合。开放性是一种社会性要求，它涉及社会生活的各个领域和所有环节，它标志着社会进步的程度。德育工作，其内容涉及政治、经济、文化、道德等各个方面，其范围涉及青年学生的一切活动，按其特性应

---

① 《邓小平文选》第2卷，人民出版社1994年版，第149页。

② 《邓小平文选》第3卷，人民出版社1994年版，第254-255页。

当是开放的。但是，由于受传统落后自然经济的局限，受闭关锁国历史条件的制约，受教条主义、本本主义的影响，德育长期处于封闭状态。其具体表现是德育主要固于学校里，限于课堂上，专于书本中，致使德育脱离社会、脱离实践的倾向比较严重。改革开放以后，这种倾向虽然有了很大改变，但封闭的传统习惯并没有完全革除，德育开放的格局、德育同社会整合的程度和层次尚待进一步提高。

开放是德育整合发展的前提。只有开放，德育才能走出孤立、狭隘的小天地，走向宽广、壮观的社会舞台，同社会其他领域进行结合和相互渗透，发挥德育的积极影响和能动作用。因此，邓小平同志根据世界和社会开放性的要求，发表了教育"面向现代化，面向世界，面向未来"的重要论断，为德育面向社会、整合发展指出了方向，为德育培养社会主义现代化建设者和接班人提供了广阔的舞台。

第三，现代社会复杂环境的客观要求。在现代社会条件下，发展增加了更多的社会因素，开放加快了各种社会因素的交叉与渗透，因而社会更加复杂多变，这是德育面临的客观实际。学生由于缺乏社会生活经验，对复杂多变的环境难以适应和把握，需要德育加以分辨、引导，这也是社会发展的客观需要。但是，在坚持以经济建设为中心的发展过程中，德育不可能再像过去那样，投入很多的时间和人力，通过运动的、片面强化的方式影响学生。而学生大量的、经常的、主要的活动是业务学习，学生的活动空间逐步向社会更广阔的领域扩展，学生的视野日益拓宽。如果德育不能有效地与其他领域整合发展，而只在很少的时间和很小的范围内进行，那么，第一，德育不可能发挥真正的作用，第二，学生在其他时间和其他范围内得不到正确引导，不可避免地会受错误思想的影响。这是一种片面的教育，而不是全面的教育。全面教育，只能是德育同智育以及其他教育相互渗透、有机结合的教育，而绝不是多种毫不相关的教育的简单拼凑。因此，为了适应现代社会复杂环境的要求，德育必须通过多种方式渗透学生的业务学习、社会活动、业余生活等各个方面；必须隐含在学习、生活的环节之中，通过教师、干部、职工的教书育人、管理育人、服务育人，给予青年学生经常的、及时的引导、教育。只有这样，才能保证学生逐步适应和把握复杂多变的环境，才能保证学生的全面发展。

总之，德育的整合发展既是社会提出的客观要求，也是德育自身发展的要求，是社会发展与自身发展的高度统一。

二、德育整合发展的模式与特点

德育是高校教育的重要组成部分。德育与智育、体育是按教育职能来划分的，而不能简单地按教育主体，即教师所承担的任务来划分。学校按照培养人才的目标要求，通过德育、智育、体育等多方面教育的协调配合，对学生进行全面施教。这些教育在校内进行分工，教师承担的任务有所侧重。如有的主要从事德育，称为德育教师；有的主要从事智育，称为业务教师。但这种分工的侧重和称谓不能成为划分教育职能的根据，更不能成为划分教育责任的根据，即这一部分教师负责这种教育，则这一部分教师就对相应的教育完全负责，其他教育的责任与其无关。这种由分工的相对性导致的教育职能划分的绝对性的状况，在我国高校普遍存在。负责德育的教师和干部承担巨大压力，"孤军作战"；而从事业务教学的教师和从事管理工作的干部，常常只顾教书和管理工作，把学生在思想、道德方面存在的问题和责任推给德育教师和党的领导。这就导致了教育的大致分工变成教育的完全分割。这种状况对学生的全面发展是十分有害的。产生这种状况的原因，一是与自然经济条件下传统分工习惯的影响有关，二是与一些教师对思想政治教育的看法有关。传统分工即分家的观念，使一些教师产生单一教学行为，习惯于认认真真教书，不习惯也不善于通过教书育人。一些教师不能正确对待德育过去所犯的错误，常常把德育与政治运动、政治口号划等号，看不到德育的知识性与科学性，因而往往轻视德育、回避德育，把知识的传授和能力的培养看得神圣而重要，把德育看作不学无术的事情。这些传统习惯和片面认识，严重阻碍了德育的整合发展。

事实上，德育绝不是由于分工才存在的，也不是由人为划定才决定其有无的。它同智育的关系，犹如政治同经济、业务的统一，是不可能绝对分开的。严格地讲，在学校教育中，与思想、政治、道德完全没有关系的纯粹智育，和与知识、能力、技术完全没有联系的纯粹德育，都是不存在的。从事业务教学的教师，即使是从事自然科学、技术科学教学的教师，其教学内容虽然没有阶级性或政治性，但是，教师在运用这些内容时，是要受一定思想支配的。例如，以什么思想为指导组织教学和运用知识，按照什么目的和要求对待教学和教育学生，以什么感情和态度对待学生，等等，这些都不是业务知识和技术手段本身的范畴，却是进行业务教学必不可少的条件。不管教师是否承认这种条件，是否意识到这种条件的必要性和重要性，它在教师的教学过程中总是客观存在的。而且，教师对教学的态度，对学生的态度，对每一个教学环节的态度，既是教学行为，也是道德行为，对学生产生着潜移默化的影响，不仅影响学生知识和能力的提高，也影响着学生思想道德的培养。因此，每一个业务教师，在对学生进行知识传授和能力培养的过程中，同时也在进行思想和道德的影响，即在事实上也在进行着德育，只不过有自觉还是不自觉、是正确还是错误的区别而已。

相反，德育教师在进行教育的过程中，其行为也绝不是单纯的政治、思想、道德的教育行为。德育也要运用知识和技术，即使是政治理论和知识、道德知识和方法，在实施教育过程中，也能增强学生的智力和能力。况且德育还要广泛运用其他学科的知识和方法以提高教育质量。因此，德育要以知识为载体，也有知识传授和能力培养的要求，只不过对知识和技术的运用有自觉还是不自觉、擅长还是不擅长的区别而已。

总之，德育与智育在本质上是相互联系和渗透的，这种本质联系是德育整合发展的根据，是德育对智育和其他教育发挥作用的前提。

如果德育和智育与其他教育实现整合，那么，高校将会出现一种大德育模式，这种大德育模式的构架是"一体两翼"。

"一体"即德育主体。德育主体是学校专门从事德育的机构及其人员在学校德育中起主导作用。德育主体包括政治理论课教学机构及教师、面向学生进行党团教育的组织及人员、对学生进行形势政策教育及日常思想教育的部门及人员。德育主体所承担的政治理论教育层次、党团组织教育层次和日常活动教育层次，一方面要统一领导和规划，分工协作，实现主体内部的整合发展，以形成教育合力，发挥主导作用。另一方面，各个层次的教育都应当向外辐射，同学校其他教育相互联系、融通，对其他方面的育人活动给予指导和影响，并保证其他教育活动的顺利进行。

学校的德育主体部分要精干，不要过于庞杂；要有感召力，不能默默无闻；要有可信性，能成为青年学生的良师益友。并且，德育主体能履行现代德育的多种职能，不仅能有效实施教育，而且能在不断开发、研究的过程中，探索教育的新思路，创造德育的新成果。

"两翼"即德育两翼。德育两翼是高校德育的重要组成部分，在学校发挥着经常的、广泛的教育作用。德育两翼包括两个方面，其一是学校教师、干部、职工的教书育人、管理育人、服务育人，其二是学生的自教育人、自管育人、活动育人。

高校的教学工作、管理工作和服务工作是学校的主要工作，是面向学生的经常性工作，这些工作具有传授知识、规范行为、服务生活的功能。而由于这些工作受学校性质的影响，如前所述，它们同时具有教育的职能。这种教育职能是通过教师、干部、职工在教学、管理和服务过程中的指导思想、目的要求、工作态度、工作作风等综合表现出来的，并且这种教育职能同传授知识与技能、管理规范与政策、物质生活条件紧密结合，同时起作用，因而其教育作用实在且具体、丰富且生动，是专门的德育工作者无法代替的，也是德育不可缺少的组成部分。因此，高校必须树立"大德育观"，形成德育的"全员"意识，把全校教职工动员起来，做好本职工作，在各自工作岗位上履行育人职责，完成德育任务。

高校学生的自我教育、自我管理以及开展的各种活动，是在教育者、管理者的指导下，有组织、有目的地进行的，它是德育的延伸和扩充，同样具有育人作用。学生在学校里，除了上课、做实验、自习，在干部、教师的指导和组织下，要参加政治活动、学习活动、社团活动、科技活动、实践活动、文体活动以及生活服务等各种活动。这些活动以理论、知识、文化、科技为载体，采取小型多样、丰富多彩的形式，学生既组织又参与，既是教育者又是受教育者，这完全符合青年学生的特点，为青年学生所喜爱和乐于接受，在高校普遍受到学生欢迎。这些活动让学生既学习知识、培养能力，又提高思想、训练道德行为，还活跃了校园生活，优化了育人环境。因而，它是学校德育、智育的重要补充，也是学校德育、智育向学生的转化，以学生的自我教育、自我管理、自我学习来实现德育和智育的目的。所以，学生的自我教育、自我管理也是学校教育不可缺少的组成部分，是德育工作者无法代替的。

德育的"一体两翼"模式是由三个部分构成的，这三个部分相互联系、相互依存、相互渗透，共同构成了高校大德育格局。只有这样的德育格局形成了，学校的德育才算是完善的、系统的，否则就是零散的、残缺的。那么，"一体两翼"的德育模式有哪些特征呢？

第一，它是有目的的运动模式，而不是某种自发行为。"一体两翼"的德育模式，是建立在德育工作者、教师、干部、职工的自觉行为基础上的，即其能主动履行自己的德育职责，各自按照自己的方式和特点自觉开展德育工作，而且目的明确、方向清楚。那种目的不明确，或者只有一部分人明确，另一部分人不明确，只有一些人自发的育人行为，甚至会对学生造成不良影响，是不可能构成"一体两翼"德育模式的，而只能形成一种零散的、自发的、无力的德育状况。

第二，它是具有渗透性的综合模式，而不是各项教育的叠加和拼凑。德育主体与两翼之间，德育与智育、管理和服务之间，都是一种有机结合。这种结合，是教师、干部、职工的主动行为，而不是外部强加的措施。因而，广泛的渗透便形成了"你中有我，我中有你""你离不开我，我离不开你"的综合教育网络。

第三，它是具有效益的合力模式，而不是各项教育之间的摩擦与抵消。"一体两翼"的德育模式，在向着明确目标协调运行的过程中，会产生很大的教育合力，从而提高教育的质量与效果。它比孤立地进行教育要优越得多，其效率要高得多。孤立地进行教育常常由于目标要求不同、内容方式重复、相互之间的矛盾，导致教育之间的摩擦，甚至相互抵消。

总之，"一体两翼"的德育模式，是德育整合发展的综合模式、整体模式，也是高校未来可以实现的理想德育体系。

三、德育整合发展的途径和方式

那么，怎样推进德育的整合发展，建构德育的新模式呢？

首先，进行目标整合，确定统一目标。目标整合是德育整合发展的前提，没有统一的、明确的目标，德育整合发展就是盲目的，是没有方向的。目标整合是将学校各项教育所要达到的目的、要求综合起来，形成一个统一的、明确的培养目标，各项教育都为了实现这一目标而努力。

我们党的教育方针规定，各级各类学校的目标是培养德智体全面发展的社会主义建设者和接班人，这一目标是全面的、综合的，它是一个相互联系的整体，是目标要求的有机整合。但这一目标是原则的、抽象的，它对我们确立各个学校的目标具有指导性。各个高校都要坚持党的基本路线，坚持社会主义办学方向，培养政治上合格的学生，这一点是共同的。但不同高校的性质各有不同，学科、专业特点不同，对学生知识结构、能力结构的要求各有侧重，对思想品德、事业精神和作风也会有相应的规定。因此，各个学校、学科或专业，对学生综合目标的表述以及实际要求，都是不同的。德育目标不能脱离学生的专业要求和学科特点而千篇一律地用抽象概念加以表述，而必须与学生所学专业实际紧密地结合在一起，提出富有特点的目标要求。例如，师范院校的学生，其思想道德方面的目标要求是，忠诚党的教育事业，热心教育工作，为人师表，讲究师德，具有求实严谨的学风；理工科院校的学生，其思想道德方面的目标要求是，树立为科学技术事业献身的精神，努力为发展科学技术和生产力做贡献，刻苦钻研，敢于攀登，具有求实创新的作风；而农林、地质矿产院校的学生，则应加强专业思想教育，培养艰苦奋斗、立志创业的精神。这些各具特色的德育目标，同学生的专业目标和今后的专业工作是融合在一起的。因而它是一种整合目标，而不是离开业务实际的抽象目标。

同时，学校的教育，虽然从德育、智育、体育几个方面分别进行，但它们之间是相互联系和渗透的，是一个教育整体。教育的整体性要求培养目标的统一性，培养目标的统一性引导教育的整体性，这是符合因果逻辑的。如果学校里各项教育自立目标、互不相干、各自为政，那么，学校就会被分割成孤立的教育板块，学校的整体性遭到破坏，根本不可能统一办学。只有把德育、智育、体育等各方面的教育目标融合起来、整合起来，形成一个统一的目标，德育才能参照其他教育，并以其他教育为条件，为达到统一目标发挥作用。

其次，实现内容整合，加强思想渗透。德育的内容很多，有马克思主义基本原理教育，有国情和爱国主义教育，有集体主义、社会主义教育，还有道德教育、专业思想教育，等等。这些教育内容是有层次的，它们分别属于政治观、人生观、道德观、职业观的范畴。我们进行各种不同内容的教育，其目的是解决学生政治观、人生观、道德观、职业观方面的问题，帮助学生树立正确的思想观念。

对于许多可以利用的教育内容，我们既不能只择一二，不及其他，又不能一下子全部搬来，盲目地塞给学生，而应当从学生的实际出发，选择他们在成长过程中所需要的内容开展教育。因而，学生的实际既是确定教育内容的出发点，也是进行教育内容整合的根据。学生的实际，除政治生活、日常生活之外，主要还是学习、训练。有理论学习，实践训练；有政治理论学习，专业知识学习和技术技能训练；有向工农群众学习和通过各种活动的锻炼。在这些学习、训练活动中，专业知识学习和技术技能训练又是主要的。德育内容的整合应从两个方面来把握。一方面是德育内容本身的整合。这一方面的整合是根据学生全面成长的需要和面临的实际问题，全面地、合理地统一安排政治、人生、道德、职业等方面的教育内容，有计划、有目的地实施各项教育，既保证重点，使每项教育内容得以落实，又相互衔接，使各项教育内容统一为一个整体。事实上，政治观、人生观、道德观、职业观等方面的内容都是相互联系、相互渗透的。这种内在的联系和渗透是马克思主义思想体系完整性与彻底性的本质体现，是德育内容系统性与一致性的要求。

同时，学生在政治、人生、道德、职业方面的思想反映，既有侧重，又不是孤立的。例如，一个学生的政治观念有问题，这个学生的人生观、道德观也可能不正确。一个学生的人生观、道德观良好，这个学生的政治观也会不错。这就是政治、道德、人生、职业之间存在内在联系的缘故。因此，我们选择教育内容时，要保证重点，也要考虑全面，不要重复，也不要脱节。实施教育，不能孤立地进行，要前后衔接、联结发展。这样，德育才能形成整体，具有系统性。

德育内容整合的另一方面，是德育内容向业务学习、管理工作和校园生活等各个方面的渗透，使德育内容以业务、管理和活动为载体，实现德育内容与业务、管理和活动内容的有机结合，形成富有特色的、生动具体的教育内容。例如，人生观内容通过正确的学习目的、学习态度表现出来，道德观内容由职业道德体现，职业观内容反映学生对未来事业的向往和对专业的态度，政治观内容则要求学生把业务学习同社会政治理想联系起来，树立远大的政治目标，坚持正确的政治方向。这样一种整合的德育内容，是有血有肉的、联系实际的，而不是抽象的、原则的概念与条文。因此，德育要坚持理论联系实际，最重要的是要实现德育内容向业务、管理和活动方面的渗透，以扩大德育的影响范围，提高德育的有效性。

最后，进行德育方法整合，广泛运用综合方法。德育目标、内容的整合，必然要求方法的整合。德育方法的整合，就是把各种单一的德育方法有机结合起来，形成综合教育方法。综合教育方法比单一教育方法有更大的优越性。第一，综合教育方法能够产生教育合力，增加德育的力量；第二，综合教育方法能够扩大教育的影响，增强教育的效果。

德育方法的整合，可以依据内容、范围、目标等不同要求，进行各种方式的综合，主要包括以下三个方面。

第一，共同育人，齐抓共管的方法。这一方法就是动员学校各方面的力量，调动学校各职能部门的积极性，按照培养目标的要求，通过各种方式和途径，共同育人，形成齐抓共管的局面。就像毛泽东同志所说的那样："思想政治工作，各个部门都要负责任。共产党应该管，青年团应该管，政府主管部门应该管，学校的校长教师更应该管。"①

第二，综合采用多种教育方法，提高教育质量。为了完成一项重大的教育任务，运用一种教育方法是不够的，必须采用多种教育方法，才能收到明

① 《毛泽东著作选读》乙种本，人民出版社1964年版，第240页。

显效果。例如，采用关怀体贴的情感感化法，或运用生动感人的事例，激发学生的感情，为进行思想教育奠定情感基础；采取民主的方法、讨论的方法、说服教育的方法，摆事实、讲道理，以理服人，帮助学生树立正确的思想观点；运用必要的制度、守则、条约进行管理教育，促使正确的思想转化为良好的行为习惯；引导学生身体力行，进行实践体验，使正确的思想在实践的基础上得到巩固。如果一项教育活动综合采用情感教育法、说理教育法、管理教育法、实践教育法等方法，教育效果将明显增强。综合采用多种教育方法，是有层次、有重点、有顺序的，而且要根据不同的对象、不同的教育内容来进行方法选择，而不能进行方法的拼凑和堆砌。拼凑和堆砌不能整合方法，也不会形成教育合力。

第三，综合采用多种手段，强化教育效果。灌输教育法是德育的一个传统方法，这一方法在新的形势下当然需要继续使用。但仅仅运用这一方法，效果常常有限。如果配合这一方法，加上录音、录像、辩论等方法和手段的辅助，便可加强教育效果，这也是现在运用得较多的一种综合方法。

论新时期德育手段现代化[*]

传统德育向现代化德育转变的重要标志，是现代化德育手段对传统德育方法的取代。现代科学技术的迅猛发展，既向德育手段现代化提出了客观要求，又为德育手段现代化提供了条件。德育要走向现代化，关键就是要实现手段现代化。

一、德育手段现代化的客观要求

现代科学技术的惊人发展，推动学科领域出现了信息化、社会化、综合化、专业化的新趋势，并从根本上改变了生产力的结构，改变了劳动和各项实际工作的内容与条件，促进了社会劳动和实际工作的智力化，大大提高了劳动和各项工作的效率，从而引起了社会政治、经济、文化生活和其他各个方面的连锁反应，带来了全社会的深刻变化。现代科学技术的鲜明特征是科学同技术的紧密结合，现代技术完全建立在科学理论的基础上，现代科学装备了复杂的技术设备，科学技术化和技术科学化的转化速度越来越快。科学正在变成技术，技术包含的科学知识越来越密集。同时，与现代科学各门学科相互交叉渗透的整体化趋势相联系的是，现代各种技术也融合出一系列新技术。科学技术的综合化发展趋势不仅加快了科学技术的发展，而且将引起产业结构、经济结构和社会结构的变革。现代科学技术的另一个新特点，是现代科学技术与人文社会科学的结合。当代任何重要的科学技术问题、经济与社会发展问题，需要运用多学科的知识和方法来解决，其中包括人文社会科学的知识和方法。科学技术的概念、方法和手段向人文社会科学的渗透，以及人文社会科学的价值、伦理观念和理论在科学技术中的运用，引起了当代思维方式的深刻变革。现代科学技术无疑也要向德育方面渗透，德育也同样面临现代科学技术的冲击。现代科学技术的发展和改革开放的环境，不仅推动着德育由常规领域向宏观领域和微观领域的拓展、由封闭孤立的发展转

　＊ 原载于《广东高校德育改革与发展》，广东高等教育出版社 1994 年版，作者郑永廷、苏一凡、陈泽勤，收录时有修改。

向内在联系上的整合发展，而且带来了德育方法和手段上的变革。

一方面，现代科学技术与教育的交叉结合，产生了现代教育技术这一新的技术手段，形成了现代教育技术的研究方向和新的学科、专业，成为实现教育手段现代化，包括德育手段现代化的科学途径。现代教育技术正在向更先进、更高水平、更普及化的方向发展。语声信号的数码化，将有利于教育信息的长期保存和教育信息的远距离传送；大屏幕电视、有线电视、电视录像可用于大范围教育；小口径的卫星天线和低成本的个人化微型终端，使教育工作者可以通过卫星电视直接收看和收集世界各地的信息和资料。计算机储存和检查系统使教育信息储量更大，储存时间更长，查询更方便，传输更迅速。教育手段的现代化同德育现代化是同步发展的，它是现代科学技术发展的必然结果。

另一方面，现代科学技术推动着人类历史逐步进入信息时代，信息作为一种重要资源和财富，影响着全社会的运转。信息的收集、储存、运用、转化，在很大程度上决定了竞争的胜负和工作的成败。在经济领域，生产经营者掌握了正确的市场信息，就能比竞争对手提供更合适的商品从而占领市场；投资者掌握了股票、汇率、利率的准确信息就能获得高额利润；经济决策部门正确获取了经济运行走向的信息，就会提出成功的经济决策方案，大大提高劳动生产率。所以，人们把信息称为社会生产力的倍增器。信息不仅在经济、科技、军事等领域十分重要，在教育领域同样很重要。信息不断改变着教育的内容，改变着教育的方法和手段。现代科学技术的新知识、新理论、新学科源源不断地向教育涌来，促使教育不断丰富内容，更新知识体系。教育信息和德育信息的倍增，也促使教育与德育采用现代信息技术：一是由电子计算机系统承担天量德育信息的储存与检索任务，建立德育信息库或数据库；二是利用现代通信技术、传播技术充分利用和广泛传播德育信息，从而形成以德育信息库为中心、以德育信息传播为网络的广阔德育信息覆盖面。总之，现代科学技术的发展，既向德育手段现代化提出了要求，又为德育手段现代化提供了条件。德育只有实现现代化，才能适应时代的要求，才能促进自身的发展。

二、德育手段现代化是德育自身发展的需要

德育改革与发展，不仅表现在内容上，而且表现在方法与手段上。如果方法和手段落后，那么德育就不可能有大的改进和发展。长期以来，德育由

于受过去"左"的思想影响，加上中学、大学在某种程度上，注重的是升学教育，而不是素质教育，因而德育工作者和德育对象都不同程度地存在注重书本、背记概念、应付考试、谋求高分的倾向。这种倾向把德育局限于课堂和书本中，严重脱离实际，对改革发展的深刻变化、丰富多彩的现实生活、飞速发展的科学技术缺乏联系和研究，因而要求改革内容、方法和手段的倾向不强烈，德育无法适应改革发展形势。在学校里往往出现这样的情况：一方面，学生的思想受改革开放和社会生活的影响很大，自觉的、非自发的影响，积极的、消极的影响都有；学生对新知识、新理论、新潮流的追求，对社会思潮、社会发展变化的关注，对人生、伦理价值观的讨论与争论，表现得异常活跃，思想热点问题变化快，社会环境对学生思想的影响越来越突出。这种情况的出现与现代通信技术、传播技术等的发展有直接关系。但是，另一方面，作为专门塑造和转变学生思想的德育，却对学生思想和行为的影响越来越小，这可以从各地关于影响学生思想变化的主要因素的调查得到证实。学生一般认为现实社会生活、社会实践对其思想的影响最明显、最突出，而把德育看作只需考试过关的项目。于是，一些学生认为德育离现实生活远，与现实生活对不上号，而一些教师则责怪学生不重视德育。产生这种情况的主要原因是德育存在脱离实际的倾向，不仅内容同现实生活的联系不紧密，而且方法、手段也比较落后。在现代社会条件下，科学技术已经渗透人们学习、生活、工作的各个方面，如学习上使用的视听设备以及各种小型的学习辅助工具，生活上的各种通信、电器设备，工作上的办公自动化设备等。这些新手段、新工具使人们的学习、生活和工作领域更加开阔，内容更加丰富，有效地提高了人们学习、生活和工作的效率和质量。作为当今社会中最活跃的一个群体，学生当然更乐于接受这些新工具和新手段，他们的特点和知识水平也决定了他们更容易掌握这些新手段和新工具。而德育在运用现代化手段方面不仅落后于社会许多单位，也落后于学校的智育和管理。多数学校的德育手段没有多大改变，给学生展现的还是一副"老面孔"的形象，实行的还是"我讲你听"的老办法。因而，德育的效率和质量不可能有明显提高，同社会生活和学校其他教育产生对比和反差，德育的影响力当然会下降。同时，在社会信息容量大、变化快的情况下，德育面临的客观实际同过去已有很大差别。过去，德育面临的实际，主要是国内外的重大事件、全国性的运动以及与此相关的学生思想状况，相对现在而言比较简单，变化也比较慢。而现在却不同，学生可以借助大众传播媒介和书刊，接触到大量新信息，这些信息来自政治、经济、科技、军事、文化等各个领域，形成既分化又综合的信息网络。并且，信息变化得很快，在社会生活和青年学生中，经常形成"热点"，产生"新潮""思潮""热潮"。如果德育工作者能够敏感地、及时地把握影响学生思想和行为的主要信息，运用马克思主义基本原理进行实事求是的分析，引导学生正确分辨、正确选择，那么，德育通过联系实际，就有针对性和说服力。但是，目前的德育距离这一要求还有差距，除受传统思想的影响之外，德育手段落后是一个重要原因。首先，德育信息库在个别高校刚刚建立，还没有联网，收集信息主要靠手工操作和实地调查，这种掌握信息的方式并不优于学生获取信息的手段。其次，由于收集的信息有限，所以对社会生活的变化和热点、"思潮"的形成，难以通过分析、加工做出比较准确的判断，而往往是在发展趋势明朗之后，才去联系实际，显得被动无力。所以，德育在很大程度上，还是就概念讲概念，从理论到理论，同实际离得比较远，对学生的吸引力、感染力不大。马克思主义的原理只有同活生生的现实生活结合在一起，才有生命力，才有指导意义，否则，就会显得抽象和空洞。在现代社会条件下，马克思主义原理同现实生活的结合，要靠现代化手段，因为现代化手段也是现实生活的组成部分，而且是把马克思主义原理同现实生活联系、融合起来的新桥梁、新纽带。没有它，我们就会远离现实生活，马克思主义也会远离现实生活。

当然，实现德育手段现代化要有一个过程，影响和制约这个过程发展的因素主要有两个。其一是领导者和德育工作者的认识水平。领导者和德育工作者要认识现代社会综合化、一体化的协调发展趋势，在抓物质文明建设的同时，要抓精神文明建设，在坚持以经济建设为中心的同时，要加强思想政治教育，在强调智育的同时，要注重德育。只有社会各个方面、学校教育的各个方面都协调发展，社会和学校才能保持稳定，并相互促进，形成全面推进的态势。如果学校德育在现代化进程中或由于认识片面而得不到重视，或思想认识仍停留在过去时代而不加以改进，或借口条件有限不给予必要投入，那么德育手段现代化就不可能提上议事日程。德育手段的落后不仅会妨碍德育自身发展，而且会影响学校其他教育的进行。时间长了，不仅会影响学生思想道德素质的提高，还会影响未来社会的发展。因此，首先要解决实现德育手段现代化的认识问题。其二是德育自身的特点因素。德育系统，就其结构的性质而言，属于弱结构化系统。德育所涉及的因素，有定量因素，但主要是定性因素；有本质、必然的因素，但有大量不确定的、偶然的因素；有主导性因素，但也有众多相关因素。因此，德育决策、评估要投入大量信息资料，要对各种信息资料进行加工整理，并可能形成多种决策、评估的备选方案，而这些方案要立足现实，更重要的是面向未来。同时，德育是在一种开放环境中实施的，受到众多因素的影响和制约，我们很难把这些有形和无形的因素具体化、定量化，特别是文化因素、心理因素更难以把握。这样一来，比起强结构化系统，德育运用现代化手段就困难、复杂得多。它要求德育工作者既熟练掌握现代化手段的各种技术，又懂得德育的规律，并把现代化手段同德育的特点、规律有机结合起来。这本身就是一种创造，是对传统德育的改革。实现德育手段现代化，无论在主观和客观上困难有多大，都不能成为德育落后的借口，而只能说明德育改革的艰巨。只有重视它、研究它，我们才能促进德育现代化。

三、德育手段现代化的主要途径

德育手段现代化，涉及德育的各个环节和各种场所，关系到德育的效率与质量，它是实现德育现代化的重要内容。

第一，收集和处理德育信息的手段现代化。收集和处理德育信息包括收集德育的内容、经验、成果、方法等，其中主要是对德育对象思想情况的掌握和分析。收集德育对象的思想信息一般通过观察、调查和预测三个途径进行，观察、调查、预测分别对正在形成、已经形成和即将形成的思想情况进行理解和掌握。过去，我们在观察、调查、预测三个方面，摸索总结了许多具体方法。如观察法包括直接观察与间接观察、定性观察与定量观察、主题观察与转向观察、描述性观察与分析性观察等；调查法包括访问调查、书面调查、文献调查、抽样调查、典型调查等；预测法包括判断性预测、规范性预测、类比预测、征候预测、相关预测等。这些具体方法过去经常用，也很有用，今后还会继续用。但是，这些方法所采用的多是人工手段，而且只能收集小范围内且内容比较单一的信息，其所收集的信息量是有限的。现在和将来的社会发展越来越复杂，变化也越来越快，学生思想的发展变化也会与之相适应。这就需要经常调查学生的思想情况，并进行各种相关因素的分析和前后对比，这样才能准确把握学生思想发展的规律性。因此，仅用过去的方法和手段是不够的，必须运用现代化手段进行思想信息的调查和处理。现代化的手段和方法有以下几种：大面积地对学生进行心理测试，并通过电子计算机分析测试结果，掌握学生的个性特点与心理状况；对患有心理疾病的学生，进行追踪调查或观察，并运用电子计算机将调查资料进行综合分析，有针对性地开展心理咨询活动；在较大范围内对各种不同类型的学生和不同年代的学生实施纵向调查，运用电子计算机对大量调查资料进行分类并做相关因素分析，掌握不同类型和不同时期学生的思想特点及其发展变化规律；运用现代通信手段对学生中的敏感性问题、危害性倾向进行调查，随时掌握其动向，及时采取措施；此外还有追踪调查、滚动调查以及思想预测等。今后，思想信息的收集和处理将朝联合、程序化和及时的方向发展。所谓联合，就是各高校统一规格和内容，联合开展观察、调查和预测，综合信息资料，通过计算机处理之后，实现资料共享、共用，改变过去分散、手工的调查方式。所谓程序化，就是对于了解学生的一般思想动态、意愿和意见的心理测试，可以按程序设计调查问卷，按程序进行调查和统计，按程序传送信息资料，从而使这种常规调查简便易行，快速准确。所谓及时，就是收集处理信息、提供决策方案的速度快，特别是对敏感、危害性事件，能及时采取措施。

第二，存储和检索德育信息的手段现代化。我们现在存储和检索德育信息的手段，主要是人工查找和收藏文字资料。随着书报杂志的迅速增多，不仅经费、场地难以满足购置要求，查找也遇到很大困难。而且，录音和录像资料、缩微资料以及计算机软盘越来越多，这些资料的储存与检索更需要新的手段。

在现代化社会条件下，不管是做学问还是实际工作，都需要信息资料，德育也不例外。如果没有大量可供查阅的资料，仅凭一时的经验和情况进行决策和教育，德育是走不出经验性圈子，到不了掌握规律的自由王国的。因而，运用现代化手段储存信息资料，是实现德育科学化的一项基本建设。同时，德育工作者查找资料，也要运用现代化手段，否则，面对浩如烟海的资料，只会如大海捞针。所以，掌握储存和检索信息资料的现代化手段，是对未来德育工作者的能力要求。今后，高校的德育系统将建立自己的信息库或数据库，各种信息资料、统计数据存放其中，成为德育的信息中心，也可将其形象地比喻为德育的"大脑"。它与过去的资料室不同的就是使用了现代化存储手段。当然，高校由于受条件的限制，不可能都建成大而全的信息库。学校可以按区域和类型进行分工，有些学校可以侧重德育某一方面资料的收集和存储，一个地区设立一个德育信息中心，把各校联系起来，并进行计算机联网，使各校都可检索、使用存储信息资料。

第三，德育信息传播现代化。德育信息的收集、存储、检索是进行德育的前提条件，但并不是德育的目的。德育的目的是要把正确的思想通过各种途径向德育对象传播，并使之变为德育对象的思想。因此，运用现代化手段传播思想信息，其作用会更大。过去，我们使用的传播手段主要是阅读、讲授，教师讲，学生听。这种古老的传授手段，现在和将来当然还要继续使用。但是，在现代社会条件下，光使用这一手段进行德育信息传播，已经显得落后。因为这种人工手段传播的信息量小，而且传播的质量也有限。为了提高思想信息传播的质量，使教育更富感染力和吸引力，德育可将思想信息转化为图文并茂、声像结合的幻灯片、电影节目、电视节目，通过幻灯机、电影放映机和电视机进行传播，或根据一定内容的思想教育，选择放映相关的电影、电视节目，使德育内容更丰富、更生动活泼。德育电视节目以及配合思想教育的电视节目将逐步增多。将一定的思想教育内容加工转化为电视节目的工作，将成为德育工作利用现代化手段的一个新途径。同时，现代化手段还为我们传播高质量的教育活动创造了条件，如将高质量的德育讲座、高水平的报告、高层次的德育活动等，摄制成电影、电视节目，或制作成录音带，使之在更大范围内传播。为了加大教育信息传播的容量，德育工作者要运用现代化手段对教育内容进行筛选，剔除无关的、质量差的内容，保留质量高的、针对性强的内容，提高教育信息的质量和品位。另一方面，德育工作者还可运用现代化手段，加快教育信息的传播速度，如利用投影显示、电子屏幕显示、有线电视传播、有线广播传播等，这些传播手段都比口头传播要快，容量要大。

第四，德育场所和环境建设的手段现代化。运用现代手段建设德育场所和德育环境，这是现代德育的重要任务。创造良好的德育环境，通过环境对学生进行感化和熏陶，是德育的重要途径。特别是在现代社会条件下，环境对人的思想和行为的影响更为直接和强烈，环境中的新因素层出不穷，环境的变化越来越快。高校也要运用现代化手段来建设学校环境，才能使学校环境与社会环境相适应。

高校德育环境的建设，主要是德育场所和思想文化环境建设两个方面。德育场所包括学生活动中心、展览馆、纪念馆、德育实验场馆等。这些场所不能像过去那样，只摆放简单的活动器具和文字图片，否则，学生是不会感兴趣的，即使去了，效果也不会好。因此，要运用现代化手段进行建设。例如，学生活动中心要有现代化传播手段，传播现代知识、信息、科技和各种艺术；要有学生自娱自乐的音像设备、灯光；要有进行科技竞赛、演讲辩论的设施；等等。在展览馆、纪念馆和德育实验场馆里，要综合运用声、光、电技术，运用模拟、装饰、自动化等手段来强化内容的效果。

高校思想文化环境建设，主要是软环境建设，是良好学风、校风的体现。这项建设，过去靠师生员工自觉的良好行为，靠学校艰苦细致的工作。现在和将来，当然也要依靠群众，但还要运用现代化手段来提高环境建设的层次，强化环境教育的效果。例如，在校园里设置立体声广播，可以使音乐、广播优美动听，改善学校的舆论环境；在图书馆阅览室以及其他公共场所配备现代声、光、电技术设施，增强文化气氛。这些提高环境品位的手段如果同正确、科学的内容相结合，就会创造出高雅的思想文化环境，创造出新的教育感化力量。

粤港澳台高校德育比较研究的对象与特点[*]

一、粤港澳台高校德育比较研究的对象与内容

粤港澳台高校德育比较研究，顾名思义，是广东高校德育与港澳台高校德育之间的比较研究。它是在粤港澳台地区高校德育资料、信息的基础上，主要运用比较的方法，来研究粤港澳台四个地区高校的德育历史和现状以及由代表性高校的德育状况而形成的一个区域性的研究领域。

之所以选择广东高校与港澳台高校进行德育方面的比较研究，是因为广东与港澳台地理位置接近，同处于一个正在发展的区域经济范围，有着相近的文化传统，相互影响大，合作交流多。选择广东高校与港澳台高校进行德育比较研究，更具有代表性、典型性。广东高校同内地其他地区高校的德育相比较，虽有其特色，但总体上看，统一性是主要的，差异性是次要的。这既是由社会主义政治、经济制度和意识形态决定的，也是由中华人民共和国成立以来的体制决定的。所以，进行广东与港澳台高校的德育比较研究，实际上也是进行内地与港澳台高校的德育比较研究。

粤港澳台高校德育比较研究与高等教育比较研究有联系，也有区别。从研究对象、研究内容、研究方法来看，粤港澳台高校德育比较研究应属于比较高等教育学的范畴；从更大范围讲，应属于比较教育学的范畴。但它不等同于比较高等教育学或比较教育学。比较高等教育学或比较教育学所研究的范围较广、内容很多，包括社会与教育的关系以及教育内部各个要素的比较研究；而粤港澳台高校德育比较研究，则仅围绕四个地区的高校教育中的一个方面——德育展开研究。

粤港澳台高校德育比较研究与比较思想政治教育学、比较伦理学也既有联系，又有区别。从研究原则、方法和研究内容来看，粤港澳台高校德育比较研究属于比较思想政治教育学、比较伦理学的范畴。但它又不等同于比较

* 原载于《粤港澳台高校德育比较研究》，中山大学出版社 2001 年版，作者郑永廷、李萍、钟明华等，收录时有修改。

思想政治教育学和比较伦理学。比较思想政治教育学和比较伦理学只是用比较方法研究和论述不同国家或地区的思想政治教育、伦理道德的历史发展、现实状况和发展趋势，它的研究范围涉及社会各个领域和各类人员，包括社会与思想政治教育、伦理道德的关系及思想政治教育、道德教育自身结构的比较研究；而粤港澳台高校德育比较研究，则仅围绕四个地区的高校学生的思想政治教育展开研究。

从上面的分析可以看出，粤港澳台高校德育比较研究是一项跨学科的研究，主要研究粤港澳台高校德育的历史与现状；重点研究粤港澳台地区高校德育的历史沿革和特点，德育理论基础的比较，德育目标确立的依据与目标发展变化的比较，德育的内容比较，德育的原则、方法及德育的发展趋势比较，等等。

二、粤港澳台高校德育比较研究的特点

粤港澳台高校德育比较研究，同一般的教育比较研究、思想政治教育比较研究相比，具有自身的特点。其主要特点表现在如下四方面。

1. 区域性特点

粤港澳台高校德育比较研究是跨地区性的比较研究，而不是跨国度、跨民族的比较研究。粤、港、澳、台同属于中国领土，是一个主权国家应管辖的地区，地理相连相邻，居民同种同文，语言相通，亲情乡谊，源远流长，祖国统一是其共同的政治基础，中华文化是其共同的精神纽带。因此，粤港澳台高校德育比较研究是一个国家的跨地区比较研究，这是粤港澳台高校德育比较研究突出的特点。正如邓小平所讲的："我们的社会主义制度是有中国特色的社会主义制度，这个特色，很重要的一个内容就是对香港、澳门、台湾问题的处理，就是'一国两制'。这是个新事物。这个新事物不是美国提出来的，不是欧洲提出来的，也不是苏联提出来的，而是中国提出来的，这就叫做中国特色。"① 迄今为止，不管是教育比较研究，还是思想政治教育、德育比较研究，主要进行的是跨国性比较研究，在我国则重点是进行社会主义国家与西方发达资本主义国家的比较研究，同一国家的跨地区比较研究成果还比较少。我们认为，高校德育比较不仅包括国家之间的比较，而且包括国家内部地区之间以及民族之间的比较，即在由不同背景、不同语言、

---

① 《邓小平文选》第3卷，人民出版社1993年版，第218页。

不同地理区域、不同发达程度、不同社会制度等各种概念所组成的国家群或区域群之间的比较。美国的比较教育学家诺亚和埃克斯坦曾经指出："比较教育这个名词一般已成为跨国研究的同义词，但比较教育的成例就逻辑和方法两方面讲，却应包括其他单位彼此间的一一比较。"他们还认为："比较不一定要受以国为单位的限制，还应该有地区比较、跨省比较、跨民族比较……"这一独特见解，正说明了粤港澳台高校德育比较研究的特点。

2. 异质性特点

粤港澳台同属一个国家，这决定了粤港澳台高校德育比较是区域性的，而不是跨国家性、跨民族性的。但粤港澳台由于政治制度、经济制度不同，其高校德育具有异质性，而不是同质性。广东实行社会主义制度，港澳台实行资本主义制度。港澳是中央人民政府统辖下的特别行政区，实行"港人治港""澳人治澳"的"高度自治"，是独立关税地区，有独立的货币，经济法律也是独立的，教育方针政策、教育发展均自行决定。而广东则是国家实行社会主义制度的一个省份，其政治、经济和文化政策应与中央保持一致，广东高校必须执行党和国家的教育方针，坚持社会主义办学方向。粤港澳台在政治制度、经济制度上的差异，在教育方针、政策上的差异，决定了广东高校的德育必定是社会主义性质，而港澳台高校的德育是资本主义性质。这样，粤港澳台高校德育的比较研究，是两种不同性质的德育的比较研究。这种不同性质的德育比较研究，与中国同西方资本主义国家高校德育比较研究有些类似，如彼此必须尊重、承认对方的德育性质，相互不得要求对方改变德育性质。由于"一国两制"的政策是一项长期的政策，粤港澳台之间两种制度将长期并存，因此，两种不同性质的高校德育也会长期并存下去。这种一个国家两种制度的长期并存，一个国家两种不同性质的高校德育的并存，正是中国社会主义特色的一个重要表现。

3. 同根性特点

粤港澳台的高校德育虽然性质不同，其比较研究属异质性比较，而非同质性比较。但这种异质性与我国高校社会主义德育同西方国家高校资本主义德育的异质性又有区别。这个区别主要表现在粤港澳台在民族、文化上同祖同根。

粤港澳台自古以来同属中国领土，同属中华民族，民族情怀始终是爱国情感的坚实基础，分不开，割不断。港澳台虽然有较长时间离开祖国怀抱，但分离并没有冲刷掉港澳台人民的民族归属感和爱国统一的情怀。这种情感既是高校德育的基础，也是渗透广泛的高校德育内容。同时，中华文化，特别是中华传统美德，既是维系粤港澳台人民的精神纽带，也是粤港澳台高校德育的理论、知识和道德智慧的共同来源。内地高校一向强调继承中华民族优良文化传统，弘扬中华传统美德；港澳台高校也在通识教育、人文教育、公民教育中，开设了大量中华传统文化课程，继承了中华传统美德。所谓东方道德，即儒家所提倡的道德，在港澳台高校德育中的体现是十分明显的，这既是港澳台高校德育不同于西方资本主义国家高校德育的地方，又是港澳台高校德育与广东高校德育相通的地方。尽管广东高校德育人员和港澳台高校德育人员由于指导思想的差异，对传统文化、传统道德的某些内容有不同的理解和不同的吸纳、运用方式，但共同的语言文字和共同的文化根基，使粤港澳台高校德育总是有可以交流、探讨、发展的共同点。这一共同点是德育比较研究和相互学习借鉴的特殊条件。

4. 开放性特点

粤港澳台高校德育比较研究的开放性特点，既与粤港澳台的历史和现状有关联，又由德育比较研究的性质所决定。

首先，从历史上看，广东和港澳台由于地处沿海，相比内地既有开放的优势，也有开放的传统。广东在地理上与港澳相连，与台湾隔海相望，在过去就与港澳台地区有一定交流、交往；其为数众多、遍布全世界的华侨，也一直是联系广东和海外的纽带，使广东有广泛的通道同世界各国和各地区进行联系。香港、澳门自被英国、葡萄牙占领后，一直是面向世界的自由港，经济、文化同世界各国，特别是同西方发达国家有着广泛的联系和交往，并受西方发达资本主义国家文化的深远影响。"台湾当局"一直受到西方一些资本主义国家，特别是美国的支持、保护，在思想、文化上也广泛受到西方影响。这种历史上的开放性和广泛影响性，使粤港澳台，特别是港澳台高校德育具有开放性、复杂性的特点。从现实情况看，广东处于改革开放前沿，不仅比内地开放早、开放快，而且比内地开放得更广泛、更深刻。所以，广东高校德育面临的改革开放带来的新情况、新问题更多。香港、澳门回归祖国后仍然是自由港，不仅其本身要对外开放，而且内地要以港澳为窗口和桥梁，扩大开放。在更加开放的条件下，粤港澳台高校德育事实上已经走出了地域界限，已经面向世界。进行粤港澳台高校德育比较研究，实际上要以世界为背景，把德育放在国际环境中综合地进行研究。

其次，就其研究的范围和内容来看，粤港澳台高校德育比较研究，不仅要研究德育本身的现象和规律，而且还要研究决定和影响德育发展变化的多种因素和条件。也就是说，它不仅要从内部去触及教育方针、教育思想、德育原则、德育内容、德育方法等一系列理论与实践问题，而且还必须从外部去探索德育与社会、政治、经济、文化、教育、科技等各种关系。高校德育是高校教育这个大系统中的子系统，高等教育又是社会这个大系统中的子系统。德育不仅受教育的影响和制约，而且受社会文化、政治、经济的直接影响。粤港澳台高校德育比较研究要达到目的，就必须对涉及粤港澳台高校德育的复杂的系统和因素进行综合分析。

全面建设小康社会进程中高校德育的
主导性审视*

　　全面建设小康社会是我国在新世纪的奋斗目标，也是我国现代化建设的新阶段。在这个阶段，人怎么发展，高校德育怎么改革发展，是高校德育工作者需要认真研究的问题。党和国家以邓小平理论和"三个代表"重要思想为指导，确立了全面建设小康社会、追求物质丰裕、推进社会和人的全面发展的目标体系，提出了以人为本，坚持全面、协调、可持续发展的战略思想。这一科学发展观，为推进高校德育改革发展，发挥高校德育的主导作用，促进学生的全面发展，提供了明确的理论指导和思想保证。高校德育的主导功能与价值，集中体现在以学生为本，促进学生全面、协调发展上。坚持德育的人本主导，加强德育的全面引导，探索德育的协调发展，是全面建设小康社会进程中高校德育的主导发展取向。

一、坚持德育的人本主导

　　党中央提出的科学发展观，其内涵是极其丰富的，其中以人为本是科学发展观的核心，更是高校德育的根本宗旨，因为高校德育的对象是人。所谓以人为本，就是社会的一切发展既依赖人的发展，又为了人的发展，人既是发展的目的，又是发展的手段。坚持以人为本的发展观，首先，要把人的全面发展作为社会和人的根本目标，把社会的经济、政治、文化发展归于满足人的发展需要，就是要代表广大人民群众的根本利益，体现一切为了群众和立党为公、执政为民的民本观。其次，要把人的发展作为一切发展的基础，坚持人民群众是社会发展主体和历史发展动力的唯物史观，广泛发动群众，充分调动群众的积极性与首创精神，推进我国社会主义现代化建设，继承和弘扬党的一切依靠群众、从群众中来到群众中去的群众观。最后，要树立人才资源是第一资源的观念，把人才资源作为最重要的战略资源认识、开发和管理，高校要努力担当人才强国的历史重任，形成小康大业、人才为本的共

---

　　* 原载于"2004 年高校德育主渠道建设学术研讨会"论文集，收录时有修改。

识。高校德育坚持以人为本，就是要把代表学生的根本利益、促进学生的全面发展、调动学生的积极性与创造性作为根本任务与根本目的。

在高校德育领域，人本发展观是与文本发展观相对应的。所谓文本发展观，就是以书为本、从理论出发的发展观，就是在教育过程中，只重备课，忽视"备人"；只讲抽象理论，忽视人的具体实践；注重文本逻辑性，忽视人的发展需要；强调文本意义阐释，忽视社会实践发展；等等。概括起来就是只重书本，不重人本。这种文本发展观的基本特征是理论脱离实际的教条主义，抽象化、概念化的形式主义，经院式、学究式的本本主义。教条主义、形式主义、本本主义，在党的历史上和过去高校德育中曾多次出现，它既窒息马克思主义理论的生命力，又导致实践发展的模式化，从而使人的思想僵化保守，曾多次给我国的革命和建设造成重大危害。

改革开放以来，虽然高校在解放思想、实事求是思想路线的指导下，对教条主义、形式主义、本本主义进行了批判并有很大的克服；但是，高校德育脱离社会改革发展实际和当代学生特点的现象依然存在，满足学生在竞争领域、信息领域、网络领域等新的领域发展所需要的理论、价值、心理健康教育仍然缺乏，德育与学生业务学习、研究分离的"两张皮"状况还没有得到很好的解决，一些德育工作者、领导者在市场竞争中为了自身现实利益而简单应付德育的倾向也比较明显，传统、单一的高校德育方法难以满足学生的多样化和个性化发展需求，等等。这些德育现象的基本特征是缺少人本，偏向书本的教育，是忽视人的需要与发展的教育倾向。

学生在这种滞后和针对性不强的德育过程中，往往难以感受到德育的价值而产生疏离，甚至对理论缺乏兴趣和不愿接受，致使德育有效性下降。而一些学生缺少理论武装，又往往发出彷徨与迷惘的呼喊，力图在自发中求解精神困惑，表现出精神的饥渴状态。这就是当前高校学生需要与高校德育难以满足其需要的矛盾，是高校德育必须面对的问题。为此，高校德育应当以人本发展观反省教育的文本发展观，改革德育脱离社会发展实际和学生实际的倾向，真正使德育成为学生生存与发展的条件。唯有如此，马克思主义理论教育的主阵地才能巩固，德育的主渠道才能通畅，主导作用才能切实发挥。

二、加强德育的全面引导

坚持推进社会和人的全面发展，是科学发展观的中心内容，是党的全部工作，也是高校德育的根本目标。高校德育就是要保证和促进人的全面发展。所谓人的全面发展，按照马克思的观点，就是人的本质以一种全面的方式。也就是说，作为一个完整的人，占有自己全面的本质。物质性、社会性、精神性都是人的本质属性。生活在一定社会条件下的人，既要拥有生存与发展的物质条件，又要不断丰富社会关系，还要有自己的精神生活，在发展取向上既坚持全面又有所侧重，既发展特色又互不替代，以物质、社会、精神的全面方式发展自己。

在不同的历史时期，全面发展观的内涵是不同的，全面发展观是相对于片面发展观而言的。在历史发展进程中，由于受生产水平和社会政治制度的制约，人往往呈现片面发展状态，并在不断克服片面发展的过程中走向全面。在我国古代，人的发展侧重于道德发展，即所谓"道德人"。"文革"中以阶级斗争为纲和政治运动为中心，人的发展集中于政治，把人变成"政治人"。西方中世纪的神本价值主导，使人成为在神面前的"神性人"。资本主义的商品拜物教使人成为"经济人"。现代社会一些人对科技的顶礼膜拜，又使这些人成为"工具人"。从历史发展的过程来看，人类社会在不同时期具有不同的主导价值取向，形成了人不同侧重的发展趋向，而社会和人在发展价值取向上的替代，又造成了人的片面发展。马克思曾经系统分析了古代人在"人的依赖关系"状况下的片面发展，深刻分析了资本主义社会的人在"物的依赖"状况下的片面发展，提出了人的全面而自由的发展是未来社会和人的发展目标。我们党提出人的全面发展观，就是要避免以往社会人的片面发展状况，克服"道德人""政治人""神性人""经济人""工具人"的局限，真正按照人的本质属性实现人的物质与精神、科技与人文、政治与道德、生理与心理、知识与能力等方面的全面发展，真正成为"全面人"。坚持人的发展的全面性，既是人的本质要求，也是社会主义的本质体现。按照马克思主义的观点，人的全面发展从根本上讲是人的本质的全面占有，从社会发展趋势看则是社会主义的目标。过去，我们在人的发展上过分强调社会性，忽视物质性，产生了一大批热衷于政治运动的"政治人"，结果，由于人们物质追求的动力不足，社会生产缺乏拉动，使得人们不仅物质生活水平不高，而且缺少接受教育、提高科学技术水平的物质条件。当人们可以追求物质利益后，又有一些人忽视政治与道德表现而为"经济人""工具人"，结果，在社会上和学校里，引发出许多社会问题。如一些人将物质交换原则引入政治活动，为了满足个人私欲玩弄政治权术，以权谋私，大搞钱权交易；一些人陷入享乐主义和利己主义，迷信金钱至上，相信"人不为己，天诛地灭"的自私哲学；一些人为了满足私利，丧失良心大搞欺骗活动；一些人营私舞弊、剽窃他人成果；等等。这是物本价值取向对社会政治、道德、教育等领域的冲击，也是经济主导价值观单一化而导致的对其他社会价值观的替代性现象。这种价值取向的实质是将物质的满足作为人的最高目的，把物质价值置于价值体系的最高点，是一种典型的片面认识与片面发展。这种物本价值取向与科技为本的价值取向，对青年学生的影响是广泛的，所引发的价值替代性后果是令人担忧的。无论是物质替代精神，还是科技替代道德，都是以物质、科技作为衡量价值的唯一准绳，忽视自身内在精神世界的耕耘与和谐。于是一些学生在思想上存在迷惘与困惑，不愿意从精神和理论的层面求解；一些学生不自觉地表现出急躁、浮躁、焦躁、烦躁，不明白"人无远虑，必有近忧"的古训；一些学生拥有现代化生活的物质条件，但烦恼不断，缺乏幸福感；一些学生在激烈的社会竞争中，稍有不顺就怨天尤人和动力不足。所有这些我们可以大量感受到的事实，不仅给社会和个人的发展增加了阻抗，而且还要社会对其所造成的损失做出补偿。对此，我们只能将其理解为社会和一些人忽视和轻视精神与道德生活的后果。

面对现代社会人的发展的复杂状况，高校德育要以科学发展观为指导，在理论上启发学生重新学习马克思主义关于人的本质与全面发展的理论，克服实用主义倾向与片面性理解，切实全面把握人的本质并确立全面发展的目标；在实践中帮助学生适应社会发展的全面性与丰富性，改变过去非此即彼和抑此扬彼的简单化方式，切实在坚持全面发展中形成重点与特色；在比较中引导学生认识人类的全面发展趋势和片面发展的危害，避免盲目发展倾向，正确吸取发展上的经验教训。高校德育坚持人的全面发展观是一项长期而艰巨的任务，这是因为，从历史上看，以往人的发展取向由于受客观历史条件的限制，存在片面性，这种片面性实际上反映的是社会和人的发展的不成熟性，要克服这种片面性或不成熟性要有一个过程。有些学生否定了"文化大革命"的政治替代其他价值取向的错误之后，转向了对政治本身的否定而陷于经济、科技价值取向，从一个极端走向另一个极端，这仍然是不成熟的表现。从现实来看，科技进步、市场体制所引发的社会竞争力量强大。在竞争中，经济与科技由于直接与人们的物质利益相关，并且可以通过物化、量化和指标化进行比较而显示价值优位，因而受到重视，精神、道德往往难以直接比较而常常被忽视，这是造成人的片面发展的现实原因。针对历史与现实情况，高校德育只能以政治与经济相统一、科技与人文相统一的理论，探索与现代物质、科技价值相协调的精神价值理论，强化理论说服力和精神、道德上的影响力，为学生的全面发展创造条件。

三、探索德育的协调发展

坚持社会和人的协调发展是科学发展观的重要内容，也是高校德育在新的历史条件下应遵循的重要原则。所谓协调发展，是指人在发展过程中与所处环境、条件的互动与和谐，而不是分裂与对抗。人的全面发展与协调发展是不可分割地联系在一起的，全面发展是协调发展的基础，没有全面发展，就无法进行各方面素质的协调；而协调发展则是全面发展的保证，没有协调发展，就无法坚持全面发展。因而，人的协调发展是人应有的科学、合理的发展状态，是高校德育必须追求的目标。人的协调发展主要包括人与社会、人与自然和人自身发展的协调。

人与社会的关系，始终是人生存与发展所面临的主要关系。古代社会"人的依赖关系"把人进行等级分裂，造成人与人的对立；资本主义社会"人对物的依赖关系"，使人陷于物质价值的追求而相互争夺，这些都不可能实现协调发展。为了解决人与社会的冲突，马克思和恩格斯提出了"自由人的联合体"思想，即在这样一个联合体中，"每个人的自由发展是一切人的自由发展的条件"[①]。这一思想是对单纯群体本位、极端个人本位的扬弃与超越，是对个人与社会关系割裂的否定与克服。它既肯定了个体的自由发展，又把一切自由发展的个体从本质上统一为整体的社会联合体，即人的"类存在"。这样，人再不是"单子式"的相互矛盾的存在，而是有着共同利益的联合体。马克思和恩格斯提出的"自由人的联合体"思想，是人与社会协调发展的理想目标，人类要生存和发展下去，只能向这一目标努力。在我国社会主义初级阶段，人与社会的关系，还存在诸多矛盾，既存在自然经济条件下的人际依附关系，以及血缘、地缘、业缘裙带关系，也存在市场经济条件下的个人本位、个人中心的倾向，前者表现为主体性不强，后者表现为社会化程度不高。因此，增强学生的主体性、提高学生的社会化水平，是高校德育所面临的双重任务。学生的主体性发展，实际上是学生自身素质的全面提高，是学生内在潜能的充分发掘，它是一切发展的基础与源泉。同时，学生的社会化发展，实际上是学生与社会的协调和学生的社会关系的丰

---

① 《马克思恩格斯选集》第 1 卷，人民出版社 1995 年版，第 99 页。

富，是学生充分发挥作用的根本途径，它是一切发展的前提与条件。学生的主体性与社会化发展辩证，实质上是个体与社会、学生的内在与外在、学生作为目的与手段的辩证。然而，对学生与社会协调发展的关系不是每个学生都能自觉认识和把握的。有的学生只看到市场经济体制自主性与竞争性的一面，而忽视了市场经济体制高度社会化与合作性的一面；只看到社会主义民主自由性的一面，而忽视了社会主义法治规约性的一面。为此，高校德育既要发展学生的自主性、竞争性，克服依赖性；又要发展和提高学生的社会化、合作性，克服自由化，要探索学生的主体性与社会化相结合发展的协调状态。

学生与自然的关系也是学生所面临的基本关系。古代社会"人的依赖关系"，实际上根源于人对自然的依赖，即人从属、顺从自然而"听天由命"。资本主义社会"人对物的依赖关系"，导致了人为了物质追求而对自然任意宰割与对立。为了解决人与自然关系的协调，马克思主义认为：人一方面要发展科学技术，发展自己，超越自然，成为自然界的主人；另一方面，人要从私有制和个人本位状态下解放出来，克服孤立个人的偏狭，寻求类主体的人与自然关系的和谐，即作为完成了的自然主义，等于人道主义，作为完成了的人道主义，等于自然主义，它是人与自然之间斗争的真正解决。从我国的历史和现实情况来看，由于我国科学技术相对落后，人对自然的开发还不充分，科学技术水平还需要大力提高。因此，动员学生提高科学技术水平、提高认识和开发自然的能力，仍然是高校德育长期而艰巨的任务。这个任务不完成，学生与自然的协调性只会停留在较低的层面上。同时，在我国实现现代化的过程中，也出现了人与自然的矛盾与冲突。主要表现为一些人在利用科学技术发展工业时，为了追求自身利益而过分开发稀有资源并造成污染，使环境恶化，危及人的生命安全；一些人物欲膨胀，无节制地享用自然珍稀资源和现代物质条件，加速物种灭绝和垃圾遗弃，破坏生态平衡；一些人为了眼前利益，对自然资源进行盲目甚至掠夺性开发，违背自然规律，已经并还将遭受自然的严厉报复和惩罚。人与自然的这些矛盾与冲突，已经威胁到人与社会的生存与发展，如果高校德育不予正视和引导，学生就会见怪不怪，习以为常，甚至也会使学生的发展陷于片面。因此，高校德育在鼓励学生们大力提高科学技术水平的同时，要强调统筹发展和对自然的责任，反对物质享乐主义，引导学生探索与自然协调发展的和谐格局。

除学生与社会、自然协调发展之外，还有学生自身协调发展的问题。学生自身的协调发展，亦可称为学生的可持续发展，是指学生实现眼前发展与长远发展的结合，并坚持对自身不断超越的发展状态。学生的发展和社会发展一样，也存在眼前发展与长远发展、持续发展与间断发展、缓慢发展与快速发展的状态。市场经济体制下的激烈竞争、现代科学技术发展的日新月异、社会信息传播的千变万化，以及终身教育与学习型社会的形成，都要求每个学生持续发展，也为每个学生的持续发展创造了条件。但是，在谋求发展的过程中，学生由于受眼前利益、局部利益和个人利益的驱使和局限，往往只重视眼前发展而忽视长远发展，结果导致发展的间断和缓慢，甚至发生倒退。为此，高校德育要根据现代社会的客观要求，按照可持续发展战略，引导学生们在注重竞争发展的同时，立足长远发展；学生在关注现实利益的同时，要树立远大目标，坚持眼前与长远、现实与理想的协调统一，防止只图眼前、不顾长远，只求实利、忽视理想的发展取向。

论对外开放和多元文化激荡中的德育文化教育[*]

胡锦涛总书记在党的十七大报告中指出："当今时代，文化越来越成为民族凝聚力和创造力的重要源泉、越来越成为综合国力竞争的重要因素，丰富精神文化生活越来越成为我国人民的热切愿望。""中华文化是中华民族生生不息、团结奋进的不竭动力。"① 随着人类交往范围的扩大和日益频繁，世界上出现了不同民族的多元文化激荡新景象。而我国正处在对外开放的时期，多元文化激荡自然更为明显，因此，如何在这种多元文化激荡中保持民族文化的主导地位，是我国高校德育面临的新形势。

一、对外开放和多元文化激荡中必须坚持民族文化特性

民族文化有广义与狭义之分。广义的民族文化定义即普遍意义上的民族文化定义，是指一个民族在长期的历史发展中共同创造并赖以生存的一切文明成果的总和。狭义的民族文化一般指民族的精神创造与精神文化。每一个民族的文化形成都离不开民族群体生活的自然环境条件和生理素质条件。而民族群体的实践活动与交往活动，特别是社会生产实践活动则又是最基本的和决定性的条件。所以在历史发展的长河中，民族自身的自然生态条件和生理素质活动的实践形成了自己独特的文化，这种文化被视为民族的根和魂。这个民族之所以在历史长河中生息、繁衍，经久而不衰，独立于民族之林，主要靠文化。如果没有文化，就不能称其为一个民族。因此，文化是区分一个民族的重要标志；文化是民族生存和发展的本质性力量。文化哺育和传承民族精神，滋养民族的生命力，激发民族的创造力，铸造民族的凝聚力。文化反映着民族的思想道德水平和科学文化素质，为经济社会发展提供精神动力和智力支持。每个民族都有其独特的民族传统文化，这种文化不仅是其区

---

* 原载于《北京大学学报（哲学社会科学版）》2009 年第 1 期，作者郑永廷、罗姗，收录时有修改。

① 胡锦涛：《高举中国特色社会主义伟大旗帜　为夺取全面建设小康社会新胜利而奋斗——在中国共产党第十七次全国代表大会上的报告》，人民出版社 2007 年版，第 41 页。

别于其他民族的主要标志之一，更主要的是这个民族繁衍生息的根本支撑。没有文化的民族是不能独立于民族之林的，更谈不上生存和发展，这部分人群不管是多是少，在历史进程中只能是自行分化解体，各奔东西，融合到其他民族之中。独具特质的民族文化，是民族的内在气质、精神动力，必然会通过各种形式反映在民族的生产、生活的各个方面，顽强地表现其民族特性，以区别民族之间的差异性。总之，民族文化是一个民族独立的重要力量和标志，是一个民族昌盛的重要表现和景象，是一个民族发展的重要动力和根基。

随着我国对外开放的扩大，民族文化的安全问题提上了议事日程。我国对外开放程度的进一步加大和深入，使国家各个部门特别是要害部门都处在国外的注视、比较甚至监控之下。由于我国社会制度和意识形态与西方发达国家不同，因此我国文化受到各种不同形式的冲击、渗透在所难免，国家安全问题日渐突出。安全问题不再只是国土安全、主权安全的问题，还有文化安全问题。文化安全就是指保护本国的优秀文化和价值观免受异质文化的渗透和侵犯，维护本民族的文化特性。由于文化是在人们长期的生产、生活中逐渐形成的，因此它的排他性和习惯性是显而易见的。但是，随着民族交往的日益增多，在不同文化碰撞和交融日益激烈的今天，文化既获得了发展的大好机会，同时也面临着异质文化特别是文化霸权主义的侵害。西方文明倚仗其强势的经济与科技，对非资本主义国家，特别是社会主义国家的民族文化产生巨大冲击，这主要表现在西方发达国家以其先进的科技，大量传播、输出文化产品，并以潜移默化的方式向我国传播生活方式、价值观念与政治制度。如美国中央情报局的一份行动纲领指出："一定要尽一切可能做好宣传工作，包括电影、书籍、电视、无线广播，只要他们向往我们的衣、食、住、行、娱乐和教育方式，就是成功了一半。"① 西方发达国家的文化传播与输出，在开放条件下，是无法避免的，我国对西方发达国家的文化进行学习、借鉴也是必要的。但在这个过程中，学习、借鉴什么，批判、抵制什么，如何进行比较、鉴别，对广大学生来说，是有困难的。因为学生社会生活经验不足，对历史了解不多，对社会主义与资本主义的本质缺乏认识。一些学生往往以好奇的心态，不加分析鉴别地对待西方文化，甚至对自己接近与熟悉的民族文化缺乏兴趣。这种在西方文化与民族文化上的亲近与疏离、认同与排斥现象，如果超过了一定限度，就会威胁我国民族文化的安全。

---

① 俞可平：《全球化与政治发展》，中央文献出版社 2003 年版，第 157 页。

随着经济全球化的发展，不同地区、不同国家、不同民族的文化交流必然加强，我国社会文化多元化已经成为一种客观存在。一种文化就如同一个人，由于所处的环境和条件不同，如地域、人种、习俗、历史、分工、身份、利益等的不同，每种文化都有体现其民族特征的思维方式和行为模式。联合国前秘书长加利在南京大学接受名誉博士学位时发表主题为"多语化与文化的多样性"的演讲时说："必须清醒地认识到，世界化并不仅仅局限于商贸往来或信息交流的全球化。从'世界化'这个词最广泛的含义来看，它首先对文化产生影响。"他特别提醒人们："也许大家并不都知道，每两个星期就会有一种语言从世界上消失。随着这一语言的消失，与之相关的传统、创造、思想、历史和文化也都不复存在。"加利对于这种文化境遇的危机进行了深刻的剖析："我们处于一种相悖的境遇中：国家在赢得主权的同时也在失去主权。当一个国家的政治产生国际性的影响时，它便赢得了主权；当一个国家的政治在越来越多的方面更多地依赖于其他国家，尤其依赖于凌驾于国家结构之上的新兴权力时，它便失去了主权。因此，从全球的角度来思考民主，在世界化破坏民主之前让世界化得以民主化，这是至关重要的。因此，只有国际社会各个权力层次都行动起来，只有保护语言和文化的多样化，国际关系的民主化才能得以实现。"①加利的看法是很有实际针对性的，他好像在提醒许多弱势民族与国家，不要在全球化的这个必然走向中丧失了自己的文化身份和地位，也就是必须保持全球化进程中民族文化的地位，不然就是强势文化的单一化、单极化。文化在全球化中保有不同民族文化的多样性存在才是真正意义上的文化全球化。所以，民族化的文化存在是文化全球化的一个制衡因素。

在多元文化激荡中，本土文化与外来文化的冲突加剧。不同民族文化间的交流明显增加，原来在不同历史时期以及不同文化背景下存在的民族文化被全球化进程挤压在同一个平面上，使本土文化与外来文化互相碰撞、相互冲突。亨廷顿"文明冲突"的理论反映了各种文化的差异与冲突。这种冲突主要存在于发展中国家和经济比较落后的民族。因为，在全球化过程中，西方发达国家凭借强大的经济实力，在经济扩张的同时，也进行着文化的扩张，西方国家试图把自己的文化强加给发展中国家。例如，美国在人权等问题上搞双重标准，指责这个国家没有人权，那个国家没有民主，自己却单边发动侵略主权国家的军事行动，遭到了广大发展中国家和经济比较落后的民

---

① 许钧：《语言·翻译·文化的多样化》，载《文汇读书报》2002年第6期。

族人民的反对。在多元文化激荡中，不同民族文化出现了中心与边缘的分野。在相对封闭的过去，由于受到地理与生态条件的限制，不同社会群体之间的文化交往通常是有限的，世界是相对封闭的几个系统，不存在中心与边缘，或者说世界是多中心的。到了经济全球化发展的时期，在不同文化交往的过程中，强势的文化将依靠着它多年所蓄积的落差，势不可挡地冲击着处于弱势地位的文化体系，西方国家特别是美国充当着世界文化总裁判长的角色，认为只有西方文化才是优秀的，企图用美国的文化统一全球，这就是文化霸权主义。为了抵制"中心—边缘"模式的不平等，为了防止被边缘化，许多处于边缘的国家和民族，甚至原本处于中心的国家和民族，开始意识到这种冲突。例如，由于美国对加拿大等国家的文化渗透（美国占领了加拿大电影市场的 95%、电视剧市场的 93%、英语节目的 75%、书刊市场的 80%），加拿大的有识之士忧心忡忡，意识到了被边缘化的危险，呼吁政府采取措施。法国也有类似情况，以至于法国伦理与政治科学院院士米歇尔·阿尔贝尔在《资本主义反对资本主义》一书中反问道："在 21 世纪，只有一种资本主义模式，即新美国模式吗？难道可以把它强加给整个世界吗？"总之，许多国家和民族在为克服"边缘化"而进行文化领域的斗争，文化多元化的冲击导致传统在"断裂"中激变，民族文化的固有方阵始终面对着外来文化的冲击，由此导致民族文化传统在"断裂"中发生激变。这是当今时代各国社会结构变迁所面临的一个普遍性问题。在外来文化的冲击面前，人们往往陷入一种两难选择的困境：固守原有的民族文化方阵，在纯洁的文化基地上确保民族性特色，那么，人们会担心民族文化只能沿着传统固有的轨道以不变的节奏缓慢发展，致使民族的发展跟不上时代的节奏；听任民族文化经受多元文化交融，则难以保持文化的主导性，那么，人们会担心文化的这样一种变化状态会导致民族性的失落，甚至使民族沦落到灭亡的命运。

中国是有五千年历史的文明古国，厚重的历史积淀铸就了博大精深的民族文化。在多元文化激荡中，我们要保持文化的民族特色，坚持民族文化独立性。民族文化独立性是指在经济全球化所驱动的文化全球性发展的客观趋势下，一个民族的文化在与其他民族文化的碰撞与交融的过程中，保持对本民族优秀的人文精神、价值观念、民风民俗、话语体系以及文化心理结构等文化要素的心理认同感。对于中国而言，随着社会信息化进程加快，以及加入世贸组织之后，保持民族文化的独立性对我们来说已是一个无法回避的现实问题。

文化总是既有普适性又有民族性的，越是民族的，就越是世界的。我们要培养民族文化海纳百川、兼容并包的包容性，以及天南地北、多元共存的多样性。但必须强调的是，其中主导性的民族特色是不可削弱的。如果没有主导的民族文化，就没有共同的规范和准则，人们的思想和行为就难以统一，中华民族也就缺乏凝聚力和向心力。所以江泽民同志强调：历史和现实都告诉我们，国家要独立，不仅政治上、经济上要独立，思想文化上也要独立。

在多元文化激荡中，我们要坚持民族文化的主导地位，就应发扬自身的文化个性。正如费孝通先生指出的，要有一种"文化自觉"，这种"文化自觉"建立在对自己的历史文化有自知之明，并对其发展历程与未来有充分认识的前提之下。不同文化之间，应该各美其美，美人之美，美美与共，天下大同。各美其美，就是每个民族都要发展自己民族的文化；美人之美，就是要尊重其他民族的文化。只有共同发展，美美与共，才能实现各种文化的和谐相处。中国古代"多元一体、和而不同"的思想，对我们今天在多元文化激荡中如何坚持民族文化的主导地位仍然有现实意义。

在当前和今后很长时期内，伴随经济全球化的迅速发展，民族国家的界限意识虽有所模糊、淡化，主权虽有所削弱，但民族国家制度仍然是主导性制度。全球化发展与本土化、民族化发展是两种相互依存、相互促进同时又相互矛盾的发展趋势。全球化发展是本土化、民族化发展的条件，本土化、民族化发展是全球化发展的基石，全球化发展不可能使不同地区、不同民族的经济、政治、文化完全趋同，本土化、民族化发展也不可能阻止全球化发展的历史进程，世界总是在既有统一又呈多样性的辩证关系中发展。所以，在诸多全球化理论中，除像美国政治家福山这样的少数人把全球化的现状和未来归结为一种因素或逻辑占据主导地位，从而形成统一的一元图景外，大部分学者都承认全球化的现状和未来将是统一性与多样性、普遍性与特殊性共存的局面，而且他们都非常重视这种多样性的存在和发展，把它视为全球化的内在特征。如费舍斯通从文化层面进行研究，认为目前全球化进程中的文化是多元文化，未来统一的全球文化前景渺茫。海纳莱从社会关系的角度进行研究，认为随着社会关系网络内部的复杂化、多样化，全球化只会呈现多样化特征。弗里德曼从霸权衰落的视野指出，随着世界进一步解除霸权和消除同质，一个文化多元化和族性化的世界再也不会强制推行一种吸纳政治或文化等级政治。提出文明冲突论的亨廷顿，也认为文化不可能统一、融合，他对自己的文明冲突论的观点进行了一些修正后，于 1996 年在美国

《外交》杂志上发表了一篇题为《西方文化是特有的但不是普遍适用的》的文章，批评"西方文化是全世界的文化"，是"文化自负"，现代化就是西方化的"单一文明胜利"是"幼稚想法"。罗伯逊也一直坚持全球化是统一性与多样性共存的过程，他认为，各种各样的冲突将是目前全球进程的主要特征，而全球化未来的前景将是多样性并存。总之，到目前为止，认为全球化发展已经和将要消融民族文化、消解民族国家的主张极为少见。民族文化是民族国家的灵魂，政治多极化是民族国家存在的标志，立足民族国家的发展，推进全球化发展，是各国政府、各国人民的共同使命。我国作为一个发展中的大国，其发展状况不仅直接影响着全球化进程，而且直接关系到十几亿人口的生存与发展。只有强国，才能富民；只有强国，才能为世界做更大贡献。任何借口全球化而否定本土化、民族化的倾向，不是天真幼稚，就是别有用心。

坚持民族文化特性，就是坚持民族文化的主导地位。这里的民族文化有空间上的含义，即是针对外来文化而言的；也有时间上的含义，即是针对中国古代文化而言的。因此，我们所要坚持的民族文化，既不是对中国古代文化的简单复制，也不是对西方文化的全盘照搬，而是中华民族的先进的文化。如果不坚持民族文化的主导地位，必然会导致两种错误倾向：一是西化，就是变质，是空间上的错位；一是古化，就是退化，是时间上的倒退。我们要坚持的民族文化，是以马克思主义为指导的，批判、继承和吸收中国古代文化和西方文化的、具有中华民族特色的社会主义文化。这里所说的主导，是对古代文化、西方文化、宗教文化和大众文化的主导。

二、高校德育必须加强民族文化教育

在对外开放和文化多元化的历史条件下，弘扬和继承中华民族优秀传统文化，对凝聚全民族的意志和力量、振奋民族精神、保证社会主义市场经济健康发展、促进全民族素质不断提高、实现中华民族伟大复兴，具有十分重要的意义。为此，我国发布的《国家"十一五"时期文化发展规划纲要》把关于民族传统文化的传承与保护放在了突出位置，强调要重视中华民族优秀传统文化教育和传统经典、技艺的传承。以政府意志对传统文化教育做出系统规划，这在近半个世纪以来是第一次。这一举措对于繁荣和发展社会主义先进文化、提升民族自信、振奋民族精神必将产生深远的影响。

传承民族传统文化，一般是通过两个渠道进行的：其一是社会渠道，即通过人们的价值观念、生活方式、风俗习惯进行传递、承袭；其二是学校，即通过各级各类学校教育的途径传承民族传统文化。以学校教育传承文化传统，历来是各个国家、民族所采取的主要途径。学校是文化知识聚集、传播、创造的重要场所，肩负着弘扬民族文化、培养民族精神的重要使命，加强民族文化教育是学校教育，特别是德育的任务。青年学生是祖国的未来和民族的希望，他们将承担建设中国特色社会主义的历史任务，他们的思想道德、文化素养的高低直接关系到全面建设小康社会的目标能否顺利实现，关系到中国特色社会主义事业的成败。他们又是未来传承中华文明的主要力量，他们掌握着民族文化的态度与程度，直接决定中华文明未来的性质与走向。因此，我们必须从实现中华民族伟大复兴的高度，切实加强青年学生的民族文化教育。

民族文化不仅指中国古代文化，还包括现代以来的革命传统文化。革命传统是中国共产党人以马克思主义为指导，继承中华民族忠国爱民、艰苦奋斗、自强不息精神，领导人民在革命战争和社会主义建设的伟大实践中创造的宝贵精神财富，是民族文化的重要组成部分。弘扬革命传统既是传承我国古代优秀文化，又是延续、发展中国共产党领导广大人民创造的现代文化。胡锦涛同志十分强调弘扬革命传统的重要性："革命前辈们在艰苦卓绝的革命斗争中培育起来的革命精神和优良传统，对我们坚定信念、鼓舞斗志、做好工作具有重大的现实意义，永远是我们在前进道路上战胜各种困难和风险、不断夺取新胜利的强大精神力量。我们要教育全党全国人民学习和发扬毛泽东同志等老一辈革命家为祖国、为民族、为人民矢志奋斗的崇高精神和高尚品德，坚定不移地把他们开创的、几代共产党人为之持续奋斗的事业继续推向前进。"① 在坚持民族文化教育主导的方针上，高校存在一些认识与实践上的偏差。一是有些高校和一些大学生，为了应对市场体制条件下的竞争压力和科技迅猛发展条件下的信息压力，重视现代科技教育，忽视人文精神教育；重视专业知识教育，忽视传统文化教育，致使一些大学生对我国优秀文化传统知之不多，人文精神有所缺失，有的甚至陷于迷茫与困惑。二是有些理论工作者简单地将民族文化等同于古代传统文化，沉湎于历史事件的考究与历史知识的阐发，缺乏对革命传统文化、当前我国文化发展的关注，忽视传统文化的现代转化。这种舍今求古、舍近求远的教育不能有效地与大

---

① 胡锦涛：《继承发扬党的优良革命传统　加快全面建设小康社会步伐》，载《人民日报》2003年9月3日。

学生关注现实、注重实际的特点相契合，难以引起大学生的学习兴趣。三是有些教师偏重于历史材料罗列和历史知识传授，不注重精神内涵的把握；教育是为了考试，而不是重在民族精神铸塑，致使教育成为一种过程性、形式化活动，难以获得育德的效果。四是有些民族文化教育，不适应经济全球化与对外开放的形势，孤立地、而不是在与西方国家文化进行历史与现实比较中讲中国文化，致使一些学生对民族文化的起源、发展、性质缺乏了解，对我国民族文化的特点与优势缺乏认识，存在文化自发性与实用性倾向。所有这些偏向，既阻碍了民族文化主导作用的发挥，又制约了民族文化教育的多样性与丰富性。为此，高校德育要坚持民族文化主导，首先要明确民族文化教育的目的，把握民族文化教育的主导方向，就是要传承民族优良传统，培养爱国精神，增强民族凝聚，推进中国特色社会主义现代化建设向前发展。同时，高校民族文化教育，应当适应大学生理论思维能力强、掌握知识比较丰富的特点，在系统的中国化马克思主义理论教育、哲学社会科学课程教育过程中，遵循理论联系实际的原则，通过多内容、多层面、多视角的文化比较、引导，帮助学生进行民族文化选择，形成文化自觉。另外，要根据大学生文化根基有待深化、文化辨别力有待增强的实际与需要，防止大学生在影视文化、网络文化中的主体性丧失，防止大学生疏离民族经典文化而陷于"快餐文化"消费。

三、科技发展和社会信息化条件下的人本主导

20世纪90年代以后，随着现代科学技术的发展，特别是计算机的广泛运用、信息技术的成熟、数据库应用的普及，许多发达国家竞相实施各种形式的信息基础结构，有效开发利用信息资源，促进人类进入了社会信息化的阶段。在社会信息化条件下，高校学生获取信息的渠道增多、获取信息的量空前增大。这既为高校德育提供了丰富的信息资源和新的教育空间，也向高校德育提出了发挥正面主导作用的新挑战与新要求。

（一）科技发展和社会信息化对高校德育的双重影响

社会信息化对德育的积极推动，实际上是科学技术对德育现代化和德育科学化的推动。社会信息化加速了世界各国文化的交汇、激荡与融合，拓展了德育的文化环境，开阔了德育的文化视野，丰富了德育的文化资源，具有积极的推动作用。

第一，社会信息化为培养学生的现代文明观念提供了有利条件。一是社会信息化开创了全新的德育文化环境。社会信息化把世界各个国家、地区、部门、企业、个人的知识成果连接了起来，促进了人类文明成果的大交流和世界文化的大交汇，丰富了高校的德育内容，为大学生提供了学习、借鉴的广阔空间，有利于德育面向现代化建设、面向世界和面向未来，有利于培养学生的开放意识与现代观念。二是社会信息化有利于培养学生的主体精神。互联网具有平等性、交互性与自由性，学生可以根据自己的兴趣爱好和自身需要，自主地选择、加工、创造信息，自由地选择教学内容、专业课程和授课教师，自觉地制订学习计划、安排学习进度。这就改变了学生在传统教学过程中的受动方式，使学习成为学生的自主选择，有利于培养学生的独立性、主动性与创造性。三是社会信息化有利于培养学生的创新精神、竞争精神与协作精神。现代信息技术本身就是在不断比较、竞争、借鉴、创新的过程中发展的，信息量的不断增加与信息的不断更新，信息方式的不断改变与创新，不仅激发学生掌握新信息和运用新信息方式的热情与欲望，而且为培养学生的竞争、协作、创新精神提供了广阔的平台。四是社会信息化有利于形成学生的民主、公平观念。远程教育网络的建立，使每个人都有可能在计算机前接受由自己选择的各类各层次的教育，对实现人类的教育公平理想具有促进作用。信息技术使人们在共享资源的同时，也拥有了发表个人意见的便利条件，使人们有更多的参与和影响政治的机会，有力地促进了社会政治民主化，这就为培养学生的民主、平等观念提供了良好的条件。

第二，社会信息化为提高德育效果创设了新的条件。一是社会信息化为促进学生的全面自由发展提供了新条件。实现人的全面自由发展不仅需要社会物质条件、政治条件和文化条件，在社会信息化条件下，还需要时空条件。现代信息技术的应用大大提高了劳动生产率，也可以提高学习、研究的效率，节省了社会必要劳动时间，使个人自由支配的时间增多。学生有了自由支配的时间和信息活动的平台，就可以参与、组织更多的文化活动，发展自己的兴趣爱好，丰富精神生活，从而获得了个人自由全面发展的时空条件。二是社会信息化有利于提高德育的针对性。社会信息化可以让我们了解到学生更为真实的思想动态，这是因为网络行为的虚拟性，让用户可以隐匿自己的真实身份，用户能更自由地、真实地表明自己的想法，网络因此成为我们了解学生思想和心理变化的"观察室""晴雨表"。特别是一些受到普遍关注的校园和社会热点问题，学生都会在网上发表各自的观点、意见，进行交流、讨论，我们只要认真收集、整理这些材料，就能及时了解学生的思想动态，使德育工作更具有主动性、针对性。三是社会信息化提供了新的德育途径和方式。利用网络开展德育，开辟了德育的新领域，创造了网络德育新形态。网络的自主性与交互性特点，使学生既是受教育者，也是教育者。学生可以在网络中提供教育资源，做出教育贡献和显示自身价值，学生也可以与喜欢的教师、专家、可信赖的人交流思想、相互启迪、共同提高，从而使德育方式由双向方式发展为多向方式，由现实途径扩展到虚拟途径。四是社会信息化有利于增强德育效果。利用网络的虚拟功能、图像显示及音视频功能和多媒体的交互性，可以发挥学生视、听、思维等器官的感受作用，形成综合教育情景，改变传统德育的单一状况，增强德育的感染性与影响力。

第三，社会信息化使德育的社会化程度提高。传统的德育往往局限于课堂教育，校园文化对学生的影响起主导作用。网络的出现，把学生带入一个更为广阔的天地，通过网络，学生能了解现实生活世界，了解不同国家的各种社会现象、思想观点、文化思潮、学术流派。这一方面造成了学生在价值取向、文化选择上的困难，导致学生思想上的迷茫和困惑，给德育带来新的困难；但另一方面却推动了高校德育改变"象牙塔"方式，德育只有以面向社会和世界的方式，提高社会化程度，才能及时跟踪学生的思想发展变化轨迹，有效地解决学生的各种思想问题。

社会信息化对德育的负面影响，实际上是科学技术在推进德育进化过程中的某些退化。社会信息化的迅猛发展，使社会信息压力空前增大，也因难以监控而使社会信息变得混杂，使学生在信息化过程中容易丧失主体性和受到不良信息的影响。

第一，社会信息压力冲击人文教育。现代科学技术的迅猛发展，不仅使社会的信息与知识总量急剧增加，而且加快了信息与知识的传播与交流。信息与知识，同经济与文化总是不可分割地联系在一起的，在经济按市场规则呈现竞争状态的情况下，信息与知识占有、更新、创造的竞争会在全社会展开。这样，学生学习、运用、更新、创造知识以及获取、加工、整合信息的压力就会不断加大。所以，社会由过去的阶段性学习转变为终身学习社会；由过去的知识积累式学习，发展为知识探究式学习；学校课程也由过去的基础理论、专业知识课程，扩展到适应多样化、发展性需要的课程。而且，科技、社会的综合化发展，越来越需要人们在掌握自己所学专业知识的同时学习相关专业的知识。这种逐渐增加的知识压力，使许多学校、学生忙于应付智育与业务学习，以缓解日益增加的社会信息压力。于是，高校在不知不觉之中忽视了道德教育与育德活动。正如联合国发展计划署教育顾问德怀特·艾伦所说的，20世纪，高等教育自发地把如何使学生变得"聪明"当作主要目的。当今，知识量已经翻了好几倍。高等教育忙于应付令人头晕目眩的新知识，无暇顾及价值观和道德教育。针对这种情况，他明确提醒并警告人们，教育有两个目的：一个是要使学生变得聪明，一个是要使学生做有道德的人。如果我们使学生变得聪明而未使他们具有道德，那么，我们就为社会创了危害。所以，在信息压力下所发生的人文缺失，并不是信息、知识本身的原因，而是一些学生专注于信息与知识，忽视了自身的道德生活。人的生活是丰富多彩的，只有正确的道德生活，才能使知识的学习、运用与创造活动更精彩，只有根据科技发展而不断丰富人文精神，才能克服道德缺失的倾向。

第二，信息环境的开放性和难以监控性，减弱了学校德育的影响力。社会信息化使学校德育处于一个完全开放的社会环境中，学生可以通过大众传媒、互联网络等多种途径快捷地获取大量信息，形成某些先入为主的看法。面对这种情况，教育者很难具体准确地了解学生受到哪些信息的影响，导致教育的针对性不强；另外，教育者的正面教育可能与学生已经形成的想法相矛盾，使教育效果下降。也就是说，社会信息化既开辟了广阔的德育领域，又挤占了学校德育的空间；多样、多变、多质的信息，冲击着德育的主导价值取向。任何国家的高校德育，都具有明确而强烈的价值主导性。我国高校在大学生中开设的马克思主义理论教育课程，在大学生中开展的党团教育、法治教育以及日常思想政治教育活动，都具有很强的思想性、政治性与民族性。而这些严肃而系统的教育内容，难以完全通过信息化的方式传播，而且从全球范围来看，西方国家的信息传播、影响往往居于强势地位，而社会主义在当下还处于低潮状态。在大学生受到各种文化、信息的影响，需要他们自主进行辨别、选择、认同的时候，难免有些学生因缺乏社会生活经验和对历史的了解，或受西方文化与信息的影响而疏离我国德育的主导内容，或受到不良信息与错误价值观的影响而对我国德育的主导内容不感兴趣。这就是社会信息化对我国德育产生的负面作用。

第三，信息诱惑容易使一些学生丧失主体性。由于网络开放、交互式、终端用户独立自由等特点，使网络本身难以对不良信息设置"天然屏障"。网络四通八达，似乎"无所不能"，正如互联网的发明者所宣称的：网络是一个"自由、平等"的世界，是一个"没有政府、没有警察、没有军队、没有等级、没有贵贱、没有歧视"的"世外桃源"。网络是一个没有边际的世界，各种不同的思想文化、价值观念都会在这里交织碰撞，内容良莠不齐，泥沙俱下。网上不仅有毒害青少年身心健康的黄色信息，也有制造社会政治、经济混乱的黑色信息，还有引发学生成瘾的诱惑信息。大学生由于生理、心理等因素，他们的世界观、人生观和价值观尚处于发展阶段，可塑性大，一些学生容易受到不良信息的诱惑和虚假信息的欺骗，有的甚至沉醉于虚拟生活，漫无目的地飘荡于信息之中，不能自己。这样的学生不仅思想道德会发生偏离，而且很可能荒废学业，成为高校德育的难题。

网络作为一个新的领域，和其他领域一样，先进文化不去占领，落后的东西就会乘虚而入。如果青年大学生在网上长期得不到先进思想文化的正确引导，大量接受的是西方文化的影响和不良信息的侵害，那么要形成正确的世界观、人生观和价值观是不可能的。因此，不良信息的负面影响，迫切需要高校德育根据信息化特点，"把先进性要求与广泛性要求结合起来，鼓励一切有利于国家统一、民族团结、经济发展、社会进步的思想道德"。把高标准和低起点结合起来，体现层次性和可操作性，使德育更好地贴近学生、贴近生活，关心学生的学习生活与人际交往，引导学生适应信息社会与网络空间，养成健康的心理素质和文明的生活方式。

（二）高校德育必须坚持人本主导

面对科技发展和社会信息化对高校德育的双重影响，高校德育必须强化科技学习、运用、研究过程中的人本主导。

随着现代科学技术的发展及其对当代社会生产和生活影响的不断扩大，以科技为本的价值取向首先在西方发达国家开始显现。现代科学技术在西方社会被"唯科学主义"流派神化，被称为"科技神"，就像资本主义社会一些人把"商品"作用神化，出现"商品拜物教"的现象一样，对商品、科技顶礼膜拜。神化商品的倾向，人就成为马克思所说的"经济人"；神化科技的倾向，人就成为马克思所说的"工具人"或"人的异化"。唯科学主义思潮认为科技可以改变一切、决定一切，科技发展可以使不同社会制度"趋同"，可以取代"意识形态"，甚至人的道德、情感等主观意识都可以通过科技方式探寻原因并进行调控。这种科技至上，无限夸大、泛化科技作用，轻视甚至否定人文价值、人文精神的倾向，使西方一些人忽视社会与人的需要，发展的正确目的性、合理性，即道德性，以追求科技发展和自身物质利益为根本目的，最终形成了一些西方发达国家在个人主义价值观支配下的三大冲突：一是拥有先进科技与物质财富的发达国家，其富人凭借科技无限聚敛财富，拉大与穷人的贫富差距，导致资本主义国家内部的贫富差距与社会矛盾。二是拥有先进科技与物质财富的发达国家，凭借科技，或发展武器发动战争侵略别国、强占资源，或利用技术进行不平等贸易，拉大发达国家与发展中国家的差距，导致国家与国家的冲突。三是拥有先进科技与物质财富的发达国家，在无限度开发、消耗自然资源的过程中，以"人类中心主义"取向造成环境污染与生态破坏，导致人与自然的对立。

西方的科技主义思潮，对我国社会，特别是对一些大学生是有影响的。一是有些学生受科技主义价值观的影响，片面理解"科学技术是第一生产力"的命题，不是把科学技术限定在生产力范畴，来看它首要的、决定的作用，而是把生产力看成全社会起决定作用的唯一因素，从而产生了对科技崇拜与对人文轻视的观念。二是由于我国科学技术总体水平与发达国家相比还有明显差距，面对发达国家的科技强势，一些学生或因要改变落后而自觉承受科技学习、运用、研究的压力，或因个人学业、就业的竞争压力，容易忽视人文教育与人文精神。三是随着科教兴国与人才强国战略的实施，一些高校与地方重视将科技用于"政绩工程""形象工程""数字工程"，忽视人的"教育工程""灵魂工程"建设，导致一些高校与地方道德不良、风气不好。这种重科技、轻人文的倾向，对大学生价值取向的影响是直接而现实的。因此，加强人文教育，坚持人本主导，是新形势下高校德育的重要任务。

马克思和恩格斯在他们的多篇著作中，深刻分析和批判了在资本主义私有制条件下，资本家为了追求更大剩余价值、聚集更多财富，一是把商品作为价值目标并同时把人商品化，二是把利用机器生产作为根本方式并同时把人变为机器的附庸。人被商品化成为"经济人"，人成为机器附庸就是人的"异化"，人的目标、尊严、价值丧失，人成为被人使用、交易、奴役的器物和工具。所以，马克思和恩格斯对崇拜科技和物质的资本主义社会、"物的依赖社会"而不是人为主导的社会，进行了系统、深刻的分析、批判。并在分析和批判的基础上，提出了无产阶级与全人类的解放以及人的自由全面发展的目标，揭示了社会发展必须坚持人本主导的根本方向，从而为社会主义社会奠定了思想基础。

中国共产党人根据马克思主义人本主导的根本方向，结合中国的文化传统与社会实际，明确提出了人民当家作主的政治主张和一切依靠群众、一切为了群众的根本路线；提出了"三个有利于"的价值标准和"人民拥护不拥护""人民赞成不赞成""人民高兴不高兴""人民答应不答应"的价值判断准则；提出了代表最广大人民群众根本利益的要求和以人为本的根本原则。所有这些目标、路线、标准、原则，集中到一点，就是我们的一切建设、活动，包括大学生的学习、研究活动，都必须坚持人本主导，坚持以人的全面发展为目标。同时，马克思主义在论述科学技术与人的关系时，是把人归于社会范畴、把科技归于生产力范畴的，认为科学技术是人的工具或手段，是人创造财富的方式。科学技术与实体工具不同，它是一种知识形态生产力，是社会生产力的发展所表现的一个方面、一种形式。科技内在地联结着劳动者的体能、技能和劳动工具，具有技术实现的需要和可能。科技是手段，人才是目的。所以应是人主宰科技，而不是人被科技主导。科学技术的工具化倾向一旦张扬、膨胀，人一旦不能以自己应有的价值目标和道德规范驾驭科技的学习、运用与创造，人的主体地位和人的精神动力就会丧失。而且，科技是把双刃剑，它既可能给人类带来福祉，也可能给人类带来灾难。因而科技需要人正确地学习、合理地使用、适度地发展。科技给人类带来的究竟是福祉还是灾难，并不是由科技自身决定的，而是由人主导的。随着科技的迅猛发展和广泛应用，需要人具有更强的主体性与更合理的价值取向，更有效地发挥科技的作用，使科技更好地造福人类。否则，科技就会像一匹脱缰的野马，社会、环境只会面临无法收拾乃至人类无法生存的局面。现在，一些地方，环境污染、生态破坏严重，人的生活、生存安全受到威胁，这在很大程度上，就是科技运用、科技竞争、科技创造缺乏乃至丧失人本主导的后果。

所谓人本主导，从字面意义上解释，就是以人为根本、本体。其基本含义是社会的一切发展既依赖人的发展又为了人的发展；人的全面发展是社会经济、科技发展的根本目的，社会经济、科技发展是人的发展需要；人是社会经济、科技发展的根本动力，人才资源是最重要的资源。为此，我国坚持以人为本的指导思想，确立了在新的历史条件下的科技发展观：以人为本、创新跨越、竞争合作、持续发展。在高校，德育坚持人本主导，首先要坚持育人为本、德育为先的根本原则，坚持德、智、体、美全面发展的培养目标。高等学校的德育、智育、体育、美育，都是高校教育的重要组成部分，都担当着培养学生成才的重任。但是，在这些教育中，德育占有优先地位，高校必须保证把大学生的思想政治教育放在首位，并渗透和体现于智育、体育、美育之中，着力提高大学生思想道德素质。坚持德育为先和思想政治教育首位，就是坚持人本主导。因为德育或思想政治教育，归根结底，一是为了帮助学生确立正确的政治、道德、职业、生活目标，形成理想信念，二是为了引导学生遵循正确的法治、道德规范，养成良好的行为习惯。这些目标与规范，是学生做人做事、实现社会价值与自身价值的取向与准则，是自身目的性、主体性的集中体现，是促进学生智力、体力发展的根本动力，是学生德、智、体、美全面发展的根本保证。如果没有德育，或者智育、体育、美育没有育德内容与要求，而仅仅只有科学技术知识、技能、技巧的传授，那么这实际上是一种以知识为本而不是以人为本的教育，是一种无目的的教育。

高校德育要为学生的业务学习提供人文动力。随着市场竞争压力与社会信息压力的加大，大学生学习、运用、更新知识和掌握技能的任务越来越繁重。学习的动力、毅力从何而来，这是每个大学生都必须认真对待的一个现实问题。显然，科技知识只能作为一种工具使用，物质利益只能解决眼前的生活需要，这些因素虽然可以对人产生一定的推动，但其作用是外在的而不是内在的、短暂的而不是持久的、微小的而不是强大的。大学生要获得内在的、持久的、强大的动力，只能靠自身确立正确的价值取向，树立远大目标，坚定理想信念，才能源源不断地孕育人文动力。人文动力就是精神动力，精神动力源于人对价值目标的向往与对远大理想的追求。目标越远大、理想越坚定，产生的动力就越强大、越持久。如果学生只把学习某种知识、掌握某种技能作为目的，要么达到目的之后，就会停歇下来，要么遇到困难就因缺乏动力而半途而废。这种因人文动力不足而厌学、逃学的现象，因人文精神缺乏而萎靡不振、困惑不安的状况，在大学生中是存在的。因此，对大学生进行人文教育，不仅是帮助学生学会做人的需要，而且是激发学生学习动力和学会做事的需要。

人文教育与科技教育，总是不可分割地联系在一起的，其实质是坚持教育的科学性与价值性的统一。任何教育，要真正培养国家和社会所需要的人才，都要坚持人文教育与科技教育的相互结合与渗透。西方发达国家，如美国由于过分重视科技教育、职业教育，社会一度出现某些道德沦丧的现象。美国社会因应这种情况，兴起人文主义思潮，用以平衡科技主义倾向，并把人文主义主张引入高校教育，形成了通识教育的课程体系。通识教育的重点是人文教育，这种教育是西方国家培养人才的价值观教育。我国高等教育要借鉴发达国家在培养人才上的成功做法，切不可重复西方国家重视科技教育、职业教育而忽视人文教育的教训，切实把人文教育摆在应有的地位，坚持教育的人本主导。

四、社会多样化和个体特色化发展的核心价值体系主导

改革开放使我国出现了社会多样化的趋势。大学生是一个正在迅速成长的群体，其个性发展丰富多彩、千姿百态，特别是在社会多样化发展的环境中，各种社会因素更加促进了大学生主体意识的觉醒和个性的特色化。

（一）社会多样化和个体特色化发展进程中价值取向的特点

社会多样化带来了价值取向多样化，并对主导价值取向产生影响。社会主义市场体制的形成，赋予了社会主体与个体自主权利，也就是各个社会主体与个体实际上是利益主体。由于社会主体与个体获取利益的目的、条件、方式不同，而且获取利益是在竞争状态下进行的，因此主体在价值取向上必定是多样性的，在行为上必定是个性化的。也就是不同阶层、不同职业乃至不同个体有不同的价值取向与不同的价值追求方式。尽管多数人尚能坚持我国社会主导价值观，但价值取向多样化已是不争的事实。有学者把我国改革开放以来的价值观概括为八个方面：改革开放价值观、与传统市场经济相适应的资本主义价值观、享乐主义价值观、个人主义价值观、爱国主义价值观、共产主义价值观、特殊事业的价值观和小团体主义价值观。[1] 也有学者认为有五种价值观并存：民本位价值观、权本位价值观、钱本位价值观、欲本位价值观、个人本位价值观。[2] 还有学者指出我国社会价值取向的主要问题是功利主义与拜金主义、实用主义与短期行为、个人本位主义与极端利己主义、世俗化与物欲横流、理性主义与非理性主义。[3] 这些观点概括的角度不同，但都反映出我国社会在转型过程中多种价值观并存的事实。这些不同性质、不同取向、不同层次的价值观，在社会竞争中以不同方式、不同程度表现出来，对社会主导价值产生影响与冲击。在社会多样化发展的态势下，我国大学生个体特色化发展加快，其思想状况和价值取向呈现出以下新特点。

第一，多样性。高校学生在多样化社会环境中，自然耳濡目染。他们不仅因地区、家庭经济、政策条件的制约和影响而形成了不同类型的学生群

---

① 陈建国：《价值观的冲突及价值互补论》，载《社会科学》1996 年第 8 期。
② 王能昌：《现阶段我国社会价值观述评》，载《赣南师院学报》1996 年第 5 期。
③ 陈刚：《文化转型时期的价值关怀》，载《南京社会科学》1995 年第 2 期。

体，诸如贫困学生、单亲学生、独生子女学生等；而且因不同社会条件的制约和不同社会因素的影响，而选择不同的价值观念、交往方式与生活方式，诸如有些学生崇尚别国文化、宗教文化与大众文化，乐于与网络群体交往，追求个性化生活方式等。大学生中价值取向的多样化体现在，既有积极向上的，又有消极落后的；既有高尚文明的，又低级庸俗的；既有符合主导价值取向的，也有背离主导价值取向的。而且，由于一些大学生的世界观、人生观尚未形成，在社会多样、多变、多重因素的影响下，大学生也形象地表现为多种类型：诸如"时装人"，指没有确定的价值取向，不断地像改换时装一样更换思想、观念和行为的学生；"平面人"，指缺乏思想深度与主体意识，表面化、面具化、感性化的学生；"实惠族"，指讲求实际，强调实用，只顾眼前，缺乏终极价值追求的学生；"新文化人"，指有强烈的自我意识，敢于向权威挑战，能够用自己独特的眼光和视角审视世界、审视自己、审视生活，从而做出自己的选择的学生；"新理想派"，指能够保持灵魂的高洁和精神的自由，又不"独善其身"，对社会、对他人充满责任感，在自己的岗位上尽职尽责，以自己的方式关注社会的学生。这些概括也形象地反映了大学生价值观念与发展方式的多样化。

第二，多重性。社会的多样化与个性特色化，包含着社会主体与个体价值取向、存在与发展方式的多重性，即社会与个体存在方向、性质、特点上的差异，诸如公与私、真与假、善与恶、美与丑、荣与耻等不同性质行为的交织。大学生学习、生活在这样一个复杂、多重、多变的社会中，也会因缺乏社会生活经验，或仿效，或受骗，或从众，在一些学生身上也表现出多重性或不一致性。诸如有些学生的价值认知与价值行为存在双重性，表现为高认知、低行为的知行脱节现象；有些学生在公共、公开场合态度积极而富有道德，而在网络领域或私底下却心理阴暗而缺乏德性；有些学生对社会与他人的要求与评价是高标准，而对自己却是低要求乃至放纵自身言行；有些学生在不同场合表现出不同人格，把道德变成了实用的工具。大学生在价值取向、发展方式上的这些多重性，也对社会主导价值产生影响与冲击。

第三，矛盾性。社会价值取向、发展方式上的多重性，不是孤立地存在和发展变化的，而总是相互联系、相互转化的，表现为复杂的矛盾状态。一些大学生面对这种矛盾状态，容易被矛盾现象所迷惑，难以认清其实质，于是在思想与行为上，往往存在诸多迷茫与困惑。如有些学生在复杂的竞争过程中，常常有希望和危机并存、成功与失败同在的心理困扰、心理紧张，行为摇摆不定，甚至感到无所适从；有些学生顺利时心情阳光，逆境中心绪灰冷，起伏跌宕，难以自主；有些学生受到积极因素影响时向往崇高，受到消极因素影响时自甘落后。这些反映在大学生身上的矛盾，集中表现为价值取向和道德观念的矛盾。在社会转型期间，人们的价值观、道德观处于新旧交替、矛盾转化的状态是难以避免的，大学生的价值观、道德观还处在形成过程之中，因而他们有迷茫与困惑是很正常的。为此，坚持用主导价值观引导和教育大学生，是帮助大学生解决矛盾和困扰的基本途径。

第四，从众性。社会价值取向、发展方式上的复杂、矛盾状态，对尚未完全确立主体性的大学生来说，其影响往往带有不确定性。也就是说，社会中影响较大或较新的因素，容易使一些学生认同、接受从而形成一种潮流与倾向。如20世纪80年代初，一些学生盲目追逐国外涌进的文化，出现过"文化热"；80年代后期，在经济体制改革与经济大发展的带动下，一些大学生在校内外兴起了"经商热"；90年代随着我国对外开放和对外交流的扩大，在不少学生中形成了"出国热"；90年代后期以后，大学生中又涌起了"考研热"、报考公务员的"从政热"。在大学生群体中，可以说"热潮""新潮"不断。这些"热潮""新潮"，一方面反映了大学生对新事物的敏感与向往，另一方面也反映了一些学生受环境因素影响大，对新事物或新思潮缺乏自主判断，产生"从众"行为。这种"从众"行为，实际上是一种不顾主客观条件、盲目的价值追求。这种"从众"行为之所以容易在大学生中形成，一是与我国社会改革发展快、新事物不断涌现的客观条件有关，二是与大学生乐于追求新颖、注重实惠与功用的特点有关。因此，高校德育必须根据社会发展的新情况，适时地针对学生受环境因素影响的盲目"从众"行为，进行价值观引导。

（二）高校德育必须坚持核心价值体系主导

胡锦涛总书记在党的十七大报告中强调："社会主义核心价值体系是社会主义意识形态的本质体现。"[①] "要巩固马克思主义指导地位，坚持不懈地用马克思主义中国化最新成果武装全党、教育人民，用中国特色社会主义共同理想凝聚力量，用以爱国主义为核心的民族精神和以改革创新为核心的时代精神鼓舞斗志，用社会主义荣辱观引领风尚，巩固全党全国各族人民团结

---

① 胡锦涛：《高举中国特色社会主义伟大旗帜　为夺取全面建设小康社会新胜利而奋斗——在中国共产党第十七次全国代表大会上的报告》，人民出版社2007年版，第40页。

奋斗的共同思想基础。"①

1. 坚持价值取向的目标与标准

第一，坚持为人民服务的价值追求。马克思主义认为，人民群众的价值创造活动是历史发展的动力，是一切物质财富和精神财富的源泉。离开了人民群众生气勃勃的历史创造活动，便无任何价值可言。人民群众是历史的创造者，是国家与社会的主人，是各项价值的创造者。为人民的利益而奋斗，是共产党人的根本利益所在，也是共产党的宗旨。因此，社会主义的共同价值取向必然要求把为人民服务作为价值追求。正如邓小平同志所强调的："党的全部任务就是全心全意地为人民群众服务；党对于人民群众的领导作用，就是正确地给人民群众指出斗争的方向，帮助人民群众自己动手，争取和创造自己的幸福生活。"② 作为正在高校学习的大学生，其学习的各种条件的主要部分是人民群众创造的。人民群众已经为我们的学习和成长提供了服务，我们也理所当然地要回报人民群众，用自己所学的知识、技能为社会发展服务，为人民群众做贡献。而且，我们所处的时代，已不是一个自给自足的农耕时代，而是一个开放且社会化程度很高的时代，是一个专业分工细致、相互配合严密的时代。在这个时代，人们只能相互服务，谁也离不开谁，否则，社会运行的链条就会断裂，就会导致混乱。因此，个人中心主义、自私自利的行为，不仅违背社会主义价值观，而且与时代要求格格不入。

第二，实现共同富裕的价值目标。社会主义对无产阶级和人民群众来说，它的最大价值就是在不断发展生产力的基础上保证全体人民过上共同富裕的生活。邓小平同志强调，社会主义的价值取向的最后落脚点和归宿应该是共同富裕的目标，他指出："社会主义原则，第一是发展生产，第二是共同致富。"③ 他还把社会主义的本质概括为"解放生产力，发展生产力，消灭剥削，消除两极分化，最终达到共同富裕"④。实现共同富裕的目标，是中国共产党领导人民几十年艰苦奋斗的不懈追求。对于长期处于贫穷落后状态的中国人民来说，共同富裕的目标具有强烈的吸引力，是鼓舞和激励人民斗志的巨大精神力量，也是社会主义在中国有强大生命力的原因所在。

---

① 胡锦涛：《高举中国特色社会主义伟大旗帜　为夺取全面建设小康社会新胜利而奋斗——在中国共产党第十七次全国代表大会上的报告》，人民出版社 2007 年版，第 40 页。

② 《邓小平文选》第 1 卷，人民出版社 1994 年版，第 217 页。

③ 《邓小平文选》第 3 卷，人民出版社 1993 年版，第 172 页。

④ 《邓小平文选》第 3 卷，人民出版社 1993 年版，第 373 页。

社会主义荣辱观是实现共同富裕价值目标的重要保证。胡锦涛总书记在全国政协会上提出的以"八荣八耻"为主要内容的社会主义荣辱观，是非标准鲜明，价值导向明确，体现了中华民族传统美德和当今时代精神的结合，体现了依法治国和以德治国的有机统一，具有鲜明的民族性、时代性、实践性和针对性，是实现共同富裕价值目标的重要保证。

第三，坚持"三个有利于"的价值标准。价值标准是价值判断的依据，是评价真假、善恶、美丑、得失的价值尺度。价值标准是主体需要和利益的集中体现。价值标准是社会主义共同价值取向的一个重要内容。用什么标准来指导我们社会主义的价值选择，来判断我们社会主义价值行为的得失取舍，邓小平同志十分明确地指出："要看是否有利于发展社会主义社会的生产力，是否有利于增强社会主义国家的综合国力，是否有利于提高人民的生活水平。"①"三个有利于"标准的提出，解决了过去长期没有解决好的价值标准问题，而且从根本上规范了人们的思想和行为，一切符合"三个有利于"标准的思想、行为、路线、方针、政策，都是正确的，都应当提倡和鼓励。

2．开展核心价值体系取向教育

我国社会的核心价值体系是我国的主导价值取向。它包括马克思主义指导思想，中国特色社会主义共同理想，以爱国主义为核心的民族精神和以改革创新为核心的时代精神，社会主义荣辱观。

一个社会的核心价值体系，是一个社会的灵魂与旗帜，是引导、规范社会多样化和个体特色化的准则，是推进社会与个体发展的思想基础与保证。一个社会如果没有明确的核心价值体系，这个社会是难以维系和发展的。正如西方思想家威廉·多诺休所指出的，如果一个社会没有主导的价值观，个人随意选择接受某个规范或价值，随意放弃他不同意的东西，这对于社会的存在是颠覆性的。因此，根据社会主体与个体自主性和选择性增强、社会多样化和个体特色化发展的实际，党的十六届六中全会进一步明确了我国的核心价值体系。

马克思主义指导思想是社会主义核心价值体系的灵魂。我国是社会主义国家，马克思主义是我们党和国家的根本指导思想，是社会主义核心价值体系的灵魂和旗帜，它决定着社会主义核心价值体系的性质和方向。随着我国经济社会发生深刻变化，社会意识出现了多样化倾向。面对这样的情况，我

183

---

① 《邓小平文选》第 3 卷，人民出版社 1993 年版，第 117 页。

们必须更加坚定地坚持马克思主义的指导地位不动摇，坚持用发展着的马克思主义指导实践，牢牢掌握意识形态领域的指导权、主动权、话语权。在这个前提下，尊重差异，包容多样，充分挖掘和鼓励不同阶层、不同群体所蕴涵的积极向上的思想精神，更好地运用社会主义核心价值体系引领社会思潮，最大限度地形成思想共识，凝聚力量，齐心协力建设中国特色社会主义。所以，党和国家特别重视大学生的马克思主义理论教育，其目的与期待就是要把这些在我国未来社会起骨干作用的群体培养成社会主义的建设者和接班人，使其能够自觉坚持马克思主义指导。为此，高校德育一定要把系统的马克思主义理论教育作为最重要的"灵魂工程"进行建设，以马克思主义理论引导大学生的特色化发展。

中国特色社会主义共同理想是社会主义核心价值体系的主题。理想体现了人们对美好生活的向往和追求，是一个国家和民族奋勇前进的精神动力。随着社会主义市场经济深入发展，我国经济成分、组织形式、就业方式、利益关系和分配方式日益多样化，不可避免地会出现社会意识的多样化，这就要有一个能够代表广大人民根本利益、为社会各个阶层广泛认可和接受、能有效凝聚各个方面智慧和力量的共同理想。有共同理想才能有共同步调。这个共同理想，就是在中国共产党领导下，走中国特色社会主义道路，实现中华民族的伟大复兴。这个共同理想，把党在社会主义初级阶段的目标、国家的发展、民族的振兴与个人的幸福紧密联系在一起，把各个阶层、各个群体的共同愿望有机结合在一起，有着广泛的社会共识，具有强大的感召力、亲和力和凝聚力。当代大学生是中国特色社会主义建设的生力军，担当着实现中华民族伟大复兴的历史重任。能否牢固树立中国特色社会主义共同理想，关系到他们个人的成长与成功，更关系到我国未来的前途与命运。为此，高校德育必须把教育大学生形成共同理想作为主题，把学生的思想、行为引导到中国特色社会主义现代化建设上来。民族精神和时代精神是社会主义核心价值体系的精髓。民族精神是民族文化最本质、最集中的体现，以爱国主义为核心的伟大民族精神，已经深深地融入我们的民族意识、民族品格、民族气质之中，成为各族人民团结一心、共同奋斗的价值取向。以改革创新为核心的时代精神，是马克思主义与时俱进的理论品格、中华民族自强不息精神与改革开放和现代化建设实践相结合的伟大成果，已经深深地融入我国经济、政治、文化、社会建设的各个方面，成为各族人民不断开创中国特色社会主义事业新局面的强大精神力量。我国大学生，对民族精神与时代精神的感受是最敏感的，对我国当代社会发展和改革开放中涌现的新事物高度认同。高校德育要根据大学生的这一特点，结合社会发展实际与学生的时代精神，把爱国主义教育、改革开放教育作为重点，进一步激发学生的爱国热情、创新精神。

社会主义荣辱观是社会主义核心价值体系的基础。确立和实践社会主义核心价值体系，必须以全体社会成员的道德修养和素质为基础。以"八荣八耻"为主要内容的社会主义荣辱观，是对与社会主义市场经济相适应、与社会主义法律规范相协调、与中华民族传统美德相承接的社会主义思想道德体系全面、系统、准确、通俗的概括。它旗帜鲜明地指出了在社会主义市场经济条件下，应当坚持和提倡什么、反对和抵制什么，为全体社会成员判断行为得失、做出道德选择、确定价值取向提供了基本的准则和规范。高校德育要以这些基本准则和规范要求学生、训练学生，使学生的言行既符合社会发展需要，又满足自身成长需要，防止有的学生因突破法治与道德规范而冲击我国核心价值体系，成为社会发展的障碍。

社会主义核心价值体系这四个方面的内容，相互联系、相互贯通、相互促进，是有机统一的整体。坚持用社会主义核心价值体系教育和引导大学生，是主导大学生多样化、特色化发展的根本保证。

论德育内容的主导性与丰富性[*]

德育内容是指用来培养受教育者思想道德品质的观点、原则和规范体系，是德育目标的具体化，是对受教育者施加的各种德育影响的总和。它不仅决定德育的方向，体现德育的性质，而且是实现德育目标和任务的基础与保证。如何确定、选择内容，关系到学生的思想政治面貌和精神面貌，绝不可掉以轻心。过去，德育内容的确定基本上是计划性、指令性的，教育者按部就班地根据上级指示的内容进行教育，无须进行更多的选择，加上封闭和对传统的过多批判，德育的比较、借鉴、继承在很大程度上是只说不做。因而，过去时代的德育内容虽然强调了主导性，但忽略了丰富性，使教育内容显得单一，说服力和感染力受到限制。而现在的情况发生了很大变化，教育目标内在规定的层次性与丰富性、教育对象素质的全方位的发展以及全球化背景下知识经济时代、网络时代的到来，都要求和呼唤德育内容的丰富性。

一、德育内容的主导性

德育内容的主导性，可称为主导性德育内容，就是在德育中能起主导作用、决定教育方向和性质的内容。主导性德育内容不是由一两个具体的理论观点简单拼凑而成，而是一个系统的理论体系，它反映一个阶级、一个政党、一个社会的根本利益和意志，代表一个阶级、一个政党和一个社会的根本价值取向和立场。而不同阶级、政党和社会的根本利益和价值取向是不同的，有的甚至是完全对立的。因此，它们各自的主导性德育内容也各有特色，既有某些联系，又有相互区别或对立，且后者更多。正是通过在联系中涵化、借鉴，在对立中冲突、斗争，这种既借鉴又斗争的矛盾运动，推动着德育内容的丰富和发展。在纷繁复杂的国际背景下，我国高校应如何坚持德育内容的主导性？

首先，坚持社会主义意识形态在意识形态领域的主导性不动摇。意识形

---

　　* 原载于《主导德育论：大学生思想政治教育一元主导与多样发展研究》，人民出版社 2008 年版，作者郑永廷、江传月等，收录时有修改。

态领域是和平演变与反和平演变斗争的重要领域。党的十一届三中全会以来，我们打开国门，各种社会思潮随之涌入，我国占主导地位的社会主义意识形态面临挑战。西方资本主义国家从未停止对我国进行"西化""分化"的企图，同我们争夺青年一代。他们凭借强大的经济和科技实力，一方面采取"文化帝国主义政策"，鼓吹资本主义的种种好处，强化资本主义意识形态的渗透；另一方面，对社会主义意识形态进行歧视、挑衅，甚至进行歪曲或诋毁。其目的都是诱骗青少年接受他们的意识形态，最终达到颠覆社会主义的目的。

美国中央情报局用以对付中国的《十条诫令》就指出："尽量用物质来引诱和败坏他们的青年，鼓励他们蔑视、鄙视，进一步公开反对他们原来所受的思想教育，特别是共产主义教条。替他们制造对色情奔放的兴趣和机会，进而鼓励他们进行性的滥交。让他们不以肤浅、虚荣为羞耻。一定要毁掉他们强调过的刻苦耐劳精神。一定要尽一切可能，做好宣传工作，包括电影、书籍、电视、无线电波……和新式的宗教传布。只要他们向往我们的衣、食、住、行、娱乐和教育的方式，就是成功的一半。在任何情况下，我们都要传扬'民主'。一有机会，不管是大型小型，有形无形，就要抓紧发动'民主运动'。无论在什么场合、什么情况下，我们都要不断对他们（政府）要求民主和人权。只要我们每一个人都不断说同样的话，他们的人民就一定会相信我们说的是真理。我们抓住一个人是一个人，我们占住一个地盘是一个地盘，一定要不择手段。"①

我国由于受经济条件和科技水平的限制，目前不可能消除这种渗透和影响。加上我国有两千多年的封建王朝统治的历史，根深蒂固的封建残余思想难以在短时间内完全清除，这样就导致了我国的意识形态领域更加复杂多样。面对西方资本主义意识形态、封建意识形态的交会与冲击的现实，我们不应逃避，而应适应多种意识形态相互激荡的形势，自主驾驭复杂的意识形态局面，潜心研究坚持社会主义意识形态主导地位的对策。总之，只有坚持社会主义意识形态主导性不动摇，才能朝着正确的方向前进。

其次，坚持马列主义、毛泽东思想、邓小平理论、"三个代表"重要思想和科学发展观作为德育的中心内容不改变。马列主义是最早被写入《中国共产党章程》的指导思想，是德育的主要内容。马克思主义理论是个不断发展的理论体系，在中国经历了两次大的飞跃。第一次飞跃是以毛泽东为

---

① 《美国中央情报局对付中国的〈十条诫令〉》，载《中华魂》2001年第10期。

核心的第一代党的领导集体把马克思主义基本原理和中国具体的革命实践相结合，形成了毛泽东思想。毛泽东思想于党的七大写在了党的旗帜上，这面旗帜指引着中国人民求得了解放与独立。以邓小平为核心的党的第二代领导集体，把马克思主义基本原理与当代中国实践和时代特征相结合，形成了邓小平理论，实现了马克思主义理论在中国的第二次飞跃。邓小平理论是我国改革开放和现代化建设的行动指南，已于党的十五大上被确立为党的指导思想写入了党章。以江泽民为核心的党的第三代领导集体，在建设有中国特色社会主义的伟大实践中，创立了"三个代表"重要思想，是马克思主义在中国发展的最新成果。"三个代表"重要思想在党的十六大上被确立为党的行动指南。邓小平理论和"三个代表"重要思想，是当代的马克思主义，对我们的现实生活具有更直接的指导意义。总之，我们要把马克思主义基本原理的学习和邓小平理论、"三个代表"重要思想、科学发展观的学习相结合，坚持马列主义、毛泽东思想、邓小平理论、"三个代表"重要思想和科学发展观作为德育的中心内容不改变。

再次，坚持社会主义、集体主义、爱国主义教育的主旋律地位不放弃。德育内容十分广泛和丰富。它包括世界观、人生观、价值观教育，还包括社会公德、家庭美德、职业道德教育和形势政策、民主法治、组织纪律教育等。改革开放以来，随着新问题的出现，心理素质教育、人文精神教育、科技伦理教育、环境伦理教育也不断兴起和发展。在所有这些教育中，必须有个重点，这个重点就是社会主义、集体主义、爱国主义教育，其他德育内容应该服务和服从于社会主义、集体主义和爱国主义教育。实际上，在经济全球化背景下，由于社会关系和利益关系的多样化和复杂化，学生看问题的视角和方式发生了变化，存在冲击主旋律教育的现象。例如，某电视台曾播放了一则调查，调查的对象是一位在美国摩托罗拉中国分公司工作的中国年轻人。当记者问及"在中国利益与美国利益发生冲突的时候，你持什么立场？"时，年轻人回答："维护中国利益。"而当记者问及"当摩托罗拉公司的利益与中国的利益发生冲突时的时候，你持什么立场？"时，他回答："维护摩托罗拉公司的利益。"这就告诉我们，在经济全球化背景下，我们必须坚持主旋律教育，才能有效地坚持社会主义方向，并最大限度地调动人们建设社会主义现代化的积极性、主动性和创造性。因此，在对德育活动进行安排和部署时，要把社会主义、集体主义、爱国主义主旋律教育作为长期教育的重点，在其他教育中，也要贯彻社会主义、集体主义、爱国主义的原则和精神，让这些原则和精神渗透整个德育过程始终，并用以指导其他教育，以其他教育丰富、充实主旋律教育。在德育过程中不能把主旋律教育同其他教育割裂甚至对立起来，也不能把主旋律教育同其他教育并列对待，更不能以其他教育冲击、代替主旋律教育，必须始终坚持社会主义、集体主义、爱国主义的主旋律地位不放弃。

最后，坚持中华民族文化的主导性不丧失。民族文化是一个民族的精神和灵魂，是一个民族区别于另一个民族的特质，是维系一个民族国家的精神纽带。然而，"世界多极化、经济全球化的深入发展，引起世界各种思想文化，历史的和现实的，外来的和本土的，进步的和落后的，积极的和颓废的，展开了相互激荡，有吸纳又有排斥，有融合又有斗争，有渗透又有抵御。总体上处于弱势地位的广大发展中国家，不仅在经济发展上面临严峻挑战，在文化发展上也面临严峻挑战"①。青年学生面对多元文化的相互激荡和复杂影响，难免在价值取向上产生迷惘与困惑。高校要引导学生认识、适应当代世界的思想文化环境，进行正确的选择。一方面，要教育学生积极参与文化对话与交流。因为在当今社会条件下，"各民族的精神产品成了公共的财产。民族的片面性和局限性日益成为不可能，于是由许多民族的和地方的文学形成了一种世界的文学"②。在这世界性的文化热潮中，通过对话与交流、比较与鉴别，促进中华民族文化走向现代化、走向世界。另一方面，要重视中华民族文化的培育和发展，大力弘扬富有特色的中华民族文化，体现中华民族的个性和特色，培养学生对本民族文化的认同感。只有这样，才能真正坚持民族文化主导性。

二、德育内容的丰富性

德育内容的丰富性也可称为丰富性德育内容，就是能够充实、发展主导性德育内容，并保证主导性德育内容更好地发挥主导作用的教育内容。丰富性德育内容同主导性德育内容相比，最大的不同在于它不是一个系统的理论体系，而是分布范围很广的观点、知识和素材；它并不明显代表某个阶级、某个政党、某个社会的根本利益和价值取向，而是显示社会发展、进步的某种趋势。当然，它本身同主导性德育内容并不相斥，具有一定的相关性和相容性，并能促进主导性德育内容的发展。丰富性德育内容如果从来源分布上

---

① 《江泽民文选》第3卷，人民出版社2006年版，第399—400页。
② 《马克思恩格斯选集》第1卷，人民出版社1995年版，第255页。

看，大致有以下四个方面。

第一，继承中华民族传统美德内容。德育的内容具有历史继承性。德国教育哲学家雅斯贝尔斯曾这样提醒人们："在历史这面镜子中我们看到了当下的狭窄性，并找到了衡量事物的标准。没有历史，我们将失去精神与空气，如果我们掩饰历史，那么在我们不知道何原因的情况下，我们将遭到历史出其不意的袭击。"① 毛泽东也曾说过："我们这个民族有数千年的历史，有它的特点，有它的许多珍贵品。对于这些，我们还是小学生。今天的中国是历史的中国的一个发展；我们是马克思主义的历史主义者，我们不应当割断历史。从孔夫子到孙中山，我们应当给予总结，承继这一份珍贵的遗产。"②

中华民族的传统美德是中华民族传统文化的核心。它蕴涵着独具特色的丰厚德育思想，主要包括崇高的民族气节和爱国主义思想，和谐的人伦关系，"仁爱"的人道精神，慎独的人格追求和强烈的社会责任感，等等。

新加坡首次推出英译版《三字经》后，联合国教科文组织便将它选入《儿童道德丛书》；日本松下电器公司创办的商学院，把中国的《论语》《大学》《孝经》的部分内容列为必修课，以便学员从中吸取"现代商人"应有的"商魂"；在美国，8 家出版公司为获得老子《道德经》的英译版权而展开激烈竞争，最后是哈泼公司因出资高达 13 万美元而获胜。③ 既然"世人"对我国的传统美德都如获至宝，"国人"就更应该珍惜这笔丰厚的文化遗产。高校用中华民族传统美德的内容对学生进行教育能振奋学生的民族精神，使其产生强烈的民族自尊心、自信心、自豪感和凝聚力；有利于学生养成坚贞不屈的民族气节和强烈的爱国主义思想，勇于为国家、民族的利益献身的精神；激励他们心怀天下，勤勉好学，为实现中华民族的伟大复兴而不懈地努力。

第二，借鉴西方的有益德育内容。在往昔，不同文化的接触曾是人类进步的路标。希腊曾经向埃及学习，罗马曾经向希腊学习，阿拉伯人曾经向罗马帝国学习，中世纪的欧洲曾经向阿拉伯人学习，文艺复兴时期的欧洲曾向拜占庭学习。在那些情形之下，常常是青出于蓝而胜于蓝的。同样，我们也应该借鉴西方的有益德育内容，包括古代西方有用的德育内容，如苏格拉

---

① ［德］卡尔·雅斯贝尔斯：《什么是教育》，邹进译，生活·读书·新知三联书店 1991 年版，第 136 页。

② 《毛泽东选集》第 2 卷，人民出版社 1991 年版，第 534 页。

③ 周之良：《德育新论》，北京师范大学出版社 1994 年版，第 6 页。

底、亚里士多德、柏拉图的教育理论和思想；现代西方国家的有益德育内容，如美国的公民教育、英国的绅士教育等；以及西方行为科学和企业文化理论，尤其是有关人的需要、动机和激励的理论，"学习型组织理论"；等等。在德育方面借鉴西方国家的经验，有利于高校丰富德育内容、扩大视野、拓展思路，促进德育面向国际领域的发展，增强德育的影响力与感召力；有利于高校探索现代德育与现代管理相结合、现代德育与现代经济相结合的新途径，充分发挥德育功能；也有利于通过比较和鉴别吸取西方德育过程中的经验和教训，使高校德育少走弯路。

第三，汲取现代科学文化的最新成果。现代科学文化的最新成果是人们在探索和改造自然和社会历史过程中所取得的物质文明和精神文明的新进展、新发现。我们可以汲取的现代科学文化最新成果，主要是相关学科的知识，包括价值哲学、主体性哲学、实践哲学的知识，教育学的知识，应用伦理学的知识，民主、公民与政治、民族与国家、政党与选举等政治学的知识，思想政治教育心理学、心理健康教育和心理咨询的知识，人的社会化、人的现代化、人际交往和人际关系、正式群体和非正式群体、青少年问题、就业问题等社会学的知识。总之，德育只有不断吸取现代科学文化成果才能增强自身的现代性、科学性，并站在社会发展的前沿给予学生正确的引导，才能更好地为社会主义现代化建设服务。

第四，发扬革命传统德育内容。"我们党在长期的革命和建设中，形成和发展了二整套优良传统和优良作风。这是我们的政治优势，是我们治党治国的传家宝。"① 革命传统有着极其丰富的内容，主要包括理论联系实际、密切联系群众、开展批评与自我批评三大优良作风，"发扬革命和拼命精神，严守纪律和自我牺牲精神，大公无私和先人后己精神，压倒一切敌人、压倒一切困难的精神，坚持革命乐观主义、排除万难去争取胜利的精神"②，以及爱国主义、国际主义和革命英雄气概，等等。革命传统是革命前辈留给我们的宝贵精神财富。它不仅为高校主导性德育内容奠定了基础，而且为高校德育的丰富性增添了内容。在进行革命传统教育时应注意把它与现实联系起来，讲清革命传统对和平年代的意义及其两者的关系，否则易变成单纯的说教，导致学生难以理解甚至反感，形成教育负效应。

---

① 中共中央文献研究室：《十四大以来重要文献选编》（中），人民出版社 1997 年版，第 1192-1193 页。

② 《邓小平文选》第 2 卷，人民出版社 1994 年版，第 367-368 页。

高校德育内容的主导性与丰富性是辩证统一的关系。主导性来源于丰富性，又高于丰富性，指导丰富性；丰富性服务于主导性，又反作用于主导性，制约、影响主导性。主导性内容离开丰富性内容的配合，就会显得单一，缺乏活力；丰富性内容离开主导性内容的引导，就会迷失方向，难以发挥作用。高校德育应正确把握德育内容主导性与丰富性的关系，做到二者的有机结合。

一方面，要坚持德育内容主导性前提下的丰富性。确定、选择德育内容，主导性是前提、是根本，应优先把握好，任何时候都要突出它的核心位置。在主导性问题上要有坚定性和一贯性，不能模糊、动摇，更不能放弃、否定，否则，德育的方向和性质就会发生偏差甚至错误。在坚持主导性内容的同时，也要重视德育内容的丰富性。丰富性是为了充实主导性，更好地贯彻主导性的灵活性，使德育更具有针对性、准确性和与时俱进的发展性。否定丰富性，主导性内容就会变得抽象、单调。

另一方面，坚持德育内容丰富性之中的主导性。随着时代的发展，德育内容日益丰富多彩，加大了人们对其选择的广度和深度。然而，选择并不是随心所欲的、无条件的、绝对的。一方面，由于德育的要求和发展具有多层次性，凡是有利于不同要求、不同层次的德育的内容都可以选择、利用，也必须加以选择和利用。另一方面，我们应牢记丰富性的目的是体现主导性，促进主导性。我国的高校德育是社会主义性质的德育，具有鲜明的方向性、思想性和发展的一致性。涉及方向、思想性的问题，都必须始终与主导性保持一致。凡是与主导性内容相矛盾、相对立，限制、损害主导性内容发挥作用的内容都是不可取的。因此，德育内容具有选择性和不可选择性。

德育方法的主导性与多样性*

　　所谓德育方法，就是在德育过程中，教育者为实现德育目标、传授德育内容对受教育者所采取的手段。方法是内容的一种形式，一定的方法是实现一定目标的手段。做任何工作，形式总是为内容服务的，手段总是为目标服务的。德育方法是为德育目标和内容服务的；德育目标和内容制约着德育方法的选择。反过来，德育方法也影响德育内容的传授和德育目标的实现；一定的目标、内容要有相应的方法。三者紧密相连，不可分割，统一于德育过程之中。随着时代的发展，德育的目标越来越高，德育的内容越来越丰富，与此相适应，德育的方法也必然不断发展变化。在这个发展变化的过程中，高校应积极推进德育方法的主导性与多样性的统一。

一、德育方法的主导性

　　德育方法的主导性，也叫主导性德育方法，就是在德育中能起主导作用，决定教育目标实现和教育效果的方法。现阶段，我国高校德育应坚持的主导性德育方法主要有以下三个方面。

　　一是实事求是的根本方法。实事求是是马克思主义、毛泽东思想、邓小平理论的精髓，是中国共产党人最基本的工作方法和领导方法。它不仅是我们党的优良传统，而且是我们每一个人观察问题、思考问题、分析问题和解决问题的总的思想方法。邓小平同志曾指出："过去我们搞革命所取得的一切胜利，是靠实事求是；现在我们要实现四个现代化，同样要靠实事求是。"[1] 对高校德育来说，坚持实事求是的根本方法，就是从德育工作的实际出发，运用马克思主义的立场、观点研究和探索德育规律，并遵循德育规律，对受教育者进行教育和引导。坚持实事求是的根本方法，首先，必须从当代现实出发，反映时代气息，使德育内容体现时代特点并与时代科技发展

　　* 原载于《主导德育论：大学生思想政治教育一元主导与多样发展研究》，人民出版社 2008 年版，作者郑永廷、江传月等，收录时有修改。

　　[1] 《邓小平文选》第 2 卷，人民出版社 1994 年版，第 143 页。

相同步，以满足和适应学生求新、求好的愿望，富有时代性。其次，必须以现实环境和实际生活为背景和基础开展德育，富有现实性。我国现处在社会主义初级阶段并将在今后相当长一段时间内处在社会主义初级阶段，这是我国目前最大的现实。在这个阶段，学生的理想、信念、道德、社会心理各有差异，封建残留的思想意识、西方资本主义思想意识和社会主义思想意识并存，新旧体制转换观念相互冲突。高校德育不能忽视这些特点，而应重视研究它们，采取有针对性的解决措施，提高德育的有效性。最后，必须从当代学生的实际和特点出发开展德育，体现层次性，富有可行性。世界上没有两片完全相同的树叶。同样，学生的思想道德品质和个性特点也是参差不齐的。高校德育要充分考虑到学生的个体差异性，对于不同层次的学生，采取不同的方法。

二是依靠群众的根本方法。依靠群众是我们党做一切事情的根本方法，更是我们党做思想政治工作的优良传统。依靠群众做思想政治工作，其实质就是在思想政治工作过程中全面贯彻群众路线。具体来说，就是一切为了群众，一切依靠群众，从群众中来到群众中去。高校德育坚持依靠群众的根本方法就是在德育中坚持以人为本，一切为了学生，一切依靠学生，在尊重人、理解人、关心人的前提下，挖掘学生的潜能，开发学生的智力，满足学生的需要，培养学生的主体性，最终促进学生自由全面的发展。首先，到学生中去体察"民"情，有针对性地开展德育工作。要做好德育工作必须以了解德育对象的情况为前提，掌握学生所思、所需、所动。这就要求德育工作者经常深入学生当中，同学生打成一片，了解他们的学习、生活情况和当前的思想状况，针对学生的实际情况开展教育。其次，相信学生，依靠学生的智慧开展自我教育。叶圣陶先生说过，教是为了不教。德育工作要取得良好的效果，必须充分调动学生的积极性、主动性和创造性开展自我教育。所谓自我教育，就是受教育者根据德育目标和要求，主动提高自身思想道德水平及自觉改造自己的世界观的方法。最后，要调动各方面力量，齐抓共管开展德育。德育工作任务量大、覆盖面广、影响因素复杂多样，单靠学校的力量不免显得势单力薄，高校德育必须动员和依靠多方面的力量，把学校教育、家庭教育、社会教育三者结合起来。

三是坚持辩证的方法。坚持辩证的方法最根本的就是要坚持全面看问题的辩证思维方法和以发展的眼光看问题的辩证思维方法。

德育是做人的思想工作的一种社会实践，人的思想又是世界上最复杂多变的东西。因此，对人的思想和行为进行研究，必须立足于全面的方法。第一，要客观、全面地评价教育对象。每个人都有自己的优点和劣势。教育者要力当伯乐，挖掘学生的优点，发现学生的缺点，促其扬长避短。尤其对后进生切忌"一棍子把人打死"，要多一些鼓励、少一些指责。第二，要客观、全面地分析学生思想形成、发展和转化的过程。在德育实践中，教育者要多观察、多积累，在尽可能全面占有丰富的信息后，多角度地分析受教育者思想形成的原因，明确怎样才能促其转化，转化的条件、时间、制约因素和可能达到的结果，取得工作的主动性。对人的思想和行为进行研究，还必须坚持发展的方法。发展的观点是唯物辩证法学说的总的特征。唯物辩证法本身是"最完整深刻而无片面性弊端的关于发展的学说"①。

坚持发展的方法，一方面要求我们采取动态分析方法。所谓动态分析，就是从运动、变化、发展的角度去观察、分析、处理一切事物和问题。动态分析观点认为，事物的发展变化是事物之间和事物内部诸要素之间相互作用的结果，并且一切事物都处在绝对运动和相对静止的辩证统一中。因此，高校在分析德育现象产生的原因时要将内因和外因相结合，用"动静统一"的观点去看待问题，充分认识德育工作的长期性和反复性，既不急于求成，也不故步自封。另一方面，还要求我们采取过程分析的态度。所谓过程分析，就是把世界看成永恒发展的过程的集合体，而不是一成不变的事物的集合体。过程分析的观点认为，任何事物都有其发生、发展和灭亡的历史，必须对事物进行具体的历史分析和考察。它表现在德育方面，就是要把教育对象放在一定的历史背景和历史条件下进行科学的分析。既要分析过去，又要了解现在，还要预测将来。过程分析的观点还认为，世界上的一切事物都处在永不停息的"新陈代谢"之中，新事物不断产生，旧事物不断灭亡。表现在德育方面，就是要求教育者用"新陈代谢"的观点分析和处理问题，要勇于创新，勇于接受新生事物，并善于捕捉教育的契机，促其转化，使问题得到解决。

二、德育方法的多样性

德育方法的多样性，也可称为多样性德育方法，就是能够充实、发展主导性方法，并保证主导性德育方法更好地发挥主导作用的德育方法。在现代社会条件下，新的培养目标、新的教育任务、新的教育内容等都迫切要求多

---

① 《列宁选集》第 2 卷，人民出版社 1995 年版，第 442 页。

样性的德育方法以丰富主导性方法，提高德育的有效性。为此，我们不仅要继承传统的德育方法、借鉴国外德育方法，而且要吸收其他学科的方法。下面就德育对五门主要的相关学科的方法的吸收和借鉴情况介绍如下。

其一，吸收伦理学的方法。伦理学是研究道德现象及其发展规律的科学。马克思主义伦理学与德育不仅具有目标上的一致性、过程的同步性，而且具有内容上的渗透性和相容性。两者在道德教育的内容上基本上是一致的。与这些目标和内容相适应的方法，德育可以直接吸收和运用。

（1）学习。学习是获得道德知识的重要的道德修养方法，是品德形成和修养的前提。正如孔子所言："好仁不好学，其蔽也愚；好知不好学，其蔽也荡；好信不好学，其蔽也贼；好直不好学，其蔽也绞；好勇不好学，其蔽也乱；好刚不好学，其蔽也狂。"[1] 学习的形式很多，但最重要的形式是读书。"为学之道，莫先于穷理，穷理之要，必在于读书。"[2] 高校德育要引导学生多读一些伦理道德书籍，获取伦理道德知识，以提高认识。

（2）立志。立志就是树立做一个合乎道德的、有利于社会的人的愿望的道德修养方法。立者是行动的动力和开端，也是良好道德品质形成的动力和开端。无产阶级革命前辈毛泽东、周恩来都是从小立志的楷模。1910 年，毛泽东的父亲毛顺生再三思索，要毛泽东去做生意（即经商），而他本人却立志走出韶山冲继续求学。在他的执意坚持下，毛泽东最终走上了求学之路。毛泽东在离家赴湘乡县[3]立东山高等小学求学前夕，写了一首诗给他的父亲："孩儿立志出乡关，学不成名誓不还。埋骨何须桑梓地，人生无处不青山。"这首诗是少年毛泽东走出乡关、奔向外面世界的宣言书，表明了他胸怀天下、志在四方的远大抱负。周恩来从小也有"为中华之崛起而读书"的雄心和抱负。高校德育要引导学生树立远大志向，通过立志，激发他们确立做一个合乎道德的、有利于社会的人的愿望，并以此作为行动的指南。

（3）自省。自省是一个人为了判断自己的行为是否符合道德标准而进行的自我检查的道德修养方法。形象地说，自省是自己同自己"打官司"："原告"是自己所理解的良好的社会道德规范，"被告"是自己的行为，"法官"是自己的良心。通过"法官"的判决，肯定正确的品行，纠正错误的品行，去恶从善，改过迁善。古人特别提倡这一方法。孔子云："见贤思齐

---

① 《论语·阳货》。
② 朱熹：《性理情义》。
③ 现为湘乡市。

焉，见不贤而内自省也。"曾子说："吾日三省吾身。"王阳明说："省察克治之功，则无时而可间。"高校德育要教育学生经常自省，自觉成为一个合乎道德的人。

（4）慎独。慎独，是指人们在独处一地、无人注意的情况下，能谨慎自觉地按一定的道德准则思考和行动，而不做任何坏事。慎独是境界最高、自觉性最强的修养方法。东汉名儒杨震"深夜辞金"的故事是慎独的一个佳例：东汉安帝（107—125 年）在位时，品学兼优的杨震被当时掌握朝政大权的大将军邓骘所看重，诚邀其入仕，为国效力。杨震从政后，为官清廉，政绩卓著，多次得到提拔升迁。在任芽州刺史期间，杨震推荐了颇有才华的王密做了昌邑知县。几年之后，杨震去东莱赴任时，途经昌邑，王密得知，执意要来拜见。为了避免引起不必要的麻烦，他特意在夜深人静时来见杨震，并奉上黄金十斤，以答谢其知遇之恩。杨震见状，勃然大怒："以前我深知你的为人，认为你德才兼备，才荐你为县令，可是现在你为什么不了解我的做人准则呢？"王密低声说："我感谢大人惜才用才的恩德，只是无以图报。现在正是夜幕时分，黑夜中绝对不会有人知道，大人尽管放心收下。""怎会没有人知道？天知、神知、你知、我知。"杨震正色说道，"为官一任，造福一方百姓，应以清廉为本。如果认为没有人知道就可以收受贿赂，这不是伤天害理、欺世盗名，还能是什么！你不该辜负我对你的期望，请你把这些东西拿回去吧！"一席话说得王密满面羞惭，无地自容，只好收拾起黄金，悄悄地退了出来。像杨震那样坚持慎独的高尚修养至今备受后人敬仰。慎独是不容易的，但又是十分重要的。德育应要求学生在个人独处的情况下自觉按道德规范约束自己。

其二，吸收心理学的方法。心理学是研究心理现象及其规律的科学。德育和心理学密切相关，培养学生健康的心理素质是德育的一个重要目标。德育可以借鉴和吸收心理学的某些方法。

（1）注重认知、情感、行为相结合的教育方法。人的心理过程是由认识过程、情感过程、意志过程三者有机组成的。当人们处在清醒状态时，每时每刻总在感知他周围的环境，对客观事物有一定的态度和内心体验，并根据自身的需要采取相应的行动。德育也必须遵循以上心理过程规律，从提高人的道德认知入手，激发人的道德情感，促使人产生相应的道德行为。

（2）心理咨询。心理咨询是一种以语言、文字或其他信息为沟通形式，通过建立良好的人际关系，在心理方面给咨询对象以帮助、教育和启迪的过程。心理咨询一般分为建立关系、掌握材料、分析诊断、指导帮助、检查巩固五个阶段。咨询的具体方法有疏导咨询法、交友谈心法、自我调控法等。

（3）心理治疗法。心理治疗法是指当人们的心理已进入不平衡状态或不健康状态时，就应运用各种专门的心理方法进行矫正，使之恢复到正常状态。它主要包括心理分析法、患者中心疗法、行为主义方法、认知疗法、宣泄疏导法、自我防御启动法、代偿迁移法、自信疗法等。德育者了解以上方法，并适时加以借鉴和运用，将有利于学生健康人格的形成。

其三，吸收社会学的方法。社会学是研究社会问题的一门科学，社会学研究的问题和内容同德育有交叉之处。如政治社会化、道德社会化就是社会学和德育共同的研究领域。因此，德育应吸收和借鉴社会学的一些方法。

（1）社会调查方法。社会调查是有步骤地去考察各种社会现象、必要的社会资料以达到掌握实情、解决问题、推动社会进步的方法。在具体操作上，首先要确定具体的调查任务、设计调查方案、组织调查队伍，然后是实际调查，最后是整理和分析材料。常用的社会调查方法有访问调查法、书面调查法、普遍调查法、抽样调查法、典型调查法和文献调查法。

（2）观察法。观察法是指在未加控制的自然情况下，人们有目的、有计划地对被观察者的言论和行为表现进行考察的一种方法。观察法对获取第一手资料有着十分重要的意义。观察法的类型和方式主要包括直接观察和间接观察、定性观察和定量观察、主题观察和转向观察、描述性观察和分析性观察等。观察过程要坚持客观性和全面性原则，要透过现象分析事物的本质。

（3）社会实验法。社会实验法是指在一定的人工设计的条件下，按照设计程序对研究对象的活动加以观察、记录、分析并得出结论的方法。实验法通常分为自然实验法和实验室实验法两种。前者对研究对象不加控制，不人为地改变条件，观察某一因素在自然状态中对不同组别所起的不同作用，然后比较分析，得出结论。后者则人为地控制和改变某些条件，考察某些社会现象之间的因果关系。

其四，吸收美学的方法。美学是研究人们对现实的审美关系的一般规律的科学。美学关于如何培养人的审美意识和审美情趣的内容与美育是一致的。因此，德育也应吸收和借鉴美育的有关方法。

（1）寓教于乐。寓教于乐是指把思想教育渗透到能引起教育对象愉快之情的有益于身心健康的娱乐活动之中，使受教育者在欢乐中自我领悟，受到教育和启发。相传，清乾隆年间，大学士和珅自以为年轻有为、才华横溢，瞧不起三朝元老刘通训。刘通训也认为自己诗通赋达，功高劳苦，不把和珅放在眼里。每逢朝政，两人常常相讥而不和，乾隆帝对此早有察觉，暗想：如此下去，岂不损我大清事业！一日，乾隆特命二人陪驾，去后花园散心。乾隆让二人谈诗论赋，激起其共同的兴趣爱好。于是这二人谈古论今，三教九流，海阔天空，行云流水，各自的渊博知识得以充分展露。此时行至湖池，乾隆命二人以水为题赋诗。刘通训捋捋胡子，望着清波中自己老态龙钟的面貌，偷视和珅自负的得意之形，边步边吟道："有水念溪，无水也念奚，单奚落鸟变为鸡。得食的狐狸观如虎，落坡的凤凰不如鸡。"聪明的和珅暗为刘通训"宝刀不老"的才华赞叹，但听出了弦外有音，便反唇相讥道："有水念湘，无水还念相，雨落相上便为霜。自家各扫门前雪，哪管他人瓦上霜。"乾隆听罢，灵机一动，上前把二人各一只手握在掌中，拉至湖岸，面对湖面三人的倒影便说："二位爱卿听着，孤家也对上一首：'有水念清，无水也念青，爱卿共协力，同心便有情，不看僧面看佛面，不看孤情看水清。'"二人见乾隆如此循循善诱，又见对方才学过人，顿时握手言欢，结为"忘年之交"。[1] 乾隆就是运用寓教于乐的方法对两位大臣进行教育，效果远远大于呆板的说教。德育中运用寓教于乐的方法能大大增强德育工作的说服力和感染力。

（2）形象感染。形象感染指用生动、直观的事物形态和深刻反映社会现实的典型事例感染人们的情感，启发人们的思考和理解并从中得到教育的方法。形象感染具有具体、直观的特点，主要包括情景感染、直观感染、言行感染。德育中运用形象感染能使教育生动活泼、效果良好。

其五，借鉴教育学的方法。教育学是研究教育现象、揭示教育规律的科学，它主要探讨学校教育的基本原理。德育和教育学关系密切。德育本身就是一种教育，是学校对学生进行的政治思想品德教育。可见，德育可以吸取和借鉴教育学的方法来丰富方法论体系。

（1）讲授法。讲授法是教师借助口头语言系统地向学生传授知识的方法，包括讲述、讲解、讲读、讲演等方式。德育中运用讲授法进行理论灌输能使学生在短时间内获得大量系统的政治思想、道德知识，有利于教师系统地对学生进行思想、道德教育。运用讲授法必须注意讲授的内容要有科学性和思想性，语言要有逻辑性，要调动学生的积极性。

（2）暗示法。暗示法是指充分利用各种无意识的暗示手段使受教育者得到启发、接受教育的方法。它是暗示学在教育中的应用。暗示教育遵循三

---

① 郑冠贤：《倩览与超越》，团结出版社1990年版，第171页。

项教学原则：一是愉快、松弛、精神集中的原则；二是意识和无意识相统一的原则；三是各种暗示相互作用的原则。① 德育中利用暗示进行教学，可以大大提高"灌输"的效率。

（3）实习法。实习法是教师根据教学大纲的要求，在校内外组织学生参加实际操作活动，将书本知识应用于实践的方法。实习法是理论与实际相结合原则的具体运用，对于培养学生分析和解决实际问题的能力、独立思考和独立工作的能力尤其是实际操作能力具有十分重要的意义。运用实习法要注意做好实习前的组织准备、实习中的具体指导、实习后的总结评定。德育中的实践锻炼法就是对实习法的借鉴和运用。此外，我们还可以借鉴系统科学的一些方法，如系统分析法、信息论方法、反馈方法等。

总之，德育方法的主导性与多样性是辩证统一的关系。在德育方法论体系中，主导性方法处于核心地位，多样性方法处于辅助地位。主导性方法统领多样性方法，多样性方法丰富主导性方法。一方面，我们要坚持以主导性方法为主，即在处理有关德育问题时，要把主导性方法贯穿于问题解决的始终。任何时候都不能忽略或偏离主导性方法，而应重视、运用主导性方法。只有这样，才能有利于德育问题的解决。另一方面，我们要以发展多样性方法为补充。任何学科和知识体系都不是孤立的，它总是这样或那样地同其他学科有着千丝万缕的联系，总要借鉴、吸收其他学科的研究成果。尤其是在现代社会条件下，德育所要解决的问题更加复杂和多样。这就要求我们借鉴、移植其他学科的理论和方法，引进、吸收其他学科的研究成果，补充、丰富、完善德育方法体系。唯有如此，才能在新出现的德育问题面前胸有成竹、应对自如。

---

① 芮明杰、孙远：《思想·心理·行为》，重庆出版社 1990 年版，第 174-175 页。

德国和法国学校德育环境建设方法论*

学校的德育环境，主要指保证德育进行的学校内部的客观条件。下面对德国和法国学校德育环境建设的方法进行简要介绍。

一、德国学校德育环境建设的方法

德国学校的德育主要有政治教育和道德教育。政治教育也叫政治社会化。政治教育的目标在于培养学生的政治觉悟和政治行为能力。这一目标的一般要求是忠诚于国家的社会政治制度；能以合格的角色和正确的态度参与政治范围内的民主生活；接受议会制民主；了解政治与政策执行机构；了解多种形式的政策及政治决策，如国家对内、对外政策，法制、管理政策，教育、科学政策，经济、媒介政策，青年、妇女政策，等等。总之，政治教育的目的，就是要培养适应德国社会制度和政治环境，适合德国政治思想要求的忠诚的公民或政治角色。为了达到这个目标，德国学校除进行政治思想观念的灌输之外，还十分注重政治环境的教育作用，注重联系政治生活实际培训学生的政治行为能力。首先，学校特别强调政治制度和政治环境教育，不断引导学生理解、适应国家的政治环境，要求学生理解国家和社会制度的思想基础，理解以这些思想为指导而制定的国家宪法和多种法律制度，理解自己的政治义务、政治行为和所处的政治文化环境，在政治制度的约束下，在自由民主原则和法律基础上，培养学生的政治觉悟和政治行为。其次，德国学校也很注意日常生活中的政治教育，用心组织多种日常政治活动，引导学生参与政治活动，通过政治活动来造就一种环境与影响，培养学生的政治活动能力。政治活动的内容和范围很广泛，有政党组织的活动，城区代表处之类的社区机构的活动，多种社会、学术联合会的活动，市民请愿队活动，游行及政治抗议活动，面向公众的个人政治活动，向报刊、电台寄投诉信件的舆论活动，等等。学生正是通过介入、参与这些活动来接受政治价值观念，规范政治行为，实现政治社会化的。

---

* 原载于《比较德育学》（第2版），武汉大学出版社2003年版，作者王玄武等，收录时有修改。

在道德教育方面，德国学校也是从两个方面来进行的。一个方面是进行价值观教育，也就是在教育中传授以世界观为主题内容的价值与道德，传授道德思想和道德规范。另一个方面，德国学校更注意利用道德环境的作用来培养学生的道德判断能力和社会责任感。所以在德国，道德教育往往也叫责任教育。而责任教育不仅表现在观念上，更重要的是表现在学生的行为同他人和社会的关系上。因此，责任教育必定强调社会环境的重要作用。

二、法国学校德育环境建设的方法

法国学校的德育环境建设是按不同级别的学校分别采取措施的。

在初级中学，学校普遍建立教师监护制度。建立教师监护制度的目的是帮助学生实现自立和自我社会化。监护教师的任务是，指导安排学生的学习活动；协调学生同其他教师与管理人员的关系；同家长定期保持联系，共同进行教育；考察学生的情况，负责对学生进行思想道德方面的教育。每位监护教师负责12～15名学生，监护的时间至少为1年，每周要保证3小时监护时间。同时，法国的初级中学取消了原来的班级委员会，建立起新的教学体委员会的群体组织。每个教学体有78～104名学生，并分为3～4个教学组，每个教学组最多不超过26人。教学体是学校的基层管理机构，由教师、学生代表、家长代表组成，其主要任务是制订教学计划，并加强对学生的思想教育和日常管理。这样，在法国的初级中学里，学生既可受到教学体的组织约束，又可受到教师的监护。

在高级中学里，针对学生独立、自主性的增强，学校在德育环境建设上，采取了不同于初级中学的措施。一是为了培养学生的独立自主个性和实际能力，向学生提供独立工作场地。如每所学校要开辟专供学生自习和独立工作的场所，把原来的教室改成6～12个位置的小间，让学生在其间单独和分组活动，使学生如同在家里一样，有一块属于自己的"领地"。二是加强学校同社会各界的联系，开展相互交往，让学生参与社会活动。如社会上的音乐厅、博物馆、文化中心、技术机构、科研单位，以及一些大学、政府机构，均向高中学生敞开大门，允许学生去参观、访问、调查，让学生在参与活动、完成学习任务的过程中接受思想道德教育。

德育的历史与评说

——《20 世纪中国高等教育·德育卷》读后*

20 世纪对于中国高校德育而言，具有非常重要的意义。它历经百年坎坷，在几代学人的不懈努力下，创造出了丰富的成果，同时也留下了许多值得深思的经验、教训和启示。关于 20 世纪中国百年德育的研究，可以从不同角度、不同层面引出一个个研究课题。龚海泉、张晋峰、张耀灿主编的《20 世纪的中国高等教育·德育卷》（高等教育出版社 2003 年出版），全书布局宏大，结构严谨，旁征博引，多有启人心智、促人深思之处。《20 世纪的中国高等教育·德育卷》是中国高校德育的最新研究成果，为高校德育研究奠定了坚实的基础，为推动中国高校德育的改革和发展提供了有益的历史参照与理论指导。

细细品味《20 世纪的中国高等教育·德育卷》，启示颇多。这是一部以 20 世纪为特定历史背景，以高校德育为主题的研究性巨著。它以历史发展为线索展开，从社会变迁、意识形态、学术理念、教育实践，特别是思想文化发展的视角入手，全面而深刻地审视了 20 世纪的中国百年德育。不同于一般的德育史研究，它在理论和实践的层面上，采取史中有论、论中见史的史论结合方式，全面、系统、深入地研究了高校德育的发展状况、时代特征与民族特色，系统地梳理了 20 世纪中国高校德育变化与发展的历史脉络，并重点探讨了中国高校德育的深层理念与发展规律。

《20 世纪的中国高等教育·德育卷》分为两编，共十八章。第一编以史为主，运用大量的历史资料，包括社会背景资料和高校德育资料，把 20 世纪中国高校德育的历史发展与变革的真实面貌展现了出来。作者以尊重历史、尊重事实、实事求是的科学态度，既提供了中国近代高等教育创立时期鲜为人知的德育资料，也如实陈述了南京国民政府统治时期的高校德育状况；既发掘了中国共产党领导下的革命根据地高校德育的可贵史料，也详细叙述了中华人民共和国成立后高校德育的发展；既正视了高校德育在"左"的思想影响下的曲折和在"文化大革命"中遭到的严重破坏，也重点阐述了改革开放以来高校德育的新探索与新发展。透过第一编的高校德育的历史脉络，可以看到我国社会的发展趋向，看到高等教育的历史变迁，看到高校德育的文化背景。这对于我们更好地继承、借鉴历史的经验和教训，更好地认识、改革、发展高校德育，具有十分重要的意义。

该书的第二编围绕高校德育的重要理论与实际问题，以论为主，分专题展开论述。作者以马克思主义理论为指导，坚持科学性与价值性相统一的原则，对我国高校德育的基本理论、重要原则、主要方法、历史经验，进行了系统的总结、提炼和概括。对高校德育的基本理论与基本经验，既阐明了内涵与价值，也揭示了理论与经验形成和发展的历史背景；对高校德育的地位、功能和目标，既说明了它们在不同历史时期的特定表述，也历史地论述了它们的发展过程；对高校德育的原则与方法，既分别对主要原则和重要方法的本质进行了分析，也对我国高校德育的原则与方法体系进行了概括；既对高校德育的主要途径，如思想政治课程教育、社会实践教育、学生党团教育等进行了专门研究，也对高校德育的基本条件，如文化环境、德育队伍、规章制度等做了深入探讨。这些在丰富历史资料基础上的总结、提炼、概括和探讨，既是高校德育积累的历史财富，也是高校德育的现实资源。我们应当充分利用这一资源。

百年沧桑，可歌可泣。20世纪中国高校德育有过耀眼的辉煌，也有过曲折与坎坷。面对当今的世界多极化和经济全球化，我们必须继承和借鉴历史，保持与时俱进的精神状态，不断进行高校德育的理论创新、方法创新，全面推进21世纪中国高校德育的发展，为培养更多更好的社会主义建设者和接班人，为实现中华民族的伟大复兴而贡献力量。